표현하라
당당하게

일러두기

1. 본문 주석은 옮긴이 주입니다.
2. 중국어 지명과 인명은 현지 발음을 따르되, 독자에게 익숙한 한자 명칭을 혼용했습니다.

알아두면 평생 지지 않는
자기표현의 기술

리진 지음 | 김진아 옮김

말의 표현이 다르면 얻는 효과도 다르다. 말 한마디로 100배 효과를 보는 표현의 힘!
베스트셀러 작가 리진의 당당하게 말하는 기술 64가지!

표현하라
당당하게

미래타임즈

대화에서 지지 않고, 상대를 내 편으로!

수천 년 전, 그리스 철학자 소크라테스는 이렇게 말했다.

"위대한 업적을 빨리 이루어주고, 사람들의 인정을 받게 해주는 능력이 있는데, 사람을 즐겁게 해주는 화술이 그것이다."

현대인은 이 같은 화술을 더욱 중시한다. 인간경영의 대가라고 불리는 데일 카네기는 이렇게 말했다.

"한 사람의 성공은 15퍼센트의 기술지식과 85퍼센트의 언어표현 능력에 달려 있다."

또 미국의 행위과학자인 톰슨은 이렇게 말했다.

"성공한 사람들의 삶에 일어나는 기적의 절반은 뛰어난 화술에서 창조된다."

사실 뛰어난 언어표현 능력은 성공을 거두는 데 도움을 줄 뿐 아니라 행복도 가져다준다. 말을 잘하는 사람은 직장에서는 물 만난 고기 같고, 가정에서 가족들과도 즐겁고 화목하게 지낸다. 성격이 활발하고 말 잘하는 사람의 생활만족도는 그렇지 못한 사람보다 훨씬 높다는 연구결과도 있다.

언어표현 능력, 즉 화술이 이토록 중요하다면, 어떻게 해야 그런 능력이 생길까? 사실 대다수 사람들이 언어표현 능력을 지니고 있지만 그 무궁무진한 위력을 제대로 발휘하지 못하는 이유는 단지 그 능력을 어떻게 사용하는지 모르기 때문이다.

사람들이 지닌 언어표현 능력에는 큰 차이가 없다. 언어표현 능력을 사용하는 기술, 즉 표현 기술에 차이가 있을 뿐이다. 표현 기술이란 다음과 같은 것이다.

- 항상 길게 말할 필요는 없다.
- 대화는 사소하고 가벼운 주제부터 시작한다.
- 이야기를 나눌 때는 태도도 주의해야 한다.
- 매너 있게 말해야 하며, 무책임하게 생각나는 대로 말하지 말아야 한다.
- 평소 말할 때는 논쟁을 피하고, 잘난 척하지 않는다.
- 표정이나 말투는 담백하고 솔직하게, 생각은 조심스럽고 섬세해야 한다.
- 상대방을 바라보고 말해야 한다, 등등.

우리가 언어표현에 실패하는 이유는 대개 아주 사소한 부분에서 부주의하기 때문이고, 사실 이런 문제는 전문적인 훈련으로 충분히 개선할 수 있다. 수많은 사람들이 직접 자신의 경험을 통해 증명하듯, 정확한 훈련법을 배우고 그대로 꾸준히 연습하면 누구든 좋은 결과를 얻을 수 있을 것이다.

이 책에서는 언어표현 능력을 높여줄 쉽고 효과 빠른 훈련법을 총정리해서 소개한다. 어떤 사람이 가장 환영받을까? 어떤 말이 사람의 마음을 움직일까?

나는 예의 바른 사람이 가장 환영받고, 예의 있는 말이 사람의 마음을 움직인다고 믿는다. 따라서 이 책에서는 예의 있는 말을 기본으로, 중국의 전통 예절과 예의에 대해서도 논할 것이다.

언어표현을 제대로 할 때 표현 기술은 단순히 도구가 아니라 진정한 생활예술이 된다. 환영받는 말하기 기술을 습득하고 훈련함으로써 앞으로 모든 대화에서 지지 않고 상대방을 내 편으로 만들 수 있기를 바란다.

끝으로 이 책을 선택해준 독자분들께 고마움을 전하며, 책에 담긴 내용이 여러분의 삶에 멋진 경험을 선사하길 바란다.

리진李劲

Contents

제4장 / 상황에 따라 융통성을 발휘하는 표현 기술

제5장 / 유연하게 관계를 발전시키는 소통의 기술

제1장

성공을 부르는 표현 기술

말은 상대에 대한 예의를 가장 잘 보여줄 수 있는 도구다.

예의 바른 말은 누구에게나, 언제 어디에서나 환영받으며

성공을 부르는 말의 특징은 함축적이고, 완곡하고, 겸손하다는 점이다.

01

함축적인 말로 여지를 남겨라

서한西漢의 상국相國(승상)인 소하蕭何는 정무에 능했으나 자기 의견을 말하는 기교가 부족했다. 장안 일대에 경작지가 협소해서 백성들이 헐벗고 굶주리고 있을 때, 그는 우연히 황실의 상림원上林苑에 놀고 있는 땅이 많음을 알고 상림원을 개방해 백성들이 그 땅을 경작하도록 해달라고 유방劉邦에게 상소를 올렸다.

하지만 유방은 몹시 언짢아하며 소하를 감옥에 가두라고 명했다. 사람들은 소하의 잘못이 매우 엄중한 줄 알고 감히 누구도 나서지 못했다. 이때 평소 소하를 존경해오던 호위병 왕위위王衛尉가 유방에게 넌지시 물어보았다.

"소 상국이 무슨 대죄를 지었습니까?"

그러자 유방은 아직 분이 풀리지 않은 듯이 말했다.

"상국 이야기는 꺼내지도 마라. 이름만 들어도 화가 난다. 예전에 진나라 재상 이사李斯는 좋은 일은 군주의 공으로 돌리고 나쁜 일은 모두 자기가 덮어썼다던데, 소하는 내게 상림원을 개방해 백성들이 농사를 지을 수 있게 해달라지 뭐냐. 이는 나를 어리석고 무능한 군주로 만들고 자기만 좋은 사람이 되려는 것이 아니냐?"

왕위위는 그제야 유방이 노여워한 까닭을 알고 이렇게 말했다.

"폐하께서 아무래도 소하의 말을 오해하신 듯합니다. 만약 그가 정말 그런 나쁜 마음을 품었다면, 폐하께서 외국으로 정벌을 나가 수년간 전쟁을 치르던 때 이미 손쉽게 관중 땅을 차지했을 것입니다. 그런데 어찌 이제 와서 백성의 마음을 얻으려고 하겠습니까?"

유방은 왕위위의 말이 일리가 있다고 생각했다. 그래서 썩 내키지는 않았지만 그동안의 충성을 생각해 곧바로 소하를 풀어주었다.

당시 예순 넘은 나이의 소하는 형편없는 몰골로 감옥을 나와 집으로 돌아가기 전에 감사의 뜻을 전하려고 서둘러 궁에 들어갔다. 감옥에서 얻은 상처로 온몸은 성한 데가 없고, 머리는 산발에다 맨발이었고, 제대로 씻지도 못해 몹시 더러웠다.

소하의 수척해진 모습을 보고 미안한 마음이 들어 유방은 그를 위로했다.

"상국, 이렇게까지 예의를 차릴 것 없소. 당신이 백성을 위해 올린 상소를 받아들이지 못한 것은 다 내 잘못이오. 나는 어리석고 무능하며, 그대는 어질고 총명하오. 그대를 감옥에 가둔 것은 백성들도 그대의 그런 성품을 알게 하고, 황제인 나도 실수할 수 있다는 것을 보여주기 위함이니 부디 용서하시오."

유방의 말 속에는 숨은 뜻이 있었고, 그 의미는 분명했다. 그 말을 듣고 자신의 문제가 무엇인지 깨달은 소하는 땅에 엎드려 울면서 곧바로 사죄했다.

이 이야기에서 소하는 자기 의견을 제대로 전달하지 못해 하마터면 목숨을 잃을 뻔했다. 반면 함축적인 유방의 말은 깊이 생각해볼 만하다.

삼국시대 촉한의 황제인 유비劉備는 임종 직전 제갈량諸葛亮에게 매우 함축적인 말을 남겼다.

"태자를 잘 보좌해주시오. 만약 유선이 황제로서 부족하다면 그대가 대신 황제가 되어 나라를 다스려주시오."

이때 제갈량은 감사를 표하는 대신 식은땀을 흘리며 머리를 땅에 조아리면서 이렇게 말했다.

"신은 죽을 때까지 충성을 다할 것입니다."

유비가 아무리 도량이 넓다 해도 야심만만한 군왕이다. 어찌 평생 일구어온 사업을 그토록 쉽게 신하에게 물려주겠는가? 다행히 제갈량은 대단히 총명하여 유비의 속마음을 단번에 알아차렸다. 유비가 한 말은 제갈량을 떠보려는 의도였으며, 일종의 경고였다고 할 수 있다.

공개적으로 하기 어려운 말일수록 함축적인 표현은 매우 중요하다. 유방이 속으로는 '소하가 백성의 마음을 얻어서 무엇을 할 생각인가?'라고 생각하면서도 소하에게 직접적으로 그 말을 하지 않은 것처럼 말이다.

유비 역시 함축적인 표현을 택했다. 만약 유비가 제갈량에게 "충성을 맹세하라. 만약 내 아들의 제위를 빼앗으면 죽음을 면치 못하리라!" 이렇게 말했다고 치자. 당신이 제갈량이라면 어떤 생각이 들겠는가.

함축적인 말은 극단적이지 않고 여지를 남기므로 사람들과의 관계 개선에 도움이 된다. 아직 세상 경험이 적은 순진한 사람은 상대방에 대한 불신을 직설적으로 말하기 쉬운데, 그것은 관계를 궁지로 몰아넣고 되돌리기 어렵게 만들 뿐이다.

유비의 말은 표면적으로 듣기에는 매우 감동적이지만, 현명한 사람의 귀에는 '고요한 곳에서 천둥소리를 듣는 것'처럼 각성의 효과를 일으킨다. 함축적인 말의 묘미는 바로 여기에 있다.

지혜 한마디

요즘 우리가 쓰는 말도 매우 함축적이다. 심지어 어떤 말은 듣는 사람이 이해하기 어려울 정도다. 예를 들어 "난 그 일이 실현 가능한지 확실히 단정 짓지 못하겠다."라는 말은 종종 "그 일은 근본적으로 실현 불가능하다."라는 속뜻을 갖는다. "다른 사람의 의견을 물어보는 것도 좋겠어."라는 말의 속뜻도 "내게 물어봤자 소용없어."일 수 있다.

02

겸손한 사람이
가장 환영받는다

유가儒家의 성현인 공자孔子는 이런 이야기를 한 적이 있다.

"옛날에 맹지반孟之反이라는 장군이 전쟁에 패해서 성으로 후퇴할 때, 퇴각하는 군대를 지키기 위해 맨 뒤에서 걸었다. 그러다가 전군이 무사히 성에 도착해 모두 그를 칭송하자, 그는 오히려 '내가 특별히 용감해서 그런 것이 아니라 내 말이 앞으로 나아가지 않았을 뿐이다.'라고 대답했다."

이처럼 맹지반은 누가 봐도 용감했지만 절대 우쭐대거나 잘난 척하지 않았고 오히려 겸손했다. 그래서 사람들은 그를 좋아했다.

예로부터 중국인들은 겸손을 높이 평가한다. 거만하게 자기를 앞세우는 말만 하는 사람은 남에게 좋은 인상을 주기 어렵다.

샤오량小粱은 명문교를 졸업한 인재였다. 입사 초기에 동료들은 모두 샤오량을 좋아했으며, 수시로 찾아와 그를 도와주었다. 하지만 그런 상황은 몇 개월도 가지 못했다. 어느 날 문득 샤오량은 동료들이 자신을 멀리한다는 느낌을 받았다. 심지어 상사도 자신을 자꾸 못살게 구는 것 같았다. 사람들의 태도가 왜 이렇게 달라졌는지 도무지 영문을 알 수 없었다.

한번은 회사 동료 하나가 컴퓨터가 고장 나서 다른 동료에게 수리를 부탁했다. 그러자 옆에 있던 샤오량이 부탁하지도 않았는데 공구를 들고 와 잽싸게 컴퓨터를 분해하더니 고치기 시작했다. 그러면서 이렇게 말했다.

"이렇게 간단한 것도 못 고쳐? 너 정말 멍청하구나."

컴퓨터 수리가 끝나고 그 동료는 샤오량에게 몇 번이나 고맙다고 말했지만, 속으로는 기분이 언짢았다. 이런 일이 여러 차례 반복되다 보니 동료들은 점점 그를 달가워하지 않았다. 샤오량은 눈치도 빠르고 맡은 일도 재빨리 해냈지만, 겸손하지 않은 말투 때문에 사람들의 미움을 사게 된 것이다.

여기서도 알 수 있듯이, 사람은 적절히 자신을 드러내되 함부로 잘난 척해서는 안 된다. 물론 중요한 타이밍에 자신을 돋보이게 해서 타인의 주목을 받는 것은 매우 필요하다. 그러나 상황에 따라 긴장과 이완을 조절할 줄 알아야 하며, 신중해야 하고, 사양하며 겸손할 줄도 알아야 한다. 항상 자신이 최고인 듯 과시하면서 타인을 폄하하는 것은 매우 좋지 못한 태도다.

사람은 어떤 의견도 겸허하게 받아들일 줄 알아야 하며, 사람 앞이든 일 앞이든 교만해서는 안 된다. 겸손하지 않으면 사면초가에 빠지거나 남의 웃음거리가 되기 쉽다. 요컨대 겸손은 성공을 향해 나아갈 때 꼭 필요하며, 사람들에게 존중받을 수 있는 미덕이다.

춘추시대 제나라에 안영晏嬰이라는 재상이 있었다. 하루는 안영이 마차를 타고 외출하는데, 마부가 마차에 커다란 우산을 달고 주인보다 더 의기양양한 표정을 지으며 네 필의 말에 힘차게 채찍질을 했다.

그때 마침 마부의 아내가 문틈 사이로 우쭐거리는 남편의 모습을 보았다. 그리고 마부가 집으로 돌아왔을 때 아내는 남편에게 헤어질 것을 요구했다.

마부가 물었다.

"아니, 내가 대체 무슨 잘못을 해서 갑자기 헤어지자는 거야?"

그러자 아내가 말했다.

"안영 어르신께서는 여섯 척이 안 되는 단신에도 제나라의 훌륭한 재상이 되어 제후들 사이에서 명성이 높습니다. 오늘 그분이 외출하는 모습을 뵈니 참으로 진중하고 겸손하며 몸가짐이나 언행을 조심하시더군요. 그런데 당신은 여덟 척이나 되는 키에 마부 노릇이나 하면서도 오히려 주제를 모르고 의기양양하더군요. 나는 당신 같은 사람과는 도저히 살 수 없어요."

마부는 아내의 말을 듣고 부끄럽기 그지없어 그 뒤 항상 겸손하려고 노력했다.

마부의 달라진 태도를 보고 의아하게 여긴 안영이 그에게 까닭을 묻자, 마부는 그동안의 일을 말했다. 그 말을 듣고 안영은 마부를 대견스럽게 여겨 더 중요한 자리에 추천해 주었다.

진솔하고 겸손하게 살아가는 당신을 보잘것없고 비겁하며 무능한 사람이라고 여길 사람은 없다. 하지만 만약 당신이 스스로를 화려한 진주라고 여긴다면 영원히 조개 속에 묻힐 위험에 처할 수 있다. 그러므로 우리는 자신을 진지하게 돌아보며 자기 위치를 파악하고 '나는 과연 어떤 사람인가' 스스로에게 질문해야 한다.

사람은 누구나 주목받길 원한다. 또 남에게 무시당하지 않으려는 욕구를 갖고 태어나는데, 이것은 인성의 약점이다. 대부분의 사람은 남에게 관심을 받고 싶어 하며, 자신이 남보다 뛰어나다는 착각에 빠지기도 한다. 그래서 자만하다가 나중에는 자신이 다른 사람들과 똑같이 평범하다는 사실을 깨닫고 깊이 절망하기도 한다.

그럴 때 덜 낙심하고 덜 절망하려면 조금 더 겸손해져야 한다. 스스로 자신만 떠받들다 보면 인간관계에서 곤란한 상황을 피하기 어려울 것이다.

지혜 한마디

우리는 호기롭고 자신 있게 말하는 사람을 보면서 용기를 얻을 때가 많지만, 거만하고 잘난 척하는 사람을 좋아하는 사람은 거의 없다. 야망은 크게 가져야 하되, 자신이 최고라고 여기며 잘난 척해서는 절대 안 된다. 겸손한 태도가 당신을 예의 바르게 보이게 하고, 그러면 사람들에게 환영받을 것이다. 그와 반대로 안하무인적인 태도는 타인의 비난과 반감만 불러일으킬 것이다.

03
사양은 인격 수양의 표현이다

한 중국인 부부가 뉴욕에 사는 미국인 친구에게 초청받아 파티에 참석했다. 부부는 특별히 화려하게 차려입는 등 만반의 준비를 하고 친구 집에 도착했다. 미국인 친구는 반갑게 맞이하면서 어떤 음료를 드시겠느냐고 물었다. 그러자 부부는 얼른 사양하며 말했다.

"괜찮습니다. 바쁘실 텐데 저희는 신경 쓰지 마세요. 저희는 안 마셔도 돼요."

손님 접대에 바빴던 집주인은 그들의 의사를 존중하는 뜻에서 아무런 음료도 가져다주지 않고 곧바로 다른 손님을 접대하러 갔다.

중국인 부부는 접대를 사양했고, 미국 친구는 이를 정직하게 받아들여서 결국 두 사람은 저녁 내내 음료수 한 모금도 마시지 못한 채 목이 말라도 그냥 참아야 했다.

하지만 만약 중국인 부부가 중국인의 집을 방문했다면 이처럼 난감한 상황은 벌어지지 않았을 것이다. 왜냐하면 중국인들은 주인의 친절에 대해 사양하는 말을 건네는 것이 일반적이기 때문이다. 그래서 굳이 말하지 않아도 대개 서로가 상대방의 의사를 짐작한다.

예를 들어, 중국인 주인이 차를 따르려고 하면 통상적으로 중국인 손님은 "괜찮습니다. 안 마셔도 돼요."라고 계속 사양하지만 주인은 그것이 빈말임을 잘 안다. 그래서 주인은 그대로 차를 따라 대접하고 손님 역시 그 차를 자연스럽게 받아 마시는 것이 관습이다.

그러나 외국인 손님의 경우는 주인이 차를 따르려고 할 때 첫 번째 반응으로 사양이 아니라 감사의 인사를 한다. 어떤 때는 주인에게 조금만 맛보고 싶다고 정확히 요구하기도 한다.

한 외국인 남자가 젊은 중국인 부부를 만난 자리에서 그의 아내를 칭찬했다.

"어쩜, 부인이 정말 아름다우시네요. 저도 반하겠어요!"

그러자 중국인 남편은 이렇게 대답했다.

"어디요, 어디."[1]

하지만 중국인의 일반적인 사양의 표현을 알지 못했던 외국인은 설명을 덧붙였다.

"코도 예쁘시고, 눈도 예쁘시네요."

그 말에 중국인 남편은 여전히 "어디요, 어디."라고 답했다.

'왜 자꾸 어디냐고 물어보는 거지?'

---

1   중국어에서 '어디요, 어디(哪里哪里)'는 '천만에요, 과찬이십니다.'라는 뜻으로 쓰이기도 한다.

외국인은 속으로 이상하게 생각하면서 계속 대답했다.

"머릿결도 예쁘시고, 몸매도 좋으세요."

하지만 중국인 남편의 대답은 역시나 똑같았다.

"어디요, 어디."

만약 그 외국인이 중국인의 사양 표현을 이해하지 못한다면 도돌이표처럼 질문과 대답을 반복하며 영원히 언어의 미궁에서 벗어나지 못할 것이다.

이것이 바로 중국인과 외국인의 심리적 차이다. 외국인은 비교적 직설적으로 시원시원하게 말하는 반면, 중국인은 비교적 완곡하게 표현하며 굳이 말하지 않아도 마음을 알아주길 바라는 편이다.

선물을 할 때도 마찬가지다. 외국인은 약소한 선물을 줄 때도 이렇게 말한다.

"정말 심혈을 기울여서 골랐어요. 꼭 받아주세요."

하지만 중국인은 골드바 같은 고가의 선물을 주더라도 지극히 겸손하게 말한다.

"부족하지만 제 마음을 담았습니다. 작은 성의니 부디 받아주세요."

그러므로 만약 외국인과 교류할 때 그들이 우리에게 칭찬을 건네면 "감사합니다."라고 대답하라. 하지만 중국인이 칭찬을 건네면 마땅히 사양할 줄 알아야 한다.

중국인과 대화할 때는 사양하는 말을 잘 알아들어야 하고, 동시에 우리도 사양할 줄 알아야 한다. 왜냐하면 사양이란 일종의 겸손이며, 겸손은 중국인이 최고로 삼는 미덕이기 때문이다.

가령 앞에서 나왔던 것처럼 상대방이 "부인 참 아름다우시네요." 라고 칭찬하면, "아닙니다. 천만에요. 형수님이 더 아름다우신걸요!" 라고 말할 수 있어야 한다.

상대방이 당신의 성공과 재산에 대해 칭찬할 때도 사양하지 않고 고개를 끄덕이며 스스로 인정한다면, 상대방은 곧 속으로 '뭐 그리 대단하지도 않으면서'라고 생각할 것이다. 그럴 때는 "대단하긴 뭘요. 그럭저럭 먹고살아요."라고 말하는 것이 좋다.

이것은 사양의 미덕이자 중국인의 기본 처세법이다. 물론 이렇게 사양하는 것을 위선적이고 불성실한 태도라고 여기는 사람들도 있지만, 그런 인식은 이해가 부족한 탓이다. 사실 중국인의 사양은 일종의 예의이며, 수양의 표현이다. 아무리 친한 친구 사이라고 해도 모든 표현을 제멋대로 편하게 해서는 안 되며, 마땅히 지켜야 할 예의는 지키고 사양할 것은 사양해야 한다. 그러지 않으면 종종 난감한 상황을 겪을 수 있다.

간혹 어떤 사람은 너무 친하고 익숙하다는 이유로 사전에 연락도 하지 않고 방문하거나 수시로 불러내기도 한다. 또 어떤 사람은 친구가 정말 원하는지 아닌지를 전혀 고려하지 않고 이런저런 활동에 끌어들여 진퇴양난에 빠뜨리기도 한다.

그럴 때 친구의 부탁을 들어주려다가는 자신이 원래 세워두었던 계획을 망쳐버릴 수도 있다. 하지만 그동안의 정이 있고 체면도 있어서 그 부탁을 그냥 넘길 수 없다. 그런 경우 겉으로는 기꺼이 부탁을 들어줄지 몰라도, 속으로는 상당히 불쾌해하며 친구가 너무 심하다고 생각할 것이다.

린林씨도 늘 그런 상황을 겪었다. 아무런 준비가 되어 있지 않는 상태에서 몇몇 친한 친구들이 불시에 찾아오곤 했는데, 그러면 그는 어쩔 수 없이 그들을 받아주었다.

심지어 어떤 친한 친구는 제멋대로 다른 사람과 약속을 정해놓고 그에게 와달라고 강요했다. 친구들뿐 아니라 그의 부모도 가끔 그런 식으로 그를 난감하게 했다.

그러는 중에 몇 번씩이나 처리해야 할 업무를 마무리하지 못해서 새벽까지 초과근무 할 때가 많았다. 결국 그는 더 이상 참지 못하고 그런 일이 생길 때마다 즉시 그들을 돌려보냈다..

그러므로 당신이 어쩔 수 없이 남에게 폐를 끼쳐야 한다면, 친하든 친하지 않든 사전에 충분히 알리는 것이 좋다. 상대방과 먼저 상의한 뒤 행동함으로써 그에 대한 존중을 보여주는 것이 반드시 필요하다.

> **지혜 한마디**
>
> 어떤 사람이 친하다는 이유로 조금도 사양하지 않고 함부로 말하면 표면적으로는 아무렇지 않아 보일지라도 실제로는 상대방에게 미움을 받고 있을 수 있다. 예를 들어 이렇게 안부를 묻는 사람이 있다. "너 아직 살아 있었냐?" "이봐, 정말 죽겠어. 잠깐 나와라!" 그들은 그렇게 말하는 것이 친근함의 표현이라고 생각할 수 있지만, 듣는 사람에 따라서는 불편하게 느낄 것이다. 언제, 어떤 관계에서든 사양과 예의는 늘 우정을 유지하는 데 좋은 윤활유가 된다.

04

여지를 남기고
단칼에 잘라 말하지 않는다

우리는 명확하고 분명하게 말하는 사람을 좋아한다. 하지만 자신이 다른 사람에게 대답해야 할 상황에서는 종종 명확한 답변 대신 '대개, 아마도, 어쩌면, 마치' 등의 단어를 습관적으로 사용한다. 왜 그런 것일까? 이것은 우리의 문화적 성격과 관계가 있다.

중국에는 이런 옛말이 있다.

"교만은 화를 부르고, 겸손은 복을 부른다."

말할 때도 마찬가지다. 너무 자신만만하게 단정 지어 말했다가 혹시라도 일이 잘못되면 되돌릴 여지조차 없어서 더 복잡한 문제가 생길 수 있기 때문이다.

큰소리치기를 좋아하는 사람이 있었다. 하루는 그가 모임에 참석했다가 친구가 자신의 성대한 결혼식을 위해 열 대 넘는 차가 필요하다는 말을 듣고 이렇게 말했다.

"그건 내게 맡겨. 내가 아는 사람이 많으니까 그 정도는 구해줄 수 있을 거야."

친구는 매우 기뻐하며 그 일을 그에게 맡겼다. 얼마 뒤 결혼식을 하루 앞둔 친구가 그에게 물었다.

"차는 어떻게 되었니?"

그러자 그는 깜빡 잊고 있었다는 듯이 머리를 가볍게 때리며 말했다.

"아참, 그렇지! 걱정 마, 별것 아니니까. 내가 금방 해결해놓을게."

그러고는 여기저기 전화를 돌리기 시작했다. 하지만 생각만큼 차를 빌리는 일이 쉽지 않았다. 사람들은 대부분 그날 자신도 차를 써야 한다며 거절했다. 결국 수고한 보람도 없이 겨우 차 몇 대만 빌릴 수 있었다. 하지만 원래 약속했던 차량의 수에는 턱없이 못 미쳤다. 그는 그제야 사실대로 친구에게 상황을 털어놓았다.

그 말을 들은 친구는 단단히 화가 났다.

"너 정말 어떻게 이럴 수 있어? 나는 그때 네가 하도 자신 있다고 큰소리쳐서 아무 문제가 없으리라고 생각했어. 그런데 이제 와서 차를 다 못 구했다고 말하다니, 그럼 정말 곤란해지잖아. 애초에 다 못 구할 것 같았다면 미리 말해줘서 내가 다른 대책을 세우게 했어야지."

그는 몹시 부끄러워하며 말했다.

"다 내 잘못이야. 정말 미안해."

친구는 실망해서 고개를 내저었다.

"너, 정말!"

그 일은 금세 소문이 퍼졌다. 그 이후로 사람들은 그와 함께 일하기를 꺼렸다. 조금의 여지도 남기지 않고 단호하게 말하면 마치 의욕이 넘치는 것처럼 들려서 다른 사람의 신뢰를 얻기 쉽다. 그러나 현실적으로는 얼마든지 예상치 못한 일이 벌어질 수 있기 때문에 융통성 없이 딱 잘라 말하는 것은 별로 좋지 않다. 물론 정말 그 일에 자신이 있다면 상관없다. 하지만 그렇지 않다면 이렇게 말해보는 것은 어떨까?

"최선을 다해 볼게. 그리고 해결될 것 같으면 미리 너에게 연락할게. 하지만 일단 너도 나름대로 방법을 찾아봐. 혹시라도 일이 잘못되지 않도록 말이야."

그러면 듣는 상대방은 안심이 된다. 그뿐 아니라 나중에 일을 해내지 못하더라도 원망을 듣지 않을 수 있고, 서로의 관계에 영향을 주지 않기 위해 만일의 사태에 대비하도록 미리 일깨울 수 있다.

승낙할 때는 반드시 약간의 여지를 남겨 두어야 하며, 상황에 따라서는 결정을 보류할 필요도 있다. 딱 잘라 말한 탓에 자신의 이미지에 나쁜 영향을 끼치는 일은 피해야 한다. 어떤 사람은 막말이나 극단적인 말을 아무렇지도 않게 하는데, 그 결과는 도저히 수습할 수 없는 난감한 상황으로 이어질 수도 있다.

어떤 사람이 회사에서 한 동료와 마찰이 생겼다. 몹시 불쾌했던 그는 결국 심한 말로 동료에게 화를 냈다.

"오늘 이 순간부터 우리는 끝이야. 다시는 엮이지 말자!"

그런데 그 말을 내뱉고 3개월이 지났을 무렵, 그 동료가 승진하여 그의 상사가 되었다. 그는 지난날 자신이 한 막말 때문에 상사를 볼 때마다 난감했고, 결국 하는 수 없이 회사를 떠나 다른 일자리를 찾아야 했다.

누구에게든 극단적인 말은 하지 말아야 하며, 항상 말에 여지를 남겨두어야 한다. 극단적인 말은 마치 물이 가득 담긴 컵 같아서 한 방울만 더 담아도 곧바로 넘쳐 주워 담을 수 없게 된다. 또 대화를 나눌 때는 지나친 자신감으로 상대방을 짓누르지 않도록 자신의 태도에 주의해야 한다. 물론 사업적 협상이나 법정에서 공방을 벌일 때는 종종 딱 잘라 말하는 태도로 상대방의 기선을 제압해야 한다. 하지만 일상적인 상황에서 그런 태도를 취한다면 상대방에게 불편함을 주기 쉬우니 반드시 주의하는 것이 좋다.

여지를 남겨 두는 것은 일종의 지혜다. 고대 사람들은 물고기를 사냥할 때 그물의 한쪽을 벌려 놓고 세 면만 포위하는 것을 원칙으로 삼았다.

그 이유는 첫째, 물고기의 자연스러운 번식을 보장하며 당장의 수확에만 급급하지 않고 먼 장래까지 생각할 수 있다는 점이다. 둘째, 물고기들이 필사적으로 그물을 탈출하려다가 오히려 죽어버리거나 상처를 입는 등의 불필요한 손실을 피할 수 있다는 점이다.

이런 원칙은 이후 전쟁에서도 광범위하게 활용되었다. 적군에게 어느 정도 살 길을 열어주면 오히려 적의 사기를 효과적으로 떨어뜨리고, 살길이 막막한 적군이 필사적으로 저항해 더 큰 손해를 입는 결과도 막을 수 있다.

평소 회사에서 일을 할 때도 그물의 한쪽을 벌려두는 것처럼 하면 똑같은 효과를 거둘 수 있다. 만약 당신이 누군가와 어떤 일을 하다가 갈등이 생겼는데 조금도 사정을 봐주지 않고 지나치게 그를 몰아세우면 상대방의 격렬한 반감만 불러일으킨다. 상대방은 그런 골치 아픈 상황에서 얼른 벗어나려고만 할 것이고, 그러다 보면 두 사람의 관계는 금세 깨질 것이다. 하지만 당신이 여지를 남겨 두면 상대방도 문제를 해결하는 데 집중할 것이며, 관계를 깨뜨리지 않으려고 노력할 것이다.

"좁은 길을 갈 때는 남이 지나갈 수 있도록 공간을 남겨 두고, 맛있는 음식을 먹을 때는 다른 사람과 나누어 먹을 수 있도록 남겨 두라."

이것은 채근담에 나오는 말이다. 인생은 짧다면 짧고 길다면 길다. 세상일은 변화무쌍해서 예측하기 어렵다. 그러므로 어떤 길이든 다 막아버리지 마라. 그러면 자신에게 매우 불리할 것이다. 말할 때는 꼭 여지를 남겨 두고 가능한 한 너무 단칼에 딱 잘라 말하지 않는다.

지혜 한마디

무릇 한 가닥 실이라도 남아 있으면 후일 반드시 만난다는 말이 있다. 일할 때는 어느 정도 여지를 남겨 두고, 다른 사람을 막다른 상황으로 몰지 말아야 하며, 말할 때도 딱 잘라 말하지 말고 여지를 남겨야 한다. 모든 일에는 언제든 의외의 상황이 생길 수 있는 법이다.

05

자기 권한의
범위를 넘지 않는다

외국인에 비해 중국인은 자신을 드러내는 것을 별로 좋아하지 않는다. 외국인은 모험을 즐기지만, 중국인은 "부富는 모험 중에 얻는다."와 같은 말을 하면서도 부득이한 경우가 아닌 이상 모험을 하려고 들지 않는다. 중국인은 자신의 본분을 따지고 직분에 충실하기 때문이다.

삼국시대에 조조曹操는 후계자 선택에 매우 신중했다. 조조의 큰아들인 조앙曹昻이 전쟁에서 목숨을 잃자, 자연스럽게 둘째 아들 조비曹丕가 후계자로 거론되었다. 전통 예법에 따르면 조비가 뒤를 잇는 것이 마땅한 일이었으나, 조조는 재능까지 겸비한 셋째 아들 조식曹植을 편애해서 세자로 삼고 싶어 했다.

조비는 조식에 비해 자신이 특별한 재능을 보이지 못해 어떻게 해야 할지 몹시 힘들어했다. 그러다 하루는 자신의 스승인 가후賈詡

에게 가르침을 청했다. 가후는 조비에게 이렇게 말했다.

"너무 고민하지 마십시오. 그저 신중하고 삼가며 자기 본분에 충실하면 됩니다. 다른 헛된 명성은 신경 쓰실 필요 없습니다."

조비는 가후의 조언을 받아들였다.

그러던 어느 날 조조가 직접 출정을 하게 되었다. 그러자 조식은 또 한 번 재능을 발휘해 조조의 공적과 은덕을 찬양하는 시로 조조를 기쁘게 했다. 그러나 조비는 오히려 말없이 땅에 엎드려 울기만 했다. 조조가 그 모습을 보고 급히 물었다.

"왜 그러느냐?"

조비는 흐느껴 울면서 말했다.

"연세 많으신 아버지께서 이렇게 앞장서서 출정을 하시니 아들인 제 마음이 몹시 괴롭고 걱정이 됩니다. 무슨 말을 올려야 할지도 모르겠습니다."

그 말은 조조를 크게 감동시켰다. 그 뒤로도 조비는 아들이라는 본분에 맞는 말로 아버지의 마음을 얻었고, 마침내 후계자가 되었다.

당나라 순종인 이송李誦은 태자가 된 지 얼마 안 되어 천하의 일을 자신의 소임으로 삼겠다며 아랫사람들 앞에서 호언장담했다.

"앞으로 나는 최선을 다해 폐정을 뿌리 뽑겠다고 아버지께 말씀드려야겠다!"

그러자 한 신하가 조심스럽게 당부했다.

"태자로서 가장 먼저 해야 할 일은 국정 운영이 아니라 더욱더 학문에 힘쓰고 배우는 것입니다. 그리고 수시로 폐하의 안부를 묻고 챙기십시오. 벌써부터 그렇게 나랏일에 신경 쓰시면 안 됩니다. 특히 개혁이라는 말은 언급조차 하지 마십시오. 만약 태자께서 지나치게 열의를 보이면 사람들이 태자가 자기 본분에 만족하지 않는다고 여길 것입니다. 그 일로 폐하께서 태자를 못마땅히 여긴다면, 태자께서는 장차 자신을 어떻게 증명하실 것입니까?"

그 말을 듣고 이송은 깨달은 바가 많았다. 그 뒤 이송은 나랏일에 대해서는 어떤 언급도 하지 않았다. 심지어 그의 부친인 덕종 황제가 노년에 사람들의 인심을 얻지 못하는 일을 했을 때도 태자로서 시종일관 아무런 충고를 하지 않았다. 그러다가 자신이 진짜 왕위를 계승한 뒤, 비로소 그 유명한 당 후기의 순종 개혁을 시작했다.

중국인은 자신의 직분을 중시하며, 어떤 일이나 말을 할 때 늘 자기 권한의 범위를 넘지 않으려고 한다. 즉 자기가 해야 할 일만 하고, 해야 할 말만 한다. 분별력 없이 도를 넘어서는 사람은 주제넘은 사람으로 간주될 수도 있다.

샤오가오小高는 한 무역회사의 사장 비서로, 업무 능력이 뛰어나고 영어도 유창하게 구사했다. 그래서 외국 바이어와 중요한 협상을 진행할 때면 그 기회에 자신의 재능을 실컷 과시하곤 했다. 반면 그의 직속상관인 린林 사장은 샤오가오처럼 남에게 과시할 만한 재능이 없었다.

한번은 샤오가오가 린 사장을 수행하여 어느 외국 바이어를 위한 파티에 참석하게 되었다. 파티에서 샤오가오는 외국 바이어와 수차례 건배를 하면서 유창한 영어로 자연스럽고 품위 있게 대화를 이어나갔다. 그러는 동안 린 사장은 한쪽 옆에 우두커니 서 있기만 했다. 파티가 끝날 무렵에도 샤오가오는 린 사장보다 한발 앞서서 외국 바이어와 악수를 하고 작별 인사까지 나누었다. 마치 린 사장은 협상에서 아무 일도 하지 않은 것처럼 보였다.

과연 좋은 결과가 있었을까? 어느 정도 예상되듯, 협상은 실패로 돌아갔다. 샤오가오가 아무리 능력이 뛰어나다 해도 그의 역할은 협상의 책임자가 아니라 린 사장의 보조였다. 더욱이 회사 일 중에는 그의 직위에서 절대 알 수도 책임질 수도 없는 것이 많았다. 결국 협상이 실패로 돌아간 것은 샤오가오가 자신의 본분을 잊고 주제넘게 나선 탓이었다.

며칠 뒤 샤오가오는 그다지 중요하지 않는 부서로 발령이 났다. 처음에 그는 여태까지 나름 열심히 일해온 자신을 갑자기 그런 부서로 발령 낸 것을 도무지 이해할 수 없었다.

나중에야 그는 린 사장이 회장 앞에서 어떻게 자신을 평가했는지 들을 수 있었다.

"샤오가오라는 사람은 능력이 뛰어나지만 지나치게 경솔하며, 주제넘게 행동합니다. 아무래도 좀 더 업무 경험을 쌓을 필요가 있을 것 같습니다."

샤오가오는 이런 경험을 통해 많은 것을 깨달았고 진지하게 자신을 돌아보게 되었다. 그리고 거기서 얻은 교훈을 받아들여 자신의 본분을 지키려고 노력했다. 바이어와 협상을 할 때도 협상 책임자인 상사 옆에서 조용히 경청하다가 적절한 때 꼭 알려줘야 할 사항만 상사에게 언급하며 협상이 잘 이루어지도록 도왔다. 예를 들어 상사가 어떤 중요한 데이터를 잊어버려 잠시 머뭇거리면 얼른 귀띔해 주었고, 적절한 도움을 받은 상사는 무척 만족스러워했다.

샤오가오는 더 이상 주제넘게 나서지 않고, 자신의 본분에 맞게 일하며, 늘 신중하게 업무에 협조했다. 그러자 얼마 지나지 않아 곧 상사의 신임과 좋은 평가를 얻었다. 일 년 뒤, 그의 상사는 더 좋은 자리로 옮기면서 샤오가오를 사장 자리에 추천해 주었다.

자신을 드러내고자 노력하는 것은 결코 나쁜 일이 아니고 오히려 좋은 일이다. 단, 어떻게 드러내는지가 매우 중요하다. 전반적인 상황이나 자신의 본분을 잊은 채 멋대로 과시하다 보면 분명히 좋은 결과를 얻지 못할 것이다.

그러므로 사람은 자신을 적절히 드러낼 줄 알아야 한다. 조금 더 겸손한 태도로, 자신의 본분을 지키고 자기 직분에 맞게 말하면, 더욱 성숙하고 사려 깊은 사람으로서 자신을 드러낼 수 있을 것이다.

지혜 한마디

사람은 누구나 자기 과시를 좋아하는 경향이 있다. 하지만 지나친 자랑은 상대방을 짜증나게 하고, 특히 타인의 생각을 전혀 고려하지 않는 거리낌 없는 말과 행동은 당연히 사람들의 미움을 사게 된다. 그러므로 아무리 친한 친구나 가족 앞이라 해도 본분을 잊고 분별력 없이 행동해서는 안 된다.

어떤 상황에서든
태연함을 유지한다

어릴 때는 종종 '울고 싶으면 울고, 웃고 싶으면 웃으라.'는 말을 했다. 그때는 그것이 진솔한 감정 표현이라고 생각했기 때문이다. 하지만 어른이 되면서 그런 진솔한 감정을 갖는 일이 차츰 줄어들었다. 희로애락을 그대로 드러내지 않고, 자기 마음을 위장하기 시작했다.

왜 우리는 진솔한 감정을 잃어버리는 걸까? 그건 우리가 철이 들었기 때문이다. '자기 마음을 위장하는 것은 진솔한 마음을 잃어버린 것'이라고 생각한다면 그건 오해다. 그것은 '마음 위장'이 아니라 '자기통제'라고 해야 마땅하다. 사람은 성숙할수록 자신을 더욱 능숙하게 통제할 수 있기 때문이다. 그래서 큰일을 당하더라도 침착하게 대처할 수 있다.

예전에는 지나치게 침착하고 차분한 사람을 '감정이 메마른 괴짜'라고 했다. 그러나 시대가 끊임없이 변하면서 지금은 그런 사람을 '감정 조절의 달인'이라고 한다. 그런 사람은 부정적인 감정을 스스로 다스릴 줄 알고, 심지어 못 본 척할 수도 있는 사람이다.

영화와 TV 드라마에서 종종 이런 대사가 나온다.

"그렇게 허둥대면 체통이 서겠는가!"

성숙한 사람의 눈에는 갈팡질팡하며 서두르는 모습이 체통 없어 보이는 것이다. 모름지기 사회에 발을 들였을 때는 조급한 생각으로 허둥대지 말고 침착해야 한다.

전진前秦의 부견苻堅이 동진東晉을 멸망시키려고 하자 대신들이 분분히 그를 말렸다.

"동진은 장강長江을 끼고 있어 위험합니다. 단번에 끝장내지 않으면 반드시 지고 말 것입니다."

하지만 부견은 그렇게 생각하지 않았다.

"춘추시대의 부차夫差와 삼국시대의 손호孫皓도 장강을 끼고 웅거했으나 멸망하고 말았다. 내게는 100만 대군이 있지 않은가. 내가 장강에 채찍만 휘둘러도 강물의 흐름을 끊을 수 있을 것이다. 그러니 그따위 위험이 무슨 큰 문제인가?"

그러면서 부견은 직접 80만 대군을 이끌고 위풍당당하게 비수淝水를 향해 내달렸다. 이로부터 중국 역사상 유명한 비수대전의 서막이 올랐다.

전쟁의 결과는 모두 알고 있는 것처럼, 동진의 8만 정예병이 전진의 80만 대군을 대파하고 승리를 거두었다. 전진은 이 패배의 충격을 떨치지 못해 남쪽 정벌에 나설 힘을 모조리 잃고 말았다.

비수대전은 부견이 쌓아올린 위업을 한순간에 무너뜨렸지만, 또 다른 한 사람의 명성을 세상에 널리 알렸으니, 그가 바로 동진의 재상이자 비수대전에서 책략가로 활약한 사안謝安이었다. 사안은 그야말로 침착하고 지혜로운 지도자의 품격을 지닌 인물이었다.

부견이 80만 대군을 이끌고 쳐들어온다는 소식이 전해지자, 동진의 효무제孝武帝는 당황했고 문무백관이나 백성들도 어찌할 바를 몰라 허둥댔다.

그런데 사안은 어땠을까? 그는 겉으로 전혀 당황한 기색을 보이지 않았으며 오히려 차분한 태도를 유지했다. 심지어 그 와중에도 느긋하게 산수 풍경을 즐겼다. 사람들이 그에게 어떻게 하면 좋겠냐고 물으면 그는 이렇게 말했다.

"이미 대비가 되어 있으니 걱정할 필요 없습니다."

위기가 닥쳐도 당황하지 않는 지도자의 품격이란 바로 이런 것이다. 위기를 만났을 때는 방법이 있든 없든, 냉정함과 침착함을 유지하는 것이 가장 먼저 해야 할 일이다.

사실 사안은 차분하고 냉정하기로 일찍부터 정평이 나 있었다. 한번은 사안이 손작, 왕희 등의 친구와 함께 배를 타고 바다로 나가 한가롭게 경치를 감상하면서 이런저런 담소를 나누고 있었다.

그런데 갑자기 풍랑이 일더니 순식간에 파도가 거세지고 배가 나뭇잎처럼 마구 흔들리기 시작했다. 그러자 사람들은 너무 놀라 읊던 시를 멈추고 비명만 질러댔다.

"이를 어쩌나? 이를 어째?"

하지만 사안은 여전히 느긋했다.

"이렇게 허둥대면 배가 더 흔들려 뭍으로 돌아갈 수 없습니다."

사람들은 사안의 말을 듣고 그제야 마음을 진정했고, 무사히 집으로 돌아갈 수 있었다.

사안은 동진의 군대가 전진의 군대를 격파하고 승리를 거두었을 때도 손님과 집에서 장기를 두고 있다가 승전보를 들었다. 그가 담담한 태도로 전보를 한쪽 옆에 놓아두고 계속 장기를 두자 손님이 궁금함을 참지 못해 물었다.

"전쟁 상황이 어떻습니까?"

그러자 사안이 느긋하게 대답했다.

"결국 우리가 진나라 사람들을 격파했답니다."

그 말을 들은 손님은 기뻐서 더 이상 장기를 두지 않고 얼른 다른 사람들에게 소식을 전하고자 급히 떠났다. 사안은 그제야 기쁨을 감추지 못하고 방으로 들어가다가 문지방에 걸려 넘어지면서 치아가 모두 부러졌다.

이처럼 사안은 확실히 속으로 기뻐했으나 겉으로는 아무렇지도 않은 듯 말하고 행동했다. 이것이 바로 침착함의 표현이며, 중국인들이 말하는 '수양의 경지'다. 아무리 마음이 파도처럼 일렁여도 침착해야 하며, 마음속으로 죽을 만큼 긴장되어도 당황하지 말고 차분한 모습을 보여야 한다.

일찍이 이백李白은 사안의 품격을 시에다 이렇게 묘사해놓았다.

"만약 동산의 사안 같은 이를 쓴다면, 임금을 위해 담소하며 오랑캐의 난을 평정하리."

그가 얼마나 위기를 두려워하지 않고 태연자약하는 대장부의 품격을 지녔는지 충분히 알 수 있다. 중국인들은 이처럼 전투 중에도 전함 위에서 '깃털 부채를 흔들며 미소 띤 얼굴로 이야기할 수 있는' 선비다운 풍모를 좋아한다.

사안의 심리적 소양은 의심할 여지 없이 훌륭하다. 물론 사안도 위기 앞에서 속이 편하지는 않았을 것이다. 어쨌든 전쟁에서 패하면 나라가 분열되고 무너지므로 당연히 두려웠을 것이다. 그러나 그와 같은 정신적 압박에도 의연한 모습을 보이며 조정과 재야의 모든 사람에게 용기를 주었고, 주변 사람들의 마음을 안심시켰으며, 대중의 투지를 불러일으켰다. 이런 사안의 침착함은 얼마나 귀한가!

중국인들은 느긋하게 말하고 차분하게 행동하는 사람을 큰일을 해낼 재목이라고 본다. 왜냐하면 그런 사람들은 기쁨과 노여움의 감정을 얼굴에 쉽게 드러내지 않고 항상 침착하기 때문이다. 이와는 반대로 위기를 만나면 금세 당황하는 사람은 일반적으로 사람들이 좋게 보지 않는다.

지금까지 살펴보았듯이, 어떤 상황에서든 태연함을 유지하는 것은 이상하거나 가식적인 일이 아니라 실용적인 지혜이고 수단이다.

사안의 이야기는 좋은 일로 기뻐하든 나쁜 일로 슬퍼하든 항상 마음을 다스리고, 함부로 자기감정을 드러내지 말아야 한다는 점을 우리에게 말해준다. 그래야 믿음과 용기를 주면서 사람들을 안심시킬 수 있다.

제2장

상대를 내 편으로
만드는 표현 기술

중국인들은 단도직입적인 태도로 일하는 데 익숙하지 않다.

어쩌면 그런 태도는 무례하고 지나치게 이익을 따지며

목적성이 강하게 보이기 때문이다.

그래서 직설적으로 말하는 경우는 드물고

비교적 완곡하게, 함축적으로 표현한다.

07

완곡한 말로
상대의 체면을 세워준다

북송의 관리인 장영張詠은 매우 지혜로운 사람이었다. 어느 날 장영은 구준寇準이라는 사람이 재상이 되었다는 소식을 듣고 탄식하며 말했다.

"구준은 뛰어난 재능이 있지만 아쉽게도 학문이 부족하다."

사실 장영은 구준과 오랜 친구 사이여서 그의 단점을 누구보다 잘 알았다. 그래서 기회가 되면 구준에게 더 많은 학식을 쌓으라고 충고해서 그가 제때 자신의 결점을 보완할 수 있기를 바랐다. 재상으로서 맡은 일을 잘 수행하려면 마땅히 풍부한 학문적 소양이 필요하기 때문이었다.

그러다 때마침 구준이 산시陝西성을 살피러 간다고 하자, 사직한 지 얼마 되지 않은 장영도 서둘러 청두成都에서 그곳으로 갔다. 구준은 고향에서 오랜 친구를 만나서 너무 기뻤다. 그는 연회를 베풀며 장영을 맞이했고, 두 사람은 오랜만에 흉금을 터놓고 지난 회포를 풀었다. 연회가 끝날 무렵 구준이 장영에게 물었다.

"장공, 내게 따로 가르쳐줄 말은 없는가?"

장영은 진작부터 생각해왔던 대로 그에게 학문에 더 힘쓰라고 말해주고 싶었다. 하지만 목구멍까지 올라온 말을 입 밖으로 내지 않았다. 상황이 너무나 달라졌기 때문이다. 이제 구준은 단지 자신의 친한 친구가 아니라 이른바 '일인지하 만인지상一人之下 萬人之上'[2]이라 불리는 한 나라의 재상이었다. 이처럼 신분이 크게 차이 나는 상황에서 재상에게 대놓고 학문이 부족하다고 말할 수는 없는 노릇이었다.

장영은 고민 끝에 한마디했다.

"〈곽광전霍光傳〉을 한번 읽어보게나."

당시 구준은 장영의 말뜻을 곧바로 이해하지 못했다. 장영은 더 이상 다른 말은 하지 않고 자리를 떠났다.

구준은 관청으로 돌아와 곧바로《한서漢書》〈곽광전〉을 찾아 읽었다. 그리고 '곽광은 배우지 못해 재주가 없고 사리에 어두웠다.不學無術 暗于大理'라는 대목에서 친구가 해준 말의 의미를 깨닫고 이렇게 중얼거렸다.

"이것이 바로 장영이 내게 해주고 싶었던 말이구나!"

한나라 때 곽광은 송나라 재상에 상당하는 대사마대장군을 지냈

---

2 위로는 임금 한 사람뿐이고 아래로는 만백성이 있다는 뜻으로, 신하로서 최고의 자리를 일컫는다.

다. 그는 높은 벼슬에 올라 중대한 공로를 많이 세웠지만, 배우지 못해 겸손할 줄 몰랐고, 인정과 사리에 밝지 못했다.

그런 곽광의 모습은 구준과 비슷한 점이 많았다. 장영이 〈곽광전〉을 읽어보라고 한 까닭은 학문에 힘쓰고 인정과 사리를 잘 이해하는 것이 정사를 잘 돌보고 나라의 기강을 세우는 길이라고 충고하려는 것이었다. 구준은 곧 장영의 뜻을 알아차리고 많은 것을 깨달았다.

구준은 북송의 유명한 정치가로, 성격과 의지가 굳고 정직하며 생각이 민첩했다. 장영은 그런 구준의 재능을 칭찬하면서도, 곽광을 빗대어 책을 많이 읽고 학문에 힘써야 한다고 권한 것이다. 이는 매우 객관적이면서도 정곡을 찌르는 충고이자 간단하면서도 재치 있는 말이었다.

만약 장영이 구준에게 직설적으로 충고했다면, 이제 막 재상에 오른 구준의 체면은 말이 아니었을 것이다. 하지만 구준이 총명한 사람임을 알고 짧은 격려의 말로 스스로 깨닫게 해주었으니, 이 얼마나 완곡한 표현인가? 원래 이 책에 나온 '배우지 않아 재주가 없다不學無術'라는 말은 보통 사람이 받아들이기 힘든 비평이다. 그러나 장영은 친구가 유쾌하게 받아들일 수 있는 적절한 말솜씨와 지혜를 발휘한 것이다.

이처럼 완곡하고 재치 있는 말은 불필요한 마찰을 자연스럽게 해결할 수 있다. 특히 외교 상황에서는 긴말보다 핵심을 찌르는 강렬한 말 한마디로 본래의 목적에 도달할 수도 있다.

라오마老馬는 생산관리를 담당하는 부공장장인데, 어느 날 왼손 손가락을 다쳐 병원에서 치료를 받았다. 하루는 공장장인 라오딩老丁이 병문안을 왔다가, 같은 회사에 근무하는 샤오우小吳와 샤오치小齊라는 두 젊은이에 대해 불평을 늘어놓았다. 두 사람이 기술은 뛰어나지만 직장 규율에 대한 관념이 부족해서 해고하고 싶다는 것이다.

라오마는 그 말을 듣고도 별다른 대꾸를 하지 않더니 갑자기 자기 손을 움켜쥐며 소리를 질러댔다.

"아야, 아야!"

공장장이 놀라 물었다.

"아픈가?"

그러자 라오마가 대답했다.

"왜 안 아프겠어요? 정말 아픕니다. 차라리 손을 잘라버리고 싶은 심정이라니까요."

그러자 공장장이 말했다.

"자네 아프더니 정신이 어떻게 된 것 아닌가? 손가락이 아프다고 어떻게 손을 잘라버릴 수 있어?"

그러자 라오마가 말했다.

"공장장님 말씀도 일리가 있어요. 하지만 가끔 우리는 어떤 문제가 생겼을 때 작은 일에 신경 쓰느라 큰 것을 놓치는 경우가 많은 것 같아요. 공장장님도 한번 생각해 보세요. 손가락이 아프면 손을 자르지 않고 치료를 받잖아요. 샤오우나 샤오치의 경우도 마찬가지 아닐까요?"

그제야 공장장은 라오마가 한 말의 '숨은 뜻'을 알아차렸다.

"날 일깨워줘서 고맙네. 샤오우와 샤오치의 일을 어떻게 처리해야 할지 이제 잘 알겠어."

라오마는 손가락이 다치면 치료가 필요하다는 비유를 들어 결점이 있는 사람에게는 그 결점을 고칠 기회를 줄 필요가 있다는 의견을 전달했다. 그는 공장장의 생각에 직접적으로 반대 의사를 표시하지 않음으로써 서로의 관계를 깨지 않고도 원만하게 문제를 해결했다.

의견 충돌이 생겼을 때 직설적으로 상대에게 반박하면 화목한 관계를 유지하기 어려울 것이다. 그러므로 완곡하고 재치 있는 말로 불필요한 마찰은 피해야 한다.

지혜 한마디

누군가 당신에게 가르침을 청한다면 직설적으로 자기 의견을 말하지 말고 예의를 갖춰 겸손하게 말하는 것이 가장 좋다.

"가르침이라고까지 할 것은 없습니다. 다만 하기 힘든 말도 있고 틀린 말도 있을 수 있으니 너무 심각하게 듣지 말아주세요."

이렇게 말하면 온화하고 완곡하게 당신의 의견을 말할 수 있을 것이다. 너무 직설적으로 말해서 좋은 경우는 별로 없으며, 오히려 타인의 자존심에 상처를 입히거나 논쟁과 충돌을 일으킬 수 있다. 만약 완곡하게 지적해줄 수 있다면 소통의 결과는 더욱 좋을 것이다.

08

역설적으로 말해
듣는 사람을 일깨운다

어떤 사람이 이가 아파서 치과에 이를 뽑으러 갔다. 의사는 능숙한 솜씨로 재빠르게 시술해주었다. 환자는 의사의 솜씨에는 만족했으나, 속으로 의사가 순식간에 이를 뽑아주고 30위안이나 번다고 생각하니 왠지 샘이 났다. 그래서 진료비를 내며 비꼬듯이 말했다.

"치과 의사들은 돈을 참 잘 벌겠네요. 10초에 30위안이나 벌잖아요."

그러자 의사가 웃으면서 말했다.

"원하신다면 다음번에는 아주 천천히 뽑아드릴게요."

그 말을 듣고 환자는 멋쩍게 웃으며 말했다.

"아닙니다. 그냥 빨리 뽑아주세요!"

환자의 말을 정면으로 반박하거나 끊지 않고 재치 있게 대응한 이 의사처럼, 역설적으로 말하면 상대의 허를 찌르며 대화의 주도권을 잡을 수 있다.

한 여성이 자신의 남편을 몹시 못마땅하게 생각해서 친구들을 만날 때마다 험담을 늘어놓았다. 그러면 친구들이 자신을 위로해주고 자기 남편에게도 따끔한 충고를 해줄 것이라고 기대한 것이다.

하지만 그녀의 넋두리를 들은 친구는 뜻밖에도 이렇게 말했다.

"그렇게 꼴 보기 싫으면 그냥 이혼해. 더 이상 괴로워하지 말고."

그러자 그녀는 도리어 이런 생각이 들었다.

'사실 내 남편이 이혼할 정도로 형편없지는 않은데 말이야.'

그 뒤로 그녀는 더 이상 친구들에게 남편의 흉을 보지 않았다.

또 한 아이는 학교에서 선생님에게 꾸지람을 들은 뒤 그 선생님이 몹시 미워졌다. 그래서 아이는 아빠에게 속상했던 이야기를 모두 털어놓고 선생님에게 꼭 매운맛을 보여줄 거라고 큰소리쳤다.

그 말을 들은 아빠는 아들을 꾸짖거나 훈계하지 않고 오히려 담담하게 말했다.

"정말 그러고 싶다면 그렇게 해. 그런데 어떻게 매운맛을 보여줄 거니?"

"음, 저는……."

한참을 생각해도 좋은 생각이 떠오르지 않자 아들이 잔뜩 기가 죽어 물었다.

"아빠, 어떻게 하면 좋을까요?"

아빠가 말했다.

"얼굴을 때릴래? 그런데 그건 안 될 것 같다. 네가 복수는 하겠지만 법을 어기게 되니까. 그럼 말썽을 피우는 건 어떨까? 그것도 가능하긴 한데, 그럼 또 야단을 맞거나 더 심한 벌을 받을 수도 있어. 그렇게까지 할 필요는 없지."

"그러네요. 아빠 말이 옳아요."

아들은 고개를 끄덕였다.

"그런데 말이야, 선생님이 야단치신 건 너를 위해 그러신 것 아닐까? 한번 잘 생각해 봐."

아빠의 말을 듣고 곰곰이 생각하던 아들은 선생님에게 복수하겠다는 마음을 얼른 접었다.

상대방의 의견에 동의하지 않는다고 직접적으로 반박하면 논쟁을 일으키기 쉽다. 그럴 때는 먼저 그 사람의 의견을 어느 정도 수긍해준 다음 자기 생각으로 이끄는 것이 좋다. 즉 상대방의 관점에 수긍하면서 그 사람이 궁지에 몰릴 기회를 엿보다가 자연스럽게 생각을 바꾸도록 유도하여 스스로 깨닫게 해주는 것이다.

초나라 때, 장왕莊王은 멋진 준마 한 마리를 얻어서 매우 기뻐했다. 그는 준마가 잘못되기라도 할까봐 하루 종일 비단으로 치장시키고 비싼 음식만 먹였다. 결국 준마는 얼마 뒤 '비만'으로 죽고 말았다. 장왕은 그토록 아끼던 애마의 죽음을 슬퍼하면서, 죽은 말에게 대부大夫 벼슬에 상응하는 성대한 장례를 치러주기로 했다.

그러자 조정 신하들이 모두 반대에 나섰고, 충직한 선비들은 목숨 걸고 간언했다. 하지만 장왕은 이미 마음을 굳힌 뒤라 누구의 충언도 듣지 않았다.

이에 수많은 신하들이 고개를 내저으며 탄식하고 있는데, 갑자기 누가 문 밖에서 대성통곡하는 소리가 들려왔다. 우맹優孟이라는 대신이었다. 장왕은 곧바로 우맹을 안으로 들여 물었다.

"경은 무슨 일로 그리 우는가?"

우맹은 눈물을 흘리며 말했다.

"강대국인 초나라에서 하지 못할 일이 어디 있으며 구하지 못할 물건이 어디 있겠습니까? 왕께서 그리 아끼시던 애마를 단지 대부의 예로 장례 지내다니, 그것은 당치도 않은 일입니다. 마땅히 국상의 예를 갖추어야지요. 그러면 제후들도 왕이 사람보다 말을 더 중시한다는 사실을 알게 될 것입니다. 그래야 현명하지 않겠습니까?"

우맹의 말에 주위가 크게 술렁거렸다. 하지만 장왕은 오히려 아무 말도 하지 않았다. 그는 한참 동안 고개를 숙이고 있다가 천천히 입을 열었다.

"과인이 대부의 예로 말의 장례를 지낸다고 한 것은 확실히 지나쳤던 것 같소. 하지만 이미 내뱉은 말이니 내가 어떻게 하는 것이 좋겠소?"

그러자 우맹이 대답했다.

"청하옵건대 죽은 말을 수라간에 넘겨 요리하게 하십시오. 그런 다음 말고기는 신하들에게 주어 배불리 먹게 하고, 뼈는 가축의 일반적인 장례법에 따라 묻어주십시오. 그렇게 하면 세상 사람들의 비웃음을 사지 않을 것입니다."

그리하여 장왕은 난처함에서 벗어날 여지를 얻었고, 군신들은 말고기를 배불리 먹으며 일이 잘 마무리되었다.

오랜 세월 동안 초나라 장왕을 모신 우맹은 장왕의 성격을 잘 알고 있었다. 그래서 그와 같은 상황에서 어떤 말도 통할 리 없다고 생각했기에, 장왕의 뜻을 따르는 듯 말하며 '역설적인 방식'으로 은근히 일깨운 것이다.

역설적인 말은 엉터리 같은 상황을 확대시키는 돋보기와 같다. 어떤 상황에서는 쉽게 내뱉을 수 없는 말도 있다. 그런 난감함을 피하기 위해서는 먼저 정반대되는 측면의 이야기를 꺼내도 좋다. 그러면 오히려 참된 도리를 깨닫고 잘못을 고칠 수 있으며, 역설적인 말로 뒤집어놓은 본래의 의미를 다시 뒤집어 제대로 전달할 수 있다.

지혜 한마디

다른 사람 의견에 동의하지 않을 때는 직접적으로 반박해서 더 큰 문제가 생기지는 않을지 먼저 생각해보라. 어쩌면 상대방의 관점을 먼저 수긍해준 다음 역설적인 말을 하는 것이 나을지도 모른다. 오히려 상대방이 스스로 다시 생각하고 자신의 문제가 무엇인지 고민하게 할 수도 있다. 이것은 강압적으로 직접 설득하는 것보다 더욱 절묘하다.

09

에둘러 말해
기분 나쁘지 않게 건의한다

장원張雲은 성격이 활발하고 참신한 아이디어를 내며 추진력 있게 일해서 상사의 신임을 받았다. 사람들은 그런 그녀의 앞날이 밝을 것이라고 생각했다. 그런데 그녀는 두뇌 회전이 빠른 탓인지 시도 때도 없이 의견을 내놓았고, 다른 사람의 업무에 관해서도 신난 듯 이러쿵저러쿵 평가하곤 했다. 그런 습관 때문에 동료들은 점점 그녀에게 불만을 품게 되었다.

한번은 장원이 속해 있는 판매부에 회의가 있어서 그녀도 서둘러 회의실로 갔다. 아직 다른 부서의 회의가 끝나지 않았는지, 판매부 직원들이 모두 회의실 문 밖에 대기하고 있었다.

그런데 장원은 남들처럼 가만히 기다리지 못하고 갑자기 회의실로 들어가는 게 아닌가. 그러고는 회의에 끼어들어 이런저런 의견까지 늘어놓았다. 그 일로 인해 그녀는 다른 부서의 동료들에게도 반감을 사게 되었다.

그 뒤로도 그런 일은 여러 차례 더 있었다. 게다가 회사 대표의 서명이 필요한 계약서에 그녀가 대신 서명을 한 일도 있다. 나중에 대표가 그 일에 대해 묻자 장원은 이렇게 대답했다.

"제 생각에는 아무런 문제가 없을 것 같았어요."

그 말을 들은 대표는 단단히 화가 나서 그녀를 해고해버렸다.

좋은 아이디어를 내는 많이 내는 것은 당연히 좋은 일이다. 사실 개방적인 리더들은 대부분 그런 부하직원을 좋아한다. 그러나 건의를 할 때는 자신의 직분에 맞게 해야 한다. 만약 여기저기 가리지 않고 타인의 업무에 대해 평가하거나 직분을 벗어나 주제넘게 참견한다면 문제가 생긴다.

축구 경기에서 각 선수들이 정해진 포지션을 어기고 아무렇게나 뛰어다니면 경기가 엉망이 되듯이, 업무에서도 전체 직원 간의 협동이 중요하다. 모든 사람이 반드시 자신의 직분을 명확히 알아야 한다.

"그 자리에 있지 않으면 그 일을 도모하지 않는다."라는 말처럼, 언제든 자신의 의견을 말할 수는 있지만 자기 권한을 넘어서거나 다른 사람의 업무 범위까지 개입해서는 안 된다.

특히 주의해야 할 것은 상급자를 대신해 어떤 결정도 내리지 말아야 한다는 것이다. 설령 상급자가 당신보다 일을 못한다고 할지라도 아랫사람은 윗사람의 명령에 따른다는 원칙은 지켜야 한다. 이것은 가장 기본적인 예의이고 규칙이다.

그러므로 업무 중에는 다른 사람을 존중하고, 자기의 정해진 자리를 지키며, 그 자리를 넘어서면 안 된다. 만약 좋은 아이디어가 있다면 완곡한 방식으로 건의하면 된다.

한 무제 때, 옹주雍州에 조지曹遲라는 아전이 있었다. 그는 머리가 총명하고 사람 됨됨이가 충실해 상급자의 신임을 받았고, 그 덕분에 옹주 내 어떤 현의 현위縣尉로 승직하여 현령의 정무 처리를 보좌하게 되었다.

그가 발령받은 현에 막 도착했을 때, 길거리 여기저기에서 주민들이 수군거리는 소리가 들렸다. 조 현위는 궁금한 마음에 곧바로 상인 행색으로 꾸미고 그 사이에 몰래 섞여 들어갔다.

주민들은 마침 전임 현위에 대해 이야기하던 중이었다. 전임 현위는 겨우 반년 정도 일을 했는데, 융통성이 없고 에둘러 말할 줄을 몰라 늘 현령에게 말대꾸를 하다가 결국 파직되었다고 했다.

조 현위는 주민들의 이야기를 좀 더 자세히 듣다가 그곳 현령도 사람들의 인심을 얻지 못하고 있음을 알게 되었다. 현령은 비록 청렴했지만 능력이 부족하고 일처리가 너무 느린 것이 흠이었다. 하지만 주민들은 차마 대놓고 말할 수 없어서 뒤에서 불평만 하고 있었다.

아니나 다를까, 부임한 첫날부터 조 현위는 현령의 일처리에 문제가 많음을 알게 되었다. 그렇지만 만약 직접적으로 현령의 잘못을 지적하면 괜한 논쟁만 일으킬 뿐더러, 전임 현위처럼 제대로 현령을 보좌하지 못해 파직당할지도 모를 일이었다. 그러면 자신의 원대한 야망을 이룰 방법이 없어진다. 그렇다고 무조건 현령을 따르다면 관직에 있는 자로서 지켜야 할 원칙에 어긋나는 것이었다.

이러지도 저러지도 못해 난감해진 조 현위는 한참 고민한 끝에 묘책을 떠올렸다. 겉으로는 어수룩하게 현령을 따르는 것처럼 하면서, 말을 에두르는 방식으로 자연스럽게 자신의 생각을 현령에게 건의하기로 한 것이다.

과연 얼마 지나지 않아, 현령은 조 현위의 충실한 보좌를 받으며 자신의 단점을 하나둘씩 고쳐나갔다. 그러자 현의 분위기도 달라졌고 관청에 대한 주민들의 인식도 훨씬 좋아졌다. 현령도 새로 온 현위에 대해 매우 흡족해했으며, 성격까지 온화해졌다. 이듬해에 조 현위는 현령의 추천을 받아 다른 현의 현령이 되었다.

조 현위의 총명한 점은 전임 현위의 문제점을 교훈으로 삼아 주제넘은 참견은 하지 않았고, 직설적으로 현령과 논쟁하거나 따지지도 않았으며, 말을 에두르는 방식으로 현령에게 단독으로 올바른 의견을 제시해서 좋은 효과를 얻었다는 것이다.

당신은 일을 하려는 것이지 옳고 그름을 두고 논쟁하려는 것이 아님을 명심하라. 큰일을 이룬 사람은 하나같이 헛된 명성에 목숨 걸지 않았고, 말로 상대방을 이기려고 다른 사람과 논쟁한 적이 없다.

우리는 적절하게 자신을 표현할 줄 알아야 하지만, 당신 때문에 다른 사람의 광채가 가려졌다면 그 사람이 무척 곤란해질 것이다. 능력을 발휘해야 할 때는 확실하게 보여주는 것이 좋지만 당신이 얼굴을 내밀면 안 되는 자리에 함부로 나서서는 안 된다. 아무리 좋은 아이디어가 있어도 때와 장소를 가려서 제안하도록 주의해야 한다.

특히 상사에게 건의할 때는 가능한 한 완곡한 말로 상대방을 일깨워주는 것이 좋다. 진짜 현명하고 능력 있는 사람은 절대로 주제넘게 나서지 않으며 상사가 해야 할 결정을 대신하지 않는다.

지혜 한마디

겸손하게 상대방에게 가르침을 청하며 의견을 물으려면 이렇게 말할 줄 알아야 한다.

"당신은 어떻게 해야 좋다고 생각하십니까?"

그래서 상대방이 의견을 말하면 당신은 적절하게 수긍하면서, 그가 당신과 같은 결론을 내리도록 유도하기 위해 에둘러 말하는 것이 좋다.

"이렇게 하면 어떻다고 생각하십니까?"

의논하는 말투로 상대방을 깨우치면 그 사람의 경계심을 풀 수 있다.

10

조금 더 겸손하게,
자만하지 않는다

샤오멍小孟은 대학원을 졸업하고 대형 컨설턴트 회사에 취직해서 동창들로부터 부러움을 샀다. 그녀는 자신을 자랑스러워한 나머지 지나치게 우쭐해졌다. 그러자 그녀를 지켜보던 한 친구가 애정 어린 충고를 해주었다.

"친구야, 아무리 네가 지금 그렇게 잘나가도 너무 떠벌리는 것은 별로 좋지 않아."

하지만 샤오멍은 그 말에 동의하지 않았다.

"잘난 척하는 게 아냐. 자신감일 뿐이지!"

친구는 쓴웃음을 지으며 말했다.

"네 말이 맞아, 하지만 남들이 오해할까봐 그래."

"다른 사람들이 어떻게 생각하든 난 상관없어."

그녀는 그 뒤로 곧 친구의 충고를 완전히 잊어버렸다.

한편 샤오멍의 사무실 책상 맞은편에는 성이 류씨인 중년 여성이

근무하고 있었다. 직원들은 모두 그녀를 '류 언니'라고 불렀다. 류 언니는 아직 신입인 샤오밍에게 회사 생활이나 업무에 대해 가르쳐 주려고 종종 트집을 잡았다. 한번은 류 언니가 공개적으로 샤오밍을 나무랐다.

"사무실 책상 위에 소품이랑 연예인 사진 같은 걸 너무 많이 늘어놓지 마. 업무에 지장을 줄 수 있어."

그 말을 들은 샤오밍은 별로 생각도 하지 않고 곧 반박했다.

"류 언니는 우리 같은 젊은 사람들을 이해 못 해요. 요즘 젊은이들은 즐기면서 일하는 세대라고요. 게다가 일이 힘들 때마다 이런 유행 소품들을 보면 눈도 정화되고 기분도 좋아지는걸요. 오히려 일에 도움이 된다고요."

그 말을 들은 류 언니는 더 이상 아무 말도 하지 않았지만 안색이 별로 좋지 않았다.

며칠 뒤 샤오밍은 서류를 작성하다가 실수를 저질렀다. 그러자 류 언니가 따끔하게 샤오밍을 질책했다. 그 뒤로 두 사람의 마찰은 점점 잦아졌다.

샤오밍은 고학력자인 데다 업무 실적이 좋아 남들보다 많은 성과급을 받았다. 어떤 동료가 한번은 농담으로 이렇게 말했다.

"넌 입사한 지 얼마 되지도 않았는데 실적이 이렇게 좋다니, 정말 대단하다. 한턱 내!"

그러자 샤오밍이 득의양양하게 말했다.

"이 정도 갖고 뭘 그래. 다음번에 더 좋은 실적을 올리면 그때 근사한 레스토랑에서 한턱 거하게 쏠게!"

그러고 얼마 뒤부터 샤오멍은 사람들이 부쩍 자신을 상대하기 싫어한다는 느낌을 받았다. 사람들이 모여 폭풍 수다를 떨다가도 그녀가 대화에 끼어드는 순간, 갑자기 이런저런 이유를 대며 뿔뿔이 흩어지곤 했다.

샤오멍이 이유를 몰라 곤혹스러워하던 그 무렵, 회사에서는 일 년에 한 번 실시하는 인사평가가 있었다. 그녀는 속으로 이번에도 실적으로 좋은 평가를 받을 사람이 자기밖에 없을 거라고 예상했다. 하지만 평가 결과에서 그녀는 아무런 포상도 받지 못했다.

샤오멍은 결과에 불만을 품고 직접 고위 관리자를 찾아갔다. 고위 관리자는 그녀가 사무실로 들어오는 것을 보고 얼굴에 미소를 짓더니 샤오멍이 뭐라 말을 꺼내기도 전에 먼저 입을 열었다.

"안 그래도 당신에게 좋은 소식을 말해주려던 참이었어요. 업무상 필요해서 당신을 일 년간 지사로 차출 보내려고 해요. 거기에서도 열심히 일해주세요."

샤오멍은 순간 멍해졌다. 말이 좋아 '차출'이지 사실 '좌천'이나 다름없었기 때문이다. 결국 샤오멍은 지사 대신 사직을 선택했다.

졸업하자마자 방송사에 들어간 한 여대생이 있었다. 그녀는 그런 자신이 몹시 자랑스러웠다. 직장에서 그녀의 업무 파트너는 3년 경력자인 선배였다.

한번은 그녀가 방송을 하기 전에 연습을 해보기로 했다. 그녀는 원고를 한 번 읽은 뒤 나름 괜찮다는 생각이 들어서 자신 있게 자신의 선배에게 평가를 부탁했다.

"정말 착실하네."

선배는 원고를 훑어보더니 차분하게 말했다.

"이 원고 적어도 세 번 이상은 훑어본 거, 맞지?"

"아니에요. 딱 한 번 봤어요. 저는 그걸로 충분한 것 같아요."

그녀는 주저 없이 대답하면서 속으로 기뻐했다.

하지만 선배의 표정은 난감한 듯 굳어졌다.

"그래? 알았어. 너 정말 보통이 넘는구나."

선배는 원고를 재빨리 돌려주었다.

그로부터 얼마 뒤, 이번에 들어온 신입 사원이 매우 거만하고 안하무인이라는 사실을 사내 전 직원이 알게 되었다. 그녀도 회사 안에서 모든 사람에게 비난의 대상이 된 것을 느낄 수 있었다.

겸손해야 사람들의 환영을 받고, 남을 존중해야 나도 존중받는다. 언제 어디든 서열은 있게 마련인데, 이런 상황에서 신입 사원은 선배를 존중하고, 선배는 신입 사원을 이끌어주는 것이 지극히 당연한 일이었다.

류 언니가 샤오밍을 꾸짖었던 것은 단순히 소품을 여기저기 늘어놓은 것에 대한 질책이 아니라, 선배로서 존중해 달라는 일종의 태도 표명이었다. 그러나 샤오밍은 그것도 모른 채 대놓고 류 언니에게 말대꾸를 했는데, 참으로 예의 없는 행동이었다.

동료가 한턱 내라고 했을 때도 샤오밍은 겸손할 줄 모르고 오히려 허풍을 떨며 안하무인 같은 인상을 주었다. 그러니 사람들은 자연스럽게 그녀에게서 거리감을 가질 수밖에 없었다. 그 때문에 인사 평가에서도 좋은 점수를 받지 못했던 것이다.

방송사에 들어간 여대생도 샤오밍과 마찬가지다. 만약 처음에 그녀가 칭찬을 들었을 때 조금만 겸손한 태도로 이렇게 말했으면 어땠을까?

"칭찬 감사합니다. 제가 처음 해보는 방송이라서 무슨 실수라도 하지 않을까 걱정이에요."

그러면 사람들은 그녀가 성실하고 책임감 있게 일한다고 느꼈을 것이다. 사람은 누구나 겸허한 마음을 가져야 하며, 교만하거나 자만에 빠지지 않도록 조심해야 한다. 안하무인에 유아독존인 사람 열 중 아홉은 사람들의 마음을 얻지 못한다.

살면서 우리는 자신을 통제할 줄 알아야 하며, 맹목적이나 자만에 빠지지 않도록 최선을 다해 경계해야 한다. 또한 자신의 약점과 단점을 진지하게 살피고 겸손한 태도를 가져야 한다.

지혜 한마디

아무 데서나 자신의 총명함을 증명하려고 하면 결코 총명해 보이지 않는다. 오히려 대부분의 사람으로부터 미움을 받을 것이다. 현명한 사람은 자신의 총명함을 입으로 떠들지 않고 적절한 때 드러낸다.

11

지나치게 솔직한 말로
상처 주지 않는다

우리는 낯선 사람 앞에서는 더욱 예의 있게 말하고 행동하려고 주의하기 때문에 실례를 범하는 경우가 적다. 하지만 친한 사람 앞에서는 오히려 예의를 잊을 때가 많다.

어떤 남편이 퇴근 후에 집으로 돌아오자마자 아내에게 소리쳤다.

"이봐! 밥 아직 멀었어? 배고파 죽겠어."

아내는 이제 막 집안일을 끝낸 터라 무척 피곤했다. 남편이 배려라고는 눈곱만큼도 없는 말투로 자기 할 말만 하자, 아내는 뿔이 나서 말했다.

"난 당신의 보모가 아니에요. 당신에게 밥을 해줄 의무는 없단 말이에요."

그 말을 들은 남편도 무척 기분이 나빴다. 그러다가 밤이 되어 두 사람은 잠자리에 들었는데, 갑자기 밖에서 인기척이 들렸다. 아내는 도둑이라도 든 게 아닌가 싶어 남편을 툭툭 치며 말했다.

"이봐요. 우리 집에 누가 들어온 것 같아요. 당신이 내려가서 살펴봐요."

그러자 남편은 언짢은 듯 대답했다.

"난 당신의 보디가드가 아냐. 당신을 위해 순찰할 의무는 없어."

관계가 친밀할수록 사람들은 예의 차리는 것을 귀찮아한다. 어떤 때는 말을 너무 직설적으로 내뱉어서 듣기 거북할 때도 있다. **친하다는 이유로 함부로 말하거나 지나치게 솔직하면, 아무리 가족이나 친구라 해도 상처를 받게 마련이다.**

샤오원小文, 샤오류小柳, 샤오천小陳은 어릴 때부터 줄곧 자매처럼 친하게 지냈다. 세 친구는 자주 만나 정을 나누고 싶어서 시집도 멀리 가지 않고 한 도시, 한 아파트 단지에 모여 살았다. 그러면서 틈만 나면 모여서 이야기를 나누며 즐거운 시간을 보냈다. 심지어 세 사람은 나중에 사돈을 맺자고 약속까지 해놓았는데, 아들을 낳은 샤오류와 샤오천은 딸을 낳은 샤오원과 '사돈'이 되겠다고 서로 난리들이었다.

그런데 어느 해 여름, 그들의 깊은 우정이 위기를 맞았다. 샤오원의 딸이 손발에 물집이 생기는 급성 바이러스 질환에 걸렸다. 그 소식을 들은 샤오류와 샤오천은 혹시라도 수족구병이 자신의 아이에게 전염될까봐 걱정이 되었다. 항상 아이들 셋이서 하루 종일 놀았기 때문이었다.

전염을 막으려면 샤오원의 딸과 다른 아이들을 격리시키고 당분간 함께 놀지 않게 하는 수밖에 없었다. 그런데 그런 생각을 샤오류와 샤오천은 완전히 다른 말로 전달했다.

원래 샤오류는 거침없는 성격에다가 나이가 가장 많아 평소 큰언니 행세를 했다. 그녀는 샤오원의 딸이 수족구병에 걸렸다는 말을 듣자마자 깜짝 놀라며 샤오원에게 곧바로 전화를 걸었다.

"빙빙이 수족구병에 걸렸다며? 당분간 너 아이 데리고 외출할 생각은 절대 하지 마라. 보름 정도는 우리 집 근처에도 오지 말고!"

그렇잖아도 샤오원은 아이와 집에 있으면서 격리 치료를 할 요량이었고, 아이를 데리고 나갈 생각은 처음부터 없었다. 그러나 샤오류와 통화를 끝낸 뒤 그녀는 저녁밥도 넘어가지 않을 정도로 화가 나서 남편에게 말했다.

"열 길 물속은 알아도 한 길 사람 속은 모른다더니, 언니가 그런 사람인 줄은 정말 몰랐어."

그녀는 말을 계속했다.

"언니 동생 사이니까 내게 뭐라고 하는 것은 다 받아들일 수 있어. 하지만 언니는 우리 아이 상태는 전혀 걱정하지 않고, 오히려 언니 집 근처에 오지 말라고 경고까지 했어. 난 도저히 받아들일 수가 없어."

비록 얼마 뒤 샤오류가 그런 뜻이 아니었다고 해명은 했지만, 샤오원의 마음속에는 불쾌한 감정이 여전히 남아 있었다. 결국 두 사람의 우정은 금이 갔다.

한편 샤오천은 말을 조리 있게 잘하는 사람이었다. 샤오원의 딸이 병에 걸렸다는 말을 들은 샤오천은 당연히 엄마로서 자기 아이에게 전염되지는 않을까 하는 걱정부터 앞섰다. 그러나 그녀는 직접적으로 그렇게 말하지 않고 미리 생각을 정리하고 샤오원에게 전화를 걸어 차분하게 말했다.

"샤오원, 우리 귀염둥이 빙빙이 병이 났다며? 지금은 좀 어때?"

"응. 병원 다녀와서 조금 안정됐어."

"다행이네! 병원에서 치료받느라고 빙빙이 정말 힘들었겠다. 너도 너무 걱정하지 마. 엄마가 강해야 아이를 잘 돌볼 수 있어."

그 말은 샤오원에게 큰 위로가 되었다.

"정말 고마워. 당분간 우리 외출 못 할 거야. 의사가 격리 치료해야 한댔어."

"그래, 나도 걱정이다. 우리 집 아이도 많이 속상해하고 있어. 날마다 울면서 빙빙을 찾는다니깐. 그걸 보고 있자니 내가 다 마음이 아프더라. 그래도 방법이 없잖니. 빙빙 병이 다 나으면 다함께 공원에 가서 놀자고 아들을 달랠 수밖에."

전화를 끊고 샤오원은 생각했다.

'천 언니는 정말 좋은 사람이야!'

많은 사람들이 낯선 사람이나 손님에게는 예의를 갖춰 말하려고 하면서 친한 사람에게는 전혀 예의를 갖출 필요가 없다고 생각한다. 그러나 사실 전혀 그렇지 않다. <u>어떤 관계든 그 관계를 계속 유지하고 싶다면 상호존중이 기초가 되어야 한다.</u>

샤오위小雨는 매우 예의 바른 사람이다. 한번은 그가 친구에게 작은 도움을 받고 곧바로 "고마워!"라고 말하자 친구가 별스럽다는 듯 물었다.

"친한 사이에 그런 인사치레는 뭐하려고 해?"

그러자 샤오위가 말했다.

"아무리 친해도 네가 날 무조건 도와야 할 의무는 없잖아. 그러니까 나를 도와준 건 당연히 고마운 일이지."

그 뒤 친구는 가는 곳마다 샤오위에 대한 칭찬을 아끼지 않았다.

친구 사이에도 그런 인사가 빠져서는 안 된다. 친구도 감정이 있는 사람이고, 기분이 좋거나 나쁠 수 있으니까. 흔히 친구 사이는 서로에게 관대한 편이지만, 그럴수록 지나치게 무례해서는 안 된다. 말하거나 일을 할 때는 항상 친구의 마음이 다치지 않도록 주의하라.

지혜 한마디

언제든 또 어떤 관계든, 적절한 예의는 우정을 유지해주는 윤활유다. 친구 집을 방문하면 친구들은 보통 이렇게 말하곤 한다.

"우리는 친구니까 네 집처럼 편하게 생각해. 괜히 체면 차리지 말고."

그렇다고 당신이 그 말을 곧이곧대로 받아들이면 안 된다. 아무리 친한 친구의 집이라 해도 친구의 물건을 사용하기 전에는 항상 허락을 얻어야 한다는 사실을 명심하라.

12

간접적 칭찬은
좋은 인연을 만든다

어느 대인관계 전문가가 말했다.

"사람 사이의 친밀함과 화목은 진실한 마음과 단 한마디의 칭찬만을 필요로 한다."

만약 당신이 다른 사람을 적절하게 칭찬한다면 그 사람의 호감을 쉽게 얻을 수 있다. 물론 칭찬에도 기술이 필요하다. 어떤 사람은 칭찬 기술을 몰라 자신의 기대와 다른 결과를 얻기도 하고, 칭찬이 마치 아부처럼 되어버리면 오히려 상대방에게 나쁜 인상을 심어주기도 한다. 만약 상대방에게 당신의 칭찬이 지나치게 노골적이고 낯간지럽게 들린다면, 호감을 얻기는커녕 도리어 혐오감을 줄 수도 있다.

그 사람 앞에서 칭찬을 할 때는 적절한 선을 지키는 것이 필요한데, 상대에게 칭찬받는 기쁨을 느끼게 해줄 좋은 방법은 없을까?

한 사람을 겨냥해 직접적으로 칭찬하면 그 사람한테는 거짓이나 위선처럼 느껴질 수 있다. 하지만 간접적으로 칭찬하면 이로운 점이 많을 것이다.

예를 들어, 당신이 어떤 식당에서 밥을 먹은 뒤 요리사에게 "당신 정말 대단한 요리사예요!"라고 칭찬하면 그 사람은 별다른 감흥을 느끼지 못할 것이다. 왜냐하면 그는 자신보다 더 훌륭한 요리사가 많다는 것을 잘 알고 있어서 그 말이 그냥 인사치레로 들리기 때문이다.

그럴 때는 칭찬 방식을 이렇게 바꾸는 것이 좋다. 예컨대 "음식이 제 입맛에 딱 맞네요. 앞으로 자주 와야겠어요."라고. 이렇게 자기를 인정해주는 말을 듣고 좋아하지 않을 사람이 있을까?

우리가 배울 만한 칭찬 방식이 하나 더 있다. 바로 상대방이 없는 자리에서 칭찬하거나 혹은 제삼자를 통해 전달하는 것이다.

하루는 장張 사장이 언짢은 듯 자신의 비서인 샤오린小林에게 말했다.

"있잖아, 우리 부서의 샤오왕小王 말이야. 내가 정말 그녀 때문에 못살겠어. 네가 대신 말 좀 전해줘. 그런 성질머리 고치지 않으면 조만간 잘릴 거라고 말이야."

그러자 샤오린이 말했다.

"알았어요. 사장님! 제가 알아서 할게요."

그런데 얼마 뒤부터 장 사장은 샤오왕이 마치 딴사람이라도 된 것처럼 갑자기 다정다감해진 느낌을 받았다.

'어떻게 사람이 하루아침에 180도 변할 수 있지?'

장 사장은 몹시 궁금해서 샤오린을 찾아가 어찌 된 일이냐고 물었다. 그러자 샤오린이 웃으면서 말했다.

"사장님, 용서하세요. 제가 왕 언니에게 사장님 말씀을 조금 다르게 전달했거든요. '사람들이 모두 언니를 칭찬하고 있어요. 특히 장 사장님은 언니가 정말 다정다감하고 사랑스러운 분이라고 하셨어요. 성격도 좋고 인간관계도 좋다면서요.' 그러니까 왕 언니가 정말 좋아했어요. 그 덕분에 성격도 달라지신 것 같고요."

장 사장은 샤오린에게 잘했다고 칭찬해주었고, 동시에 자신의 예전 태도도 반성했다. 사실 그는 예전에도 부하직원을 칭찬했지만 별로 좋은 효과를 거두지 못했다. 하지만 그는 이제 그 사람에게 직접적으로 뭐라고 하는 것보다 그 사람이 없을 때 칭찬하는 것이 훨씬 더 효과적임을 알게 되었다.

샤오린은 뒤에서 사람을 칭찬하는 기술을 사용했다. 한번 생각해보라. 내가 없을 때 누군가가 내 칭찬을 많이 한다는 이야기를 들으면 기쁘지 않을 수 있을까?

이처럼 좋은 말은 면전에서 직접 들으면 오히려 정반대의 결과를 낼 수도 있다. 어쩌면 가식적으로 느껴지기도 하고, 또 다른 의도가 있는 것은 아닌지 상대방을 의심하게 될 수도 있다. 그러나 뒤에서 칭찬했다는 말을 들으면 듣기 좋고 특별히 더 진심처럼 느껴진다.

만약 당신이 지금 다니는 회사를 그만두고 새로운 회사에 채용되었을 때, 새 회사의 사장이 당신에게 이렇게 말한다면 어떨까?

"지난번 회사의 사장이 사실 내 동창인데, 당신이 정말 능력 있는 사람이라고 말하더군요."

당신은 분명 기쁘고 예전 사장에게 감동받을 것이다.

이처럼 효과가 확실하다면, 우리가 이런 방법으로 다른 사람을 칭찬하지 않을 이유는 없다. 정말로 당신이 그렇게 할 수 있다면 상대방을 기쁘게 할 뿐만 아니라 타인의 호감까지 얻을 수 있을 테니까 말이다.

당신이 상대방을 직접적으로 칭찬하면 상대방은 그것이 단지 의례적인 말이거나 아첨이라고 생각할 것이다. 즉 자신을 위로하기 위해 그냥 하는 말이라고 여길 가능성이 높다. 그러나 제삼자를 통해 전달하면 효과는 확연히 다르다. 그럴 때 당사자는 가식 없고 진심이 담긴 칭찬이라 여기면서 기쁜 마음으로 받아들이고 당신에게 감격할 것이다. 이처럼 뒤에서 칭찬하는 것은 좋은 인간관계를 맺을 수 있는 탁월한 방법이다.

뒤에서 칭찬하는 방식은 왜 이토록 신기한 효과가 있을까?

첫째, 당신의 타인에 대한 존중과 격려를 드러내주기 때문이다. 그래서 어쩌면 당신이 칭찬한 만큼 상대가 좋게 행동하지 않았다고 해도, 그는 당신의 진심 어린 칭찬에 어떤 반응을 보일 것이다.

둘째, 당신의 넓은 마음과 진실한 성품을 드러내주기 때문이다. 그래서 아주 작은 칭찬이라도 당신의 마음이 얼마나 넓은지를 보여줄 수 있다. 속 좁은 사람은 누군가에 대해 단 한마디도 좋은 말을 해주지 않으며, 마음이 넓은 사람은 뒤에서 절대로 나쁜 말을 하지 않는다.

이와 반대로 뒤에서 누군가를 흉보면, 앞에서 대놓고 나쁜 말을 할 때보다 더욱 그 사람을 화나게 할 것이다. 평소 사람들에게 아무리 좋은 인상을 심어준 당신이라고 해도 뒤에서 다른 사람의 흉이나 보고 다닌다는 말이 알려지면 사람들이 어떻게 느낄까? 당연히 속았다는 기분이 들 것이다. 그러므로 뒤에서는 절대로 타인에 대해 안 좋은 말을 해서는 안 된다.

지혜 한마디

가능한 한 뒤에서 남 이야기는 하지 않는 것이 좋다. 특히 험담은 절대 금물이다. 뒤에서 남의 흉을 보면 그 말이 다른 사람들 귀에 변질되어 전해질 수 있어 위험하다. 하지만 뒤에서 한 칭찬은 상대방의 귀에 들어가도 전혀 두려울 것이 없다. 상대방이 알게 된다 해도 당신의 칭찬에 진심으로 감동받을 것이고, 그 덕분에 좋은 인연을 얻을 수도 있다.

13

이왕이면 듣기 좋게 말하라

한 아가씨가 아침 출근길에 엘리베이터 앞에서 동료인 루안阮 언니를 만났다. 그녀는 인사를 나눈 뒤 루안 언니의 옷차림을 보며 말했다.

"어머, 언니! 오늘 옷이 언니랑 안 어울려요. 헤어스타일이랑 전혀 안 맞는걸요."

그 말을 들은 루안 언니는 순식간에 좋은 기분이 사라졌고 하루 종일 언짢았다.

당신이라면 루안 언니처럼 아침부터 그런 말을 듣고도 기분이 좋을 수 있을까? 듣기 좋은 말이나 축하 인사를 거절할 사람은 없다. 그리고 기분 나쁜 말이나 듣기 거북한 말에 좋은 반응을 보일 사람도 없다. 듣기 좋은 말을 하는 것이 그렇게 어려울까? 만약 그런 말을 하기가 어렵다면 여러 상품 매장을 둘러보면서 직원들에게 배워 보는 것도 좋다.

백화점 화장품 매장에서 근무하는 직원들은 절대로 다음의 두 가지 말을 하지 않는다. '늙었다'와 '못생겼다'.

매일 수많은 중년 여성들이 화장품 매장에 와서 자신의 주름이 몇 개이며, 얼굴에 잡티가 또 생겼고 눈 밑이 점점 처진다는 등의 이야기를 한다. 하지만 자신이 늙고 못생겼다는 사실을 확인받으려고 매장을 찾아오는 것이 아니다. 앞으로 달라질 수 있다는 희망적인 말을 듣고 자신감을 되찾기 위해서 오는 것이다. 그럴 때 수완이 뛰어난 직원들은 보통 이렇게 말한다.

"그렇게 나이 들어 보이지 않아요. 저희 언니, 아니 동생이라고 해도 믿겠는걸요."

"그렇지 않아요. 손님 나이에 그 정도의 잡티면 정말 없는 편이에요. 손님보다 젊은 여자 배우들도 가까이서 보면 잡티가 훨씬 더 많더라고요."

"피부 관리를 참 잘하셔서 정말 깨끗하고 매끈해 보여요. 단지 수분이 조금 부족한 듯해요. 마침 저희 제품 중에 좋은 보습 미백 로션이 있는데 손님에게 딱 좋을 것 같아요. 한번 발라보시겠어요?"

"이 정도 눈가 주름은 모든 여성에게 다 있어요. 하지만 손님은 별로 깊지 않네요. 보통 많이 웃고 행복하게 사는 분들한테 이런 주름이 생겨요. 손님은 웃는 모습이 무척 매력적이시네요. 잘생긴 남자들이 줄을 설 것 같아요. 이것 한번 보실래요. 이 주름 제거 크림을 바르시면 손님 눈가의 주름이 옅어지고 피부도 조금씩 탄력을 찾을 거예요."

솔직히 이렇게 말하는 화장품 매장 직원들은 정신과 의사보다 더 위대할 것이다! 그녀들은 전부 설득력 있는 말의 고수들이다. 어떤 심리 상담 전문의도 이렇게 말했다.

"여자에게 가장 좋은 정신과 의사는 화장품 매장의 직원들일 것이다. 환자의 자신감을 회복시키는 효과 면에서 보면 정신과 의사들도 그녀들을 따라잡지 못한다."

사람들은 듣기 좋은 말을 듣고 싶어 하며, 듣기 거북한 말은 들을까봐 걱정이다. 칭찬, 격려, 위로, 타인의 자신감을 높여주는 말처럼 듣기 좋은 말을 많이 하는 것은 사람의 마음을 따르고 심신을 기쁘게 해주는 행동이다.

만약 우리가 타인에게 좋은 말을 많이 해줄 수 있다면 인간관계도 개선될 것이다. 사회 전체의 화목을 촉진하고 불필요한 모순과 충돌도 해결할 수 있다. 그러므로 일상생활에서 좋은 말을 많이 하도록 노력해야 한다.

귀에 거슬리는 말은 적게 하고, 듣기 좋은 말은 많이 하라. 그 사람의 좋은 점을 많이 칭찬하고 장점을 강조하며, 그 사람의 나쁜 점은 적게 말하고 결점은 끄집어내지 마라. 당신이 한 말을 통해 사람들은 당신에게 내재된 생각과 품위를 알게 될 것이다.

대개 여성은 아름답다는 말을 듣기를 좋아하고, 남성은 강하다는 말을 듣기를 좋아한다. 사람은 누구나 좋은 말을 듣고 싶어 하며 나쁜 말을 듣기 싫어한다. 만약 당신이 듣기 힘든 말을 많이 한다면 사람들이 당신을 미워해도 절대 탓하지 마라. 그런 듣기 힘든 말들은 아무리 솔직한 충고이고 진실이라 해도 듣는 사람은 불쾌할 수 있다. 좋은 말을 듣고 싶어 하는 것은 인간의 천성이므로 좋은 말을 많이 하는 사람이 사랑받는 것은 당연하다.

지혜 한마디 _____

듣기 좋은 말을 많이 하는 것은 언제라도 괜찮다. 만약 당신이 사람들에게 듣기 좋은 말을 많이 하면 사람들도 당신을 격려하는 일이 많아지고 당신에 대한 신뢰도 강해질 것이다. 그리고 그것은 당신에게 막대한 힘을 실어줄 것이다.

제3장

화내지 않고 이기는 표현 기술

온화한 태도는 중국인의 삶의 지혜이며 인사의 핵심이다.

중국인은 화목함을 귀하게 여기고, 웃는 얼굴이 부를 부른다고 믿는다.

그래서 모두가 온화해지면 더 많은 협력의 기회와

발전의 장이 열린다고 생각한다.

비록 상대와 의견이 다를지라도 예의 있는 말로 부드럽게 대화를 풀어나가면

화목한 분위기가 넘쳐흐를 것이다.

14

웃는 얼굴이 부를 부른다

샤오황小黄은 대학을 졸업하고 몇 년 지나지 않아 한 인테리어 회사의 디자이너가 되었다. 한번은 어느 회사의 대형 네온 간판 제작을 맡게 되었다. 그런데 고객 회사의 책임자가 설치 담당 직원에게 이런저런 요구를 하면서 자기 뜻대로 네온 간판을 설치해 달라고 고집을 부린 것이다. 결국 그의 요구대로 절반 정도 설치했을 때 뜻밖의 문제가 발생해 간판이 부서지고 말았다.

샤오황은 그 보고를 받고 무척 화가 나서 고객 회사의 책임자에게 따져 물었다.

"제가 말씀 드렸잖아요, 요구 사항이 너무 많다고요. 간판 설치는 우리가 전문인데 왜 우리에게 전적으로 맡기지 않고 이래라저래라 간섭하신 겁니까?"

고객 회사의 책임자도 어느 정도 자신에게 잘못이 있다고 생각하며 사과했다.

"죄송합니다. 제가 좀 참견이 많았네요. 일이 이렇게 될 줄은 몰랐습니다."

그러나 샤오황은 여전히 화를 누그러뜨리지 않았다.

"죄송하다고 하면 문제가 해결됩니까? 손해는 어쩌실 거예요?"

책임자는 자신의 사과에도 샤오황이 조금도 진정할 기미가 없자 덩달아 불쾌해져서 조금 격양된 목소리로 말했다.

"비록 내가 참견하긴 했지만, 어디까지나 몇 가지 건의를 한 것이죠. 하지만 당신들은 전문가잖아요. 어째서 처음부터 제 의견에 문제가 있다고 설명하지 않은 건가요?"

샤오황은 그 말을 듣고 더욱 화가 났다.

"말씀을 들어 보니 오리발이라도 내밀 생각이군요."

그러자 책임자는 더욱 못마땅해서 말했다.

"아니 어떻게 그런 말을? 말이면 다인 줄 알아요?"

두 사람은 서로 잘못이 없다며 더욱 소리 높여 싸우기 시작했다. 그러다가 젊고 혈기왕성한 샤오황은 여전히 자신이 옳다고 생각하면서, 마지막으로 이 한마디를 던지고 그 자리를 떠났다.

"좋아요. 우리 법정에서 봅시다."

그러나 회사로 돌아온 샤오황은 상사에게 큰 질책을 들었다.

"도대체 일을 어떻게 하는 거야? 왜 그렇게 생각이 없어? 겨우 네온 간판 하나일 뿐이잖아? 그만한 일로 상황을 이렇게까지 틀어놓으면 앞으로 그 회사와 어떻게 합작을 해?"

상사는 말을 계속했다.

"다시 가서 잘못했다고 사과해. 그리고 손해를 최소한으로 줄여!"

샤오황은 하는 수 없이 고객 회사의 책임자를 다시 찾아갔다. 그런데 뜻밖에도 그 책임자 역시 자신의 잘못을 진심으로 인정했다. 두 사람은 조금 전의 격앙되었던 감정을 말끔히 풀고 협의를 통해 손해를 각각 절반씩 부담하기로 했다. 두 사람은 싸움 끝에 오히려 서로를 이해하게 되었고, 그 뒤 좋은 친구로 지냈다. 물론 두 회사의 업무 거래량도 현저히 증가했다.

사실 고객 회사의 책임자는 결코 앞뒤가 꽉 막힌 사람이 아니었다. 단지 샤오황이 홧김에 심한 말을 했고, 아무리 일리 있는 말이어도 표현이 지나쳤다. 그것이 오히려 상대의 반감을 불러일으켰고, 갈등이 고조되어 격렬하게 논쟁을 벌인 끝에 결국 관계가 틀어진 것이다.

만약 샤오황의 상사가 먼저 사과하라고 다그치지 않았다면 두 사람이 친구가 되는 일은 결코 없었을 것이다. 그뿐 아니라 간판 손해 처리도 원만히 해결되지 못했을 테고, 이후 회사 간의 합작에도 막대한 악영향을 끼쳤을 것이다.

샤오황이 상대방을 먼저 찾아가 사과한 일 덕분에 상대방과는 더없이 좋은 친구가 되었고, 회사 간 거래도 전보다 활발하게 이루어질 수 있었다. 이처럼 웃는 얼굴이 부를 부른다는 말은 결코 빈말이 아니다.

사람들과 교류하는 과정에서는 여러 가지 갈등이 수시로 발생한다. 그럴 때는 우선 폭발하기 직전의 감정을 참고 가라앉힌 다음,

그 문제를 어떻게 해결할지 상대방과 차분하게 상의하는 것이 좋다. 그래야 문제가 더욱 격화되는 것을 막을 수 있다. 작은 갈등이 커져 '화약고'가 폭발하는 일은 절대로 없어야 한다.

일을 성공적으로 수행하고 사업을 번창시키며 좋은 인간관계를 맺길 원한다면, 그 정도 '수양'은 필요하다. 자기감정 통제를 잘하고, 감정이 격해졌을 때 냉정함을 유지하며 문제를 해결할 수 있는 정도가 되면 해내지 못할 일이 없을 것이다.

다시 말하지만, 웃는 얼굴이 부를 부른다. 그러므로 온화하지 않은 얼굴로는 말하지 말아야 할 것이다. 설령 상대방과 상반된 생각을 밝히는 경우라 해도 부드럽고 상냥한 태도를 유지하자. 온화함은 이성적이고 슬기롭게 말하는 지혜이자 중요한 처세 원칙이다. 어떤 세상일이든 내 맘대로 되는 것은 없으므로 반드시 차분한 마음으로 대할 줄 알아야 한다. 그러면 당신은 남에게 환영받는 사람이 될 뿐 아니라 사업에서도 더욱 빠르게 성공할 수 있다. 만약 온화함이라는 처세 원칙을 지키지 않으면 당신 주변은 하루도 조용한 날이 없을 것이다.

지혜 한마디

《논어》에 이런 말이 나온다. "작은 일을 참지 못하면 큰일을 도모할 수 없다." 사람이든 일이든 인내심을 갖고 대할 줄 알아야 한다. 문제가 생길 때마다 다른 사람을 찾아가 번거롭게 하거나 곤란에 빠뜨려서는 안 된다. 작은 일 때문에 협력 관계를 깨뜨리면 얻는 것보다 잃는 것이 더 많다. 충돌이나 갈등이 발생했을 때는 잠시 한 걸음 뒤로 물러나 침착함을 유지한 뒤 차분하게 문제 해결 방법을 상의해야 한다.

15

자존심을 지켜주고
단점은 들추지 않는다

명나라를 세운 주원장朱元璋은 어린 시절에 불운하게 태어나, 목동, 승려, 거지 등이 되어 세상의 온갖 풍파를 다 겪었다. 마침내 그가 황제의 자리에 올랐을 때 지난날 그와 알고 지낸 친척과 친구들이 모두 그를 찾아와 손을 내밀었다. 주원장이 옛정을 생각해서 말단 벼슬이라도 내줄 것으로 기대한 것이다. 그러나 주원장은 만남을 청하는 사람들을 대부분 거절했다.

그러던 어느 날, 수완 좋은 한 친구가 우여곡절 끝에 황궁으로 들어와 마침내 주원장을 만나는 자리까지 왔다. 주원장의 옛 친구는 다짜고짜 이렇게 말했다.

"이봐, 중팔重八[3]! 너 황제가 되더니 정말 위세가 당당하구나! 내가 누군지 알겠어? 우리 옛날에 함께 엉덩이도 까고 놀았잖아. 그뿐

---

3 주원장의 본명

86

이냐? 네가 나쁜 일이라도 저지르면 내가 나서서 널 도와주곤 했지. 같이 콩을 훔쳐 먹다가 네가 너무 급히 삼키는 바람에 콩이 목에 걸린 적도 있지? 그걸 내가 꺼내줬잖아. 어때, 기억 나?"

주원장은 사람들이 자신의 내력이나 과거사 들추는 걸 가장 싫어했다. 그러면 자기 위신이 떨어진다고 생각했기 때문이다. 그런데 그가 황제의 체면도 생각하지 않고 쉴 새 없이 이야기를 늘어놓은 것이다.

주원장은 낯빛이 점점 어두워지다가 더 이상 못 참고 소리를 질렀다.

"그만하라! 대체 네가 누구인데 감히 허튼소리를 남발하는가! 여봐라! 게 아무도 없느냐! 이자를 당장 끌어내어 목을 쳐라!"

결국 주원장의 옛 친구는 자신이 무엇을 잘못했는지도 모른 채 목숨을 잃고 말았다.

누구에게나 드러내기 싫은 과거나 신체 또는 성격상 결함이 있다. 그것이 치명적인 단점일 수도 있고, 그 단점이 드러나는 걸 좋아할 사람은 아무도 없다. 말할 때는 남의 단점을 함부로 들추지 마라. 아니면 주원장의 어릴 적 친구처럼 큰 말썽이 생길 수 있다.

사무직 사원인 장 양은 내성적이고 말수도 적었다. 하지만 일을 하다 다른 사람이 의견을 물으면 늘 '정곡을 찌르는 말'로 마음을 아프게 했다. 다른 사람의 '단점'도 아무렇지 않게 말하곤 했다.

한번은 같은 부서의 동료가 새 옷을 입고 출근했다. 사람들은 모두 그녀에게 '예쁘다, 잘 어울린다'며 칭찬을 늘어놓았다. 그런데 장 양은 이렇게 말했다.

"넌 뚱뚱해서 이런 옷이 어울리지 않아."

그리고 이렇게도 말했다.

"옷 색깔은 산뜻한데 너한테는 별로야."

장 양의 말을 들은 동료는 몹시 화가 났다. 예쁘다고 칭찬했던 다른 동료들도 매우 난감했다. 사실 장 양의 말처럼 그녀의 몸매는 남들보다 뚱뚱한 편이었기 때문이다. 장 양은 자기 말 때문에 사람들이 기분 나빠하면 후회를 한 적도 있지만, 대개의 경우처럼 여전히 별생각 없이 말하고 만 것이다.

시간이 지날수록 동료들은 장 양을 단체 활동에서 제외하는 경우가 많아졌고, 그녀에게 의견을 구하는 일도 줄었다. 그런데도 장 양은 원래 성격을 버리지 못하고 남이 듣기 싫어하는 말만 골라 했다. 그러다 보니 회사에서 그녀에게 말을 거는 사람은 거의 없어졌으며, 결국 장 양도 사람들이 자신을 상대하지 않는 이유를 자연스럽게 알게 되었다.

인사말의 핵심은 관계를 화목하게 발전시키는 데 있다. 올바른 처세술은 상대방의 장점을 보고 칭찬해주는 것이지, 그 사람의 사적인 비밀이나 치명적인 약점을 건드리고 문제 삼는 것이 아니다.

한 학교에서 국어를 가르치던 장 선생님과 조 선생님은 업무에 대해 토론하기를 좋아했다. 장 선생님은 느긋한 성격에 말도 느릿 느릿 했다. 그녀는 토론을 할 때면 항상 신중하게 생각한 뒤 관점을 완벽하게 정리해서 논리적으로 말했다. 반면 성격이 불같은 조 선생님은 말하거나 일할 때 항상 조급했고, 토론할 때도 생각을 정리하지 못한 채 급하게 말하곤 했다. 당연히 토론 결과는 항상 장 선생님의 승리였는데, 조 선생님은 늘 그 점이 불만이었다.

어느 날 두 선생님은 학생들의 학습에 관해 토론을 했다. 성격이 급한 조 선생님은 이번에도 토론을 시작한 지 얼마 되지 않아 금방 말문이 막혀버렸다. 그러자 그녀는 갑자기 화제를 바꾸었다.

"매번 말로는 장 선생님을 당해낼 수가 없네요. 그러지 말고 우리 그냥 각자 딸 얘기나 합시다."

사실 장 선생님의 딸은 수술 후유증으로 몸이 조금 불편했다. 그래서 장 선생님은 남 앞에서 딸 이야기 하는 것을 별로 좋아하지 않았고, 모두가 그런 사정을 잘 알고 있었다.

그런데도 조 선생님은 토론에서 진 것이 창피하고 분한 나머지 일부러 장 선생님의 아픈 곳을 찔렀다. 그러자 그 상황을 지켜보던 다른 선생님이 먼저 조 선생님에게 이렇게 말했다.

"우리 딸은 정말 못생겼어. 당신 딸 미모를 당할 수가 없다니깐."

그 선생님에게는 누가 봐도 예쁜 딸이 있었으니 사람들은 그 말이 조 선생님을 비웃는 것임을 알았다. 난감해진 조 선생님은 더 이상 아무 말도 하지 않고 가만히 앉아 씩씩거리기만 할 뿐이었다. 그날 이후 조 선생님에게는 상의하고 싶은 문제가 생겨도 함께 의논해주는 사람이 없었다.

세상에 완벽한 사람은 없다. 즉 단점은 누구에게나 있다. 따라서 만일 당신이 누군가의 단점을 공격하면 그 결과는 단순히 한 사람을 곤란하게 만드는 데 그치지 않는다. 주변 사람들 모두 당신으로부터 등을 돌리는 일이 일어날 테니까. 사람들은 당신이 너무 심하다고 생각하면서 당신이 언제 자신에게도 그런 행동을 할지 몰라 두려워 떠날 것이다.

지혜 한마디

설령 누군가 당신에게 잘못을 해서 그 사람에게 복수하고 싶은 마음이 있다 해도, 많은 사람들 앞에서 그의 단점을 들추거나 자존심을 다치게 해서는 안 된다. 전혀 그럴 의도는 없지만 부주의하게 상대의 단점을 말하게 되는 일도 일어날 수 있다. 의도가 있든 없든 누군가의 단점을 폭로하는 것은 그 사람의 자존심을 다치게 하는 일이므로 항상 조심하고 삼가야 한다.

16

사과 한마디로 파국을 막는다

출퇴근 시간인 러시아워 때 차들로 꽉 막힌 도로에서 운전하고 있던 한 남자가 있었다. 짜증스러운 마음에 그는 갑자기 클랙슨을 눌러댔다. 그 바람에 앞에 있던 트럭 운전자가 깜짝 놀라 창밖으로 고개를 내밀고 남자에게 욕을 퍼부었다.

남자는 화가 치밀어 올라 앞으로 돌진해 트럭 운전자를 향해 삿대질을 하며 말했다.

"당신 방금 뭐라고 했어? 매너도 몰라?"

삿대질과 거친 말투에 트럭 운전자도 덩달아 화가 났다.

"내가 그렇게 말하든 말든 당신이 무슨 상관이야!"

분위기가 순식간에 긴장 상태로 변했다. 트럭 운전자는 두 눈을 부릅뜨고 남자를 때릴 듯이 위협했다. 그러고는 차를 잠시 세우더니 뒷좌석에서 쇠사슬을 꺼내어 한 손에 들고 다른 한 손으로는 남자를 가리키며 말했다.

"자신 있으면 한 대 쳐봐!"

남자도 가만있지 않았다.

"뭐 어쩌고 어째? 진짜 때린다!"

그는 정말로 주먹을 휘둘러 트럭 운전자의 얼굴을 때렸다. 트럭 운전자는 갑자기 날아온 주먹을 맞고 너무 분해서 남자에게 쇠사슬을 휘둘렀다. 두 사람은 그길로 서로 뒤엉켜 싸우기 시작했다.

다행히 주위에 있던 사람들이 둘을 겨우 뜯어말리고 전후 사정을 물어보았다. 그러자 트럭 운전자는 남자가 처음부터 클랙슨을 마구 눌러댔고 먼저 주먹을 날렸다고 말했다. 또 남자는 트럭 운전자가 먼저 매너 없이 욕을 하며 시비를 걸었다고 말했다. 그들의 주장을 듣고 사람들은 누가 더 잘했고 잘못했는지 의견이 분분했다. 그대로 두면 사태는 더욱 심각해질 것 같았다.

이때 한 노인이 사람들 앞으로 나서며 말했다.

"싸우지 마세요. 이번 일은 두 사람 모두 잘못했소. 시끄럽게 클랙슨을 누른 것도 실례고, 욕을 한 것도 신사답지 못했잖소. 게다가 폭력은 절대 쓰면 안 되죠. 그러니 서로 사과하는 것이 어떻겠소?"

노인의 말에 사람들은 모두 동의했지만, 정작 당사자인 두 사람은 조금도 물러서지 않았다.

"내가 왜 사과를 해요? 저 사람이 먼저 잘못했고 날 때렸잖아요!"

"아니, 욕을 안 했으면 내가 때렸겠어요? 마땅히 저 사람이 먼저 사과를 해야죠!"

그러자 노인이 웃는 얼굴로 말했다.

"좋소. 당신들 말이 다 옳아요. 사실 당신들이 서로 사과하든 말든 상관없어요. 하지만 정말 사소한 일로 이 지경까지 왔는데 그게 과연 이럴 만한 일입니까? 지금 두 사람 모두 다쳤고 꼴이 말이 아니에요."

그러자 두 사람은 잠시 입을 다물었다. 노인이 계속 말했다.

"누구든 먼저 '죄송합니다.'라고 말했으면 이런 상황이 되진 않았겠죠? 서로 초면이고 과거에 원한이 있는 것도 아니잖아요. 사과 한마디면 될 일 갖고, 왜 철천지원수가 되려고 합니까?"

그러나 유감스럽게도 노인의 충고는 헛수고가 되고 말았다. 두 사람은 끝내 끝내 화를 가라앉히지 않았고 서로에게 사과하지도 않다가 파출소까지 가게 되었다.

'미안합니다, 괜찮습니다, 고마워요'라는 말의 힘은 화목한 인간관계나 좋은 기분과 맞바꿀 수 있을 만큼 크다. 그리고 갈등은 일어난 뒤 해결하는 것보다 갈등이 생기지 않도록 하는 것이 훨씬 중요하다.

사실 두 운전자도 싸우기 전에 누군가 먼저 사과했다면 그런 충돌을 피할 수 있었을 것이다. 만약 남자가 다른 운전자들의 조급한 마음도 조금만 이해하고 배려했다면, 또 짜증을 주체하지 못해 클랙슨을 마구 누른 뒤 그 소리에 놀란 사람들에게 "죄송합니다."라는 한마디만 했어도 그 뒤의 갈등은 일어나지 않았을 것이다.

만약 트럭 운전자가 클랙슨 소리를 듣고 같은 상황에 처한 운전자의 심정을 이해하며 위로의 말을 건넸거나, 자신이 한 욕에 대해 제때 사과를 했더라면 상황은 달라졌을 것이다.

안타깝게도 두 사람은 상대방의 마음을 조금도 이해하지 못했고 자기 잘못도 깨닫지 못했다. 게다가 사과할 줄도 몰라서 갈등은 더 커졌고, 마침내 치고받는 싸움까지 이르렀다. "죄송합니다."라는 말 한마디면 풀 수 있는 사소한 일 때문에 심한 타격을 입는다면, 거기에 과연 그만한 가치가 있을까?

지혜 한마디

언제 어디서 어떤 일을 하든지 혹시라도 다른 사람에게 폐를 끼쳤다면 마땅히 "죄송합니다."라고 말해야 한다. 버스에서 실수로 남의 발을 밟았을 때, 다함께 밥을 먹다가 먼저 그 자리를 떠나야 할 때, 아무리 사정이 있었다 해도 약속시간에 늦었을 때, 당연히 사과하거나 양해를 구해야 한다. 길을 가다가 반대편에서 오는 사람과 부딪칠 일이 없더라도 "실례합니다."라고 말하며 지나갈 수 있어야 한다. 한마디로, 다른 사람을 불쾌하게 했다면 반드시 그 사람에게 "죄송합니다."라고 말할 의무가 있다.

17

한발 양보가
큰 이득으로 돌아온다

위유런于右任은 중국의 유명한 서예가로, 1950년대에 타이완臺灣에 살았다. 당시 수많은 상인들은 사업 번창을 위해 자신의 회사나 점포 혹은 식당 입구에 그가 썼다는 간판을 너 나 할 것 없이 내걸었다. 그중에는 위유런이 직접 쓴 것도 있었지만 대부분 위작이었다.

하루는 제자가 잔뜩 화난 얼굴로 위유런에게 말했다.

"제가 오후에 한 작은 식당에 들렀는데요, 그 집에 선생님이 쓰셨다는 간판이 걸려 있지 뭐예요. 세상에나, 어쩜 그렇게 공공연하게 사람들을 속일 수 있을까요? 선생님은 분하지 않으세요?"

마침 서법을 연습하고 있던 위유런은 놀라서 붓을 내려놓으며 물었다.

"그 간판에 적힌 글씨가 어떻더냐?"

화가 가라앉지 않은 듯 제자는 입을 삐죽거렸다.

"말도 마세요! 누구 글씨인지 몰라도 너무 형편없었어요."

위유런은 잠시 생각에 잠기더니 곧 이렇게 말했다.

"그러면 안 되지! 아무래도 글씨를 바꿔주어야겠구나. 사람들이 그렇게 형편없는 글씨를 보면 나를 비웃지 않겠느냐?"

그러면서 제자에게 또 물었다.

"식당에서 파는 음식은 무엇이더냐? 가게 이름은 무엇이고?"

"주로 면 요리를 파는 식당인데, 양고기 파오모⁴가 특히 맛있습니다. 가게 이름도 양고기 파오모 식당羊肉泡饃館입니다."

그러자 위유런은 붓에다 먹물을 찍은 뒤 커다란 서화용지에 생동감 넘치는 글씨로 식당 이름을 써내려갔다. 거기에 낙관까지 찍어 제자에게 주며 그 식당 주인에게 전해주라고 했다.

잠시 뒤 식당 주인은 위유런이 직접 쓴 글씨를 받아 들고 몹시 감격해서 서둘러 간판을 바꿔 달았다. 그런 다음 제자에게 위유런에 대한 미안함과 감사 인사를 꼭 전해달라고 부탁했다. 그 일이 있고 난 뒤 위유런의 명성은 더욱 높아졌다.

사실 유명한 서예가의 이름을 도용했으니 식당 주인이 질책을 당하는 것이 마땅했다. 하지만 위유런은 그렇게 하지 않았다. 자신의 명예를 떨어뜨린 사람과 논쟁하지 않고 오히려 상황에 맞게 조용히 문제를 해결해서 사람들의 칭송을 얻었다. 그야말로 일거양득의 좋은 일이었다고 할 수 있다.

---

4   중국 서북 지방의 식품으로 빵을 으깬 뒤 양념을 하고, 끓는 양고기 국물을 부어 먹는 음식

모든 일에서 너무 시시콜콜 따지지 마라. 그래야 이득과 손해 사이에서 균형을 잡을 수 있다. 물론 이득과 손해를 맞바꾼 효과가 항상 곧바로 드러나는 것은 아니다. 그 절묘한 이치를 아는 사람만이 취사선택의 주도권을 잡으며, 양보를 통해 예상하지 못한 좋은 효과를 얻을 수 있다.

때로는 비즈니스나 외교 상황 또는 개인, 단체, 국가 사이에서도 양보가 필요하다. 그럴 때 정당한 이유가 있어도 한발 물러나면 양보의 미덕을 보여주고 탁월한 지혜를 반영할 수 있다.

한 조용한 식당에 갑자기 떠들썩한 소리가 들렸다.

"웨이터! 웨이터! 여기 좀 봐요! 빨리요!"

한 손님이 자기 앞에 놓인 찻잔을 가리키며 놀란 표정으로 소리치고 있었다.

"상한 우유를 썼군요. 홍차가 엉망이 되어버렸어요!"

웨이터는 찻잔을 들여다보더니 곧 미소를 지으며 말했다.

"아, 정말 죄송합니다! 제가 얼른 교환해드리겠습니다."

잠시 뒤 새 홍차가 금방 나왔는데 홍차는 조금 전과 다를 것이 없었다. 그리고 이어서 웨이터가 신선한 레몬이 담긴 접시와 우유가 들어 있는 컵을 따로 가져와 손님 앞에 살짝 내려놓았다.

웨이터는 조용히 이렇게 말했다.

"선생님, 홍차에 레몬을 넣으셨다면 우유는 넣지 마세요. 레몬산 때문에 우유가 덩어리질 수 있거든요."

그 말을 들은 손님은 무안한 듯 얼굴이 빨개지더니 홍차를 얼른 마시고는 서둘러 식당을 떠났다.

옆자리에서 그 모습을 보고 있던 한 손님이 웃으면서 웨이터에게 말했다.

"저 사람은 그런 현상을 전혀 몰랐나 봐요. 그런데 왜 처음부터 그렇게 말해주지 않았나요? 그 사람이 큰일이라도 난 것처럼 수선을 떨 때는 가만히 듣고 계셨잖아요."

웨이터는 미소를 지으며 말했다.

"그 손님이 너무 소란을 피우니까 오히려 더 차분하게 대했던 거예요. 저희는 잘못한 것이 없으니 공연히 큰소리칠 필요도 없죠."

웨이터의 말을 듣고 손님은 고개를 끄덕이며 웃었고, 그 식당을 더욱 마음에 들어 했으며, 무엇보다 웨이터에게 깊은 인상을 받았다. 그 뒤로 매너 없이 소리치던 손님도 자주 그 식당을 찾아왔는데, 전과는 다르게 환하게 웃는 얼굴로 들어서며 나지막한 목소리로 웨이터와 인사를 나누었다.

옳고 그름을 제대로 따지는 것은 어떤 일에서나 너무 당연한 이치다. 그러나 그 목적은 상대방과 싸워 무조건 이기려는 것이 아니라, 정당한 지지를 얻으려는 것이어야 한다. 다른 사람의 지지를 얻으려면 사람을 압박하지 말고, 설득해야 한다. 단 그렇게 하려면 인내가 필요하다.

작은 일에서도 배울 줄 알고 적절히 양보하며 관용의 마음으로 사람을 대한다면 수많은 모순과 갈등은 자연스럽게 풀릴 것이다. 자신에게 정당한 이유가 있어도 한발 물러나면 갈등도 풀 수 있고, 서로를 깊이 이해하며 우정을 돈독히 할 수 있다. 또 조화롭고 화목한 인간관계까지 만들 수 있다. 그러므로 일을 할 때는 적절하게 여지를 남기는 것이 좋다. 인정사정 볼 것 없이 딱 잘라 처리하지 말고, 정으로 봐주는 것도 필요하다. 지나치게 이치를 따지지 마라. 잘못이 없고 떳떳할 때는 한발 양보하는 것도 괜찮다.

떳떳하지 못한 사람은 강한 힘을 내세워 오히려 사람을 압박하지만, 떳떳한 사람은 부드러운 태도로 친구를 사귄다. 원칙적인 문제가 아니라면 조금은 양보하고 타협해도 좋다. 그러면 더욱 쉽게 목적에 도달하고, 서로 윈윈하는 효과를 거둘 수 있다.

지혜 한마디

떳떳하고 강한 쪽일수록 양보의 이치를 잘 알아야 한다. 그러면 사람들이 당신의 도량과 기백을 알게 될 것이다. 살다 보면 삶이 늘 순풍에 돛 단 듯 순탄하지는 않다. 마찰을 피하기 어려울 때도 있다. 그럴 때마다 매번 시시비비를 따지면서 물러날 줄을 모른다면, 당신의 삶은 어두운 그림자에 가려진 듯 깜깜하고 난처하기만 할 것이다. 그와는 반대로 당신이 한발 물러나 온화한 태도로 사람을 대할 줄 안다면, 당신 인생에서 건너지 못할 다리는 없다.

18

논쟁에서 이익을 얻으려면
논쟁을 피하라

　주朱씨는 경험 많은 운전기사였다. 그는 학력이 높지 않지만 말솜씨가 뛰어나 사람들과 토론하는 것을 좋아했고, 논쟁이 벌어졌다 하면 매번 이기곤 했다.

　자동차에 대해 모르는 것이 없었던 주씨는 나중에 운전기사 일을 그만두고 자동차 세일즈맨이 되었다. 그런데 웬일인지 오랫동안 차를 한 대도 팔지 못했다. 도대체 뭐가 문제인지 알 수 없어서 무척 곤혹스러웠던 그는 결국 세일즈 전문가를 찾아가 코칭을 받아보기로 했다.

　세일즈 전문가는 우선 주씨의 고객 상담 과정을 지켜보았다. 그러고 곧바로 문제점을 발견했다. 사실 그동안 주씨는 조금이라도 자신과 견해가 다른 사람을 만나면 아무리 고객이라 해도 반박하기에 바빴던 것이다. 세일즈 전문가는 이렇게 말했다.

　"당신이 뛰어난 달변가라는 건 부인할 수 없어요. 자신만만한 표정만 봐도 알 수 있죠. 당신 스스로도 그 점을 자랑스러워하니까요. 하지만 저는 이렇게 말하고 싶네요. 지나치게 병적인 것 아닙니까?"

그 순간 주씨는 얼굴이 굳어지더니 곧 반박하려고 했다. 그러자 세일즈 전문가는 손으로 그를 저지하며 엄숙하게 말했다.

"제 말이 틀렸나요? 그래서 저와 논쟁이라도 벌이고 싶습니까? 그런데 저는 당신과 논쟁하고 싶은 생각이 없어요. 그럴 필요도 없고요. 제가 지금 하고 싶은 말은 당신이 틀렸다는 것뿐입니다."

주씨가 다시 반박하려고 했으나 세일즈 전문가는 여전히 그를 가로막으며 말했다.

"지금은 아무 말도 하지 말고 그냥 제가 하는 말을 들으세요. 당신의 문제점이 무엇인지, 또 어떻게 해야 물건을 팔 수 있는지 제가 알려줘야 하니까요."

주씨는 얼굴이 붉으락푸르락했다. 세일즈 전문가는 주씨의 눈을 똑바로 보며 큰 소리로 말했다.

"당신에게 묻겠습니다. 당신은 왜 자동차를 사려는 사람과 언쟁을 벌이면서 그들을 자극하고 화나게 합니까? 그렇게 하면 당신에게 무슨 이득이 있습니까? 논쟁에서 이기면 만족스러운가요? 하지만 실적이 하나도 없질 않습니까! 그런데 대체 뭐가 만족스러워요? 당신의 목적은 그들을 설득하는 것이지, 그들과 싸워서 이기는 게 아니라는 사실을 모릅니까?"

세일즈 전문가의 호통에 주씨는 할 말을 잃고 가만히 있었다. 그제야 세일즈 전문가는 숨을 돌리고 차분하게 말하기 시작했다.

"어때요? 제가 이렇게 하니까 많이 답답하고 언짢았어요? 아마 당신 고객들도 그동안 그런 느낌이었을 거예요. 충분히 느끼고 깨달으셨나요? 방금 경험을 통해 깨달은 것이 있다면 앞으로는 더 확실히 알아두세요. 당신이 지금 배워야 할 것은 유창한 입담과 뛰어난 토론 기술이 아니에요. 그보다 먼저 공손한 태도로 조심스럽게 말하며 그 누구와도 함부로 논쟁하지 않는 것입니다. 당신도 한번 생각해보세요, 그렇지 않나요?"

이처럼 논리정연하게 이치를 따진 뒤 세일즈 전문가는 주씨에게 본격적으로 판매 코칭을 진행했다. 주씨는 곧 자신의 말과 행동을 고치고 금세 실적도 올렸다.

어떤 사람들은 논쟁하는 걸 좋아해서 한번 시작했다 하면 팽팽하게 맞서서 다른 사람이 뭐라 하든 간에 더욱 반박하려고만 한다. 왜 그럴까?

그들은 다른 사람의 의견을 듣기 싫어하고 자신이 남보다 뛰어나다고 생각하며 모든 일에서 우위에 있고 싶어 하기 때문이다. 하지만 자신이 정말 다른 사람보다 뛰어나다 해도 그런 태도를 취해서는 안 된다. 솔직히 그런 태도는 말하는 사람의 품격도 떨어뜨린다.

다른 사람 의견에 동의하지 않는다는 것을 너무 과하게 표현하거나, 남에게 자기 생각을 관철시키려고 고집을 부리는 것은 품위 없는 행동이다. 그런 사람은 늘 자신이 무조건 옳고, 다른 사람의 생각은 어리석고 유치하다고 간주한다. 하지만 결과적으로는 말 때문에 사람에게 상처를 줄 뿐이다. 상대방과 동등한 위치에 서서 겸손한 품격을 보여줘야 사람들의 마음을 얻을 수 있다.

주변을 좀 돌아보면, 매번 여자 친구와의 논쟁에서 이긴다는 사람은 절대로 오래 연애하지 못한다. 왜 그럴까? 상대방을 말로 싸워 이겼다는 것이 반드시 상대방을 설득했다는 의미는 아니기 때문이다. 그러므로 당신이 현명한 사람이라면 사람들과 논쟁하지 마라.

아래의 몇 가지 테크닉은 당신이 논쟁의 함정에서 빠지지 않도록 도울 것이다. 스스로 질문을 던져보기 바란다.

1. 내가 또 논쟁에 빠진 건가?

항상 자신의 태도와 대화 분위기에 주의하며 이렇게 물어본다.

"내가 또 논쟁에 빠진 건가?"

곧 논쟁에 빠질 것 같다거나 이미 논쟁에 빠졌다는 걸 최대한 빨리 깨달아야만 더 깊은 논쟁의 수렁으로 빠져들지 않는다.

2. 이 일이 과연 중요한가?

일단 논쟁 혹은 논쟁으로 발전할 가능성을 느꼈다면 스스로에게 물어라.

"이 일이 과연 중요한가?"

부부 사이에 생기는 논쟁의 대부분은 정말 사소한 일에서 비롯된다. 그런 사소한 일 때문에 논쟁을 벌여 즐거워야 할 식사나 아름다운 밤을 망치지 않도록 하라.

3. 반드시 지금 설득해야 하나?

만약 대화 분위기가 유쾌하지 않다면, 논쟁이나 말다툼으로 상대방을 설득하기는 어려울 것이다. 그런데 아무리 중요한 일이라도 지금 당장 상대방을 설득하지 않아도 되는 경우가 있다.

만약 논쟁이 심해져서 분위기가 좋지 않다면, 잠시 한숨 돌리면서 스스로에게 물어라.

"반드시 지금 상대방을 설득해야 하는가?"

차라리 잠시 생각의 시간을 갖고 서로 여유를 찾은 다음 다른 방식으로 상의하는 것이 좋다.

4. 반드시 상대방을 설득해야 하나?

쌍방이 각자 고집을 부리고 있지는 않은가? 상대방이 반드시 내 의견과 같아야 할 필요가 있는가?

만약 다른 사람이 내 의견에 따르지 않을 때 참을 수 없는 분노를 느낀다면 '통제 불능'인 사람이다. 대개 그런 사람들은 인간관계가 원활하지 못하다. 그런 유형에 가깝다고 생각되는 사람은 "반드시 상대방을 설득해야 하나?"라고 항상 스스로 질문하라.

5. 옳고 그름을 따지는 것보다 화목한 것이 좋다.

현실에서 일어나는 일에는 옳고 그름을 분명히 가리기 어려운 경우가 많다. 그런데도 사람들은 누가 옳고 그르냐를 따지면서 끊임없이 논쟁을 한다. 그 결과 큰 갈등이 생기고, 서로 감정에 상처를 입힌다. 당신이 흥분해서 옳고 그름을 가리려고 할 때면 이 말을 떠올려도 좋다.

"옳고 그름을 따지는 것보다 화목한 것이 좋다.'"

지혜 한마디

이 세상에서 논쟁으로 이익을 얻을 수 있는 단 하나의 방법은 그 논쟁을 피하는 것뿐이다. 남의 의중을 잘 헤아리고 입장을 바꿔 생각할 수만 있다면 불필요한 충돌이나 논쟁은 피할 수 있다. 승부욕이 강해서 늘 사람들과 끊임없이 논쟁을 하다 보면 승리를 얻을 때도 있겠지만 그런 승리는 공허할 뿐이다. 상대방의 호감은 영원히 얻을 수 없을 것이므로. 그러므로 논쟁은 피하고, 타인에게 자신의 관점을 받아들이라고 강요해서는 안 된다는 것을 기억하라.

19

강함과 부드러움을
동시에 표현하라

새 직장에 다닌 지 한 달밖에 안 된 전展씨는 몹시 피곤하고 짜증
스러웠다. 그를 그렇게 만든 사람은 재무부서 책임자인 진陳 선배
다. 진 선배는 사장의 친척이라 회사에서 기세가 등등했는데, 무슨
이유인지 항상 전씨에게 인상을 쓰고 뒤에서 험담을 했다.

전씨는 마음이 상해도 참을 수밖에 없었지만 그래도 업무 영역을
넓히기 위해 재무부서 책임자와 좋은 관계로 지내고 싶었다. 그러
나 그의 선의는 번번이 물거품이 되었다. 진 선배는 아예 전씨를 거
들떠보지도 않았다.

그러던 어느 날, 재무부서에서 전씨에게 출장비를 수령해 가라
는 연락이 왔다. 출장비를 받고 보니 겨우 700위안뿐이었고, 부족한
600위안은 진 선배가 누락시킨 것 같았다. 진 선배에게 묻자 그는
차가운 웃음을 지으며 말했다.

"대체 얼마나 받아 가려는 거야? 우린 영수증에 적혀 있는 대로

지불한 것뿐이라고."

그는 전씨의 출장 영수증을 내밀었다. 전씨는 영수증들을 찬찬히 훑어보다가 숙박비 영수증이 한 장 부족하다는 걸 알았다.

"자네가 준 영수증은 이것뿐이야. 숙박비 영수증이 어디로 도망 갔는지 누가 알겠어?"

진 선배가 큰 소리로 말했다. 전씨는 그제야 이것이 그의 농간임을 눈치챘다. 하지만 화를 내지 않고 오히려 차분하게 말했다.

"영수증을 받자마자 제가 연필로 뒷면에 일련번호를 매겨두었습니다. 당시 샤오왕과 샤오자오도 함께 있었으니 잘 알 겁니다. 그런데 이제 와서 갑자기 영수증이 없다고 하시니 아무래도 이 일은 사장님께 직접 말씀드리는 것이 좋겠어요. 만약 사장님도 그게 제 책임이라고 하시면 저도 그냥 운이 나빠서 잃어버렸다고 생각하죠."

그러자 진 선배는 당황한 듯 눈이 휘둥그레지며 아무런 말도 못했다. 전씨는 그에게 한마디 더 했다.

"진 선배, 사실 나도 작은 일을 크게 만들고 싶지는 않습니다. 이만한 일로 사장님까지 찾아간다면 좋을 게 뭐가 있겠어요. 안 그렇습니까? 제 생각에는 경리가 실수로 영수증을 어딘가 흘린 것 같아요. 최근에 업무가 많았잖아요. 선배도 제대로 챙기지 못했을 거고요. 그러니 다시 한 번 잘 찾아보세요."

진 선배는 얼른 고개를 끄덕였다. 오후에 진 선배는 누락되었던 출장비를 직접 전씨에게 전해주었다.

살다 보면 누구나 이와 비슷한 일들을 겪는다. 그럴 때는 강함과 부드러움을 적절히 보여주며 주도권을 잡을 줄 알아야 한다.

현명한 전씨는 겉으로는 부드럽고 순하게 말하면서도 속으로는 강하게 밀어붙이는 법을 알고 있었기에 상대방의 마음을 진정시켜 서로 감정이 격화되어 충돌이 일어나는 상황을 피할 수 있었다. 또 한편으로는 위엄과 힘을 보여주면서 상대방을 독촉하여 자신의 목적을 달성할 수 있다. 이처럼 전진과 후퇴가 자유로운 방식은 오래 전부터 수많은 사람들이 사용해왔다.

가시를 숨긴 목화솜처럼 말하는 이 화법은 강함과 부드러움을 동시에 보여주는 것이 특징이다. 목화솜이 겉은 매우 부드럽고 포근하게 보이지만 가까이 다가가면 뾰족한 가시에 찔리는 것처럼, 자신의 선의를 보여주면서 따끔한 교훈도 줄 수 있는 표현 기술이다. 겉으로는 강한 진의가 크게 드러나지 않기 때문에 서로의 관계에 격한 충돌도 일으키지 않는다.

지나치게 노골적이고 솔직하게 말하면 오히려 역효과가 날 수 있는 경우, 강함과 부드러움을 적절히 섞어 말한다면 화목한 인간관계를 유지하는 데 도움이 될 것이다.

지혜 한마디

항상 부드러운 톤으로만 말하면 사람들에게 연약한 사람이라는 오해를 받기 쉽다. 반대로 무조건 강한 톤으로만 말하면 사사건건 충돌을 피하지 못할 것이다. 그러나 강함과 부드러움을 적절히 섞어 말한다면 큰 손해를 피하고 때로는 이득도 볼 것이다. 또한 화목한 인간관계를 유지하면서 상대방이 더 이상 자신을 얕잡아보지 않도록 경고할 수도 있다.

20

넓은 마음과
포용력을 가져야 한다

    북송의 재상 한기韓琦는 마음이 선량하고 마음이 넓어서 사소한 문제로 이것저것 따지는 일이 없었다. 그는 누구보다 많은 공로를 세워 가장 높은 자리까지 올랐지만 자랑하거나 교만하지 않았고, 요직에 중용되지 않았을 때에도 조용히 집에서 가족들과 행복한 삶을 누렸다. 그는 어떤 상황에서도 항상 태연자약했고 이런저런 일에 휘둘리지 않았다.

    한번은 그가 통사統師를 맡아 업무를 보면서 한 호위병한테 곁에서 촛불을 들고 서 있으라 했다. 그런데 호위병이 잠깐 한눈을 팔다가 촛불이 한기의 귀밑머리에 옮겨 붙고 말았다. 하지만 한기는 호들갑을 떨지 않고 급하게 옷소매로 불을 문질러 끈 뒤, 다시 고개를 숙이고 업무를 보았다.

    그러고 얼마 뒤 휴식을 취하던 한기는 호위병이 교체되었음을 알게 되었다. 한기는 호위병이 혹시라도 일전의 일로 처벌을 받은 건 아닌지 걱정하며 서둘러 호위병 장관을 불렀다.

"호위병을 다른 사람으로 바꾸지 말라. 이제 그는 촛불을 제대로 잡을 줄 알 것이다."

장군과 병사들은 그의 말을 전해 듣고 모두 감동을 받았다. 촛불을 들고 있던 호위병은 정신을 집중하지 않았고, 그래서 한기의 귀밑머리에 불이 붙었으니 자기 직무에 대한 책임을 다하지 못한 것이다. 그렇지만 한기는 뜨거운 고통도 참으며 호위병을 전혀 꾸짖지 않았다. 게다가 호위병이 처벌받을 것을 염려해 그를 두둔까지 해주었다.

한기의 이러한 인내와 관용은 병사들에게 그 어떤 질책이나 처벌보다 큰 교훈을 주었다. 스스로 자신들의 잘못을 고치고 직무상의 책임을 다해 포용력 있는 통사를 잘 받들겠노라 다짐했다.

또 이런 일도 있었다. 한기가 대명부大名府에 있을 때 어떤 사람이 그에게 옥으로 만든 잔을 두 개 선물했다. 옥잔은 안팎으로 흠이 전혀 없는 그야말로 진귀한 보물이었다. 한기는 그 옥잔을 상당히 아꼈고, 손님을 초대해 연회를 베풀 때마다 특별히 상 위에 비단을 깔고 옥잔을 올려놓았다.

그런데 어느 날 연회에서 한 관리가 술을 권하다가 실수로 옥잔을 땅에 떨어뜨려 깨뜨리고 말았다. 그 자리에 있던 사람들은 모두 당황했고, 옥잔을 깨뜨린 관리는 어쩔 줄 몰라 하며 얼른 바닥에 엎드려 한기의 처분만 기다렸다.

그러나 한기는 오히려 웃으며 손님들에게 말했다.

"원래 물건은 만들어질 때가 있으면 부서질 때도 있는 법이지요. 물건을 쓸 때는 좋지만, 부서진 뒤에는 누구도 어쩔 수 없습니다."

그러더니 바닥에 엎드려 있는 관리에게 이렇게 말했다.

"얼떨결에 실수한 것이지 고의가 아니니 내 어찌 그대를 벌하겠소?"

옥잔을 깨뜨린 관리를 호되게 질책한다고 이미 깨진 옥잔을 원래 대로 붙일 수 있는 것은 아니다. 그런데도 만약 그 상황에서 한기가 호되게 관리를 꾸짖었다면 손님들은 모두 난감해하고 관리도 속으로 울분을 느꼈을 것이다. 그러면 지금까지 좋았던 연회 분위기도 흥이 깨지며 끝났을 것이다. 그러나 한기가 넓은 아량을 보이자 실수를 저지른 관리는 물론 그곳에 있던 사람들이 모두 감탄했다.

"관용은 가시덤불 속에서 자라나는 낟알이다."라는 말이 있다. 한 걸음만 양보하면 세상이 넓어진다. 회사에서 동료들과 지낼 때도 관용의 태도가 필요하다. 상사의 질책은 겸허하게 받아들이고 동료와의 작은 마찰은 가볍게 웃어넘기며 마음을 크게 가지면 앞날도 훤히 펼쳐질 것이다.

샤오동小董은 새로 입사한 회사에서 자료 보고서를 써야 할 일이 많았다. 하지만 아직 신입이라 보고서 쓰는 일에 익숙하지 않았다. 그래서 매번 보고서를 쓰고 나면 선배인 라오왕老王에게 보여주며 확인을 부탁했고, 라오왕의 충고대로 보고서를 수정한 뒤에야 과장의 결재를 받았다.

업무 배우는 속도가 빨랐던 샤오동은 어느 순간부터는 라오왕이 별로 손댈 것이 없을 정도로 보고서를 훌륭하게 써냈다. 하지만 과장은 여전히 그녀의 보고서를 보며 이것저것 지적했다. 그때마다 샤오동은 아무 대꾸도 하지 않고 묵묵히 과장의 지적을 받아들였다. 그런데 라오왕은 오히려 그 점이 화나고 불만스러웠다. 과장의 실력이 샤오동의 보고서를 고칠 만큼 탁월하지 않다고 생각했기 때문이다. 라오왕은 종종 마음에 품은 말을 그대로 내뱉곤 했다.

"과장이나 되는 사람이 사원의 글이나 고치고 있다니……."

그러면 샤오동은 가만히 웃을 뿐 별로 신경 쓰지 않았다. 그러다가 라오왕이 어느 날 또다시 심하게 과장의 험담을 늘어놓자 그녀는 이렇게 말했다.

"그래 봤자 기껏 보고서를 고치라는 것이잖아요. 제 인생을 고치라는 것도 아니고."

겸손하고 부지런하며 활달한 샤오동은 곧 과장에게 좋은 평가를 받기 시작했다. 과장은 그녀를 상급 홍보부서로 추천해주었다.

한번은 상부에서 중요한 자료 보고를 맡겼다. 보고서 작성을 끝낸 뒤 과장은 그것을 홍보부서에 보내 최종 점검을 해달라고 부탁했다. 이틀 뒤 샤오동은 보고서를 완벽하게 수정해서 보냈고, 과장은 그대로 상부에 올려 좋은 평가를 받았다.

과장이 매우 만족스러워하며 말했다.

"정말 잘해주었어. 내가 사람 하나는 제대로 봤지."

얼마 뒤 샤오동이 모두에게 밥을 사는 자리에서 라오왕은 슬며시 샤오동에게 말했다.

"과장이 너에게 한턱내야 되는 것 아냐? 보고서를 쓴 건 너잖아."

그러자 샤오동이 말했다.

"그건 안 되죠. 제가 보고서를 잘 쓰게 된 건 모두 과장님과 동료들 덕분인걸요. 그러니 제가 고마워하는 것이 옳죠."

라오왕이 또 한마디했다.

"이번만은 과장도 네가 쓴 보고서를 제멋대로 고치지 못했겠지?"

그 말을 듣고 샤오동은 웃으며 말했다.

"별다른 지적은 없으셨어요. 저도 제가 이렇게 빨리 일을 배우게 될 줄 몰랐어요."

샤오동의 말에 라오왕은 왠지 자기 자신이 부끄러워졌다.

겸손하고 포용력 있게 이것저것 따지지 않고 일한다면, 동료들 사이의 각종 마찰과 갈등을 화목함으로 바꿀 수 있다. 또 많이 포용하고 이해할수록 서로의 관계도 더욱 긴밀하게 융합될 것이다.

그러므로 다른 사람을 부러워할 필요도 없고, 스스로에게 너무 가혹하게 하지 마라. 항상 너그러운 시선으로 세상을 보면 우정이나 일, 가정 등 모든 관계를 평화롭게 오래 유지할 수 있다.

지혜 한마디

관용은 인내다. 남편의 발 냄새, 아내의 헝클어진 머리, 고부간의 갈등……, 이 모든 것을 너그럽게 바라보고 인내하는 마음으로 대해야 한다. 관용은 이해다. 어떤 사람에게 상처를 받았다 해도 앙심을 품지 않고, 더 많이 용서하고 이해하면 둘 사이의 틈을 없앨 수 있다. 넓은 마음과 포용력이 있으면 좋은 인연을 만들어갈 수 있고, 너그럽게 용서하면 성공의 기회도 자연스럽게 많아질 것이다.

21

자신보다
남을 더 치켜세운다

샤오왕小王은 입사한 지 얼마 안 돼서 뛰어난 실적을 올리고 단번에 프로젝트 팀장으로 승진했다. 동료인 샤오란小蘭은 몹시 감탄하며 말했다.

"샤오왕, 정말 대단하네. 벌써 승진이라니!"

그러자 샤오왕은 의기양양한 얼굴로 말했다.

"뭘, 별것도 아닌데. 게다가 내가 누구야? 명문대를 졸업한 인재잖아! 다른 사람들과는 레벨이 다르지!"

샤오란은 고개를 끄덕이며 동감을 표시했다.

하지만 샤오란은 나중에 동료인 샤오린小林을 만나 이렇게 말했다.

"샤오왕 팀장은 오래가지 못할 거야. 모두 그를 좋아하지 않고, 그의 말에 따를 팀원은 아무도 없을 테니까."

샤오린은 처음에 그 말을 믿지 않았다. 하지만 얼마 뒤 샤오란에게 이렇게 말했다.

"너 정말 귀신이다. 네가 한 말이 모두 맞았어. 샤오왕 팀장의 팀원 중에는 이미 다른 팀으로 옮겨간 사람도 있고, 아예 회사를 그만둔 사람도 있대. 그는 지금 전쟁터에서 부하들을 잃은 장수나 마찬가지야. 넌 그렇게 될 줄 어떻게 알았어?"

샤오란은 웃으며 말했다.

"그 사람 말하는 걸 들어 보니 참 거만하더라. 자기 실력만 믿고 다른 사람들은 안중에도 없더군. 그러니 아랫사람에게 신임을 잃은 건 너무 뻔한 결과지."

어떤 사람들은 허영심이나 명예욕 때문에 항상 남 앞에서 자기를 치켜세운다. 하지만 날마다 제 자랑만 늘어놓는다면, 친구들이 점점 그를 멀리할 것이다. 사람은 누구나 겸손해야 한다. 자신의 능력이 아무리 뛰어나도 타인의 도움과 지지가 있어야 한다는 사실을 잊어서는 안 된다. 항상 자기가 대단한 사람이라는 말만 강조하는데 환영할 사람이 누가 있겠는가?

잘난 척을 잘할 뿐 아니라 다른 사람을 억누르는 걸 좋아하는 사람도 있다. 특히 자기보다 못하다고 생각하면 기를 쓰고 그 사람을 폄하한다. 그리고 그가 장점이라고는 하나도 없다고 떠들면서 자기 재능이나 공로를 더욱 부각시키려고 애쓴다. 하지만 이런 태도가 사람 마음을 얻는 데는 가장 좋지 않다. 좀 더 겸손한 마음으로 사람을 대하면 수많은 불필요한 문제가 생기는 걸 피할 수 있다.

유劉씨는 건축회사의 엔지니어다. 그는 다년간의 실무 경험을 통해 회사에서도 손꼽힐 정도의 기계 다루는 능력을 갖고 있었다. 그런데 최근 회사에 유씨보다 젊은 엔지니어가 들어왔다. 그는 일한 시간은 짧지만 기술은 오히려 유씨에게 뒤지지 않아서 유씨의 질투심을 불러일으켰다.

그러던 어느 날, 회사에서 대규모 프로젝트를 받아 진행하는데 시공 과정에서 기계에 고장이 발생했다. 유씨가 곧바로 수리를 하겠다고 나섰지만 한참 동안 고치지 못했다. 그런데 새로 온 엔지니어가 손을 보자 금방 정상적으로 작동되었다. 사람들이 모두 새로 온 엔지니어를 칭찬하는 사이, 유씨는 난감해하며 한쪽 편에 서 있었다. 그러자 새로 온 엔지니어가 유씨의 손을 꼭 잡고 겸손하게 말했다.

"다들 그런 말씀 마세요. 유 선배가 여태까지 많은 문제를 해결해오신 덕분에 제가 이렇게 빨리 고칠 수 있었던 겁니다."

유씨는 그제야 마음을 놓고 웃으면서 말했다.

"아니야, 자네 기술이 뛰어나서 해결할 수 있었던 거지."

새로 온 엔지니어는 유씨의 체면을 깎거나 자신의 공을 치켜세우지 않았다. 유씨의 자존심을 지켜주면서 질투심도 사라지게 했고, 넓은 아량까지 보여준 것이다. 자신보다 남을 더 치켜세우는 것은 겸손하고 품격 있는 행동이다. 사람의 지위를 최대한 존중해서 자신에게 나쁠 것은 전혀 없다.

자기소개를 할 때도 마찬가지다. 자기 이야기만 주야장천 늘어놓지 않고 타인의 안부도 물을 수 있는 자기소개라면 더욱더 흡인력이 있을 것이다.

어느 판매원 회식 자리에 참석한 사람들이 한 사람씩 돌아가며 자기소개를 했다. 모두 이름, 고향, 하는 일 등 소개하는 말이 판에 박힌 듯 똑같았다.

"안녕하세요. 저는 ○○입니다. ○○에서 왔고, 현재 판매원으로 일하고 있습니다."

그러나 안연安然 씨의 남다른 자기소개는 사람들의 주목을 끌었다.

"안녕하세요. 이렇게 많은 친구들을 만나니 정말 기분이 좋네요. 저는 물류회사에 다니는 안연이라고 합니다. 이건 제 명함이에요."

그녀는 환한 미소와 상냥한 목소리로 말한 뒤 사람들에게 명함을 나눠주고 자기 업무에 대해서도 간략히 소개했다. 그러고 필요한 일이 있으면 언제든 연락하라는 말도 덧붙였다.

안연 씨는 자기소개만 한 것이 아니라 그 자리에 모인 모든 사람에게 관심을 표하고, 타인과 소통할 기회까지 얻은 것이다.

지혜 한마디

재능, 학식, 외모, 가정환경 등이 좋은 사람은 종종 자기 과시를 하고, 말할 때 모종의 우월감을 드러내기도 한다. 그런 행동은 상대방을 깔보는 느낌을 주고, 자기 자랑을 한다고 오해받기도 쉽다. 그러면 상대방은 겉으로는 대단하다고 맞장구를 칠지 몰라도 자존심에 심한 상처를 입어 그 사람과 거리를 두게 될 것이다. 그러므로 사람들과 어울려 살아가려면 상대방의 입장에서 생각하고 자기감정을 자제할 줄도 알아야 한다. 또 이성적이고 균형 있게 생각하고, 겸손한 태도를 가져 상대방을 존중하고 평등하게 대한다는 느낌을 주어야 한다.

제4장

상황에 따라 융통성을 발휘하는 표현 기술

재미있는 사람은 자기장을 지닌 자석처럼 주변 사람을 끌어당기는 힘이 있다.

학교에서도 말주변 없고 엄격한 선생님보다 유머러스한 선생님이 환영받고

인터넷에서도 재치 있는 사람이 더 사람들의 주목을 받는다.

이처럼 재치 있게 말하는 사람은 좋은 인간관계를 유지하는 데 유리하다.

22

재미있는 사람이
주도권을 잡는다

당대唐代의 왕륜汪倫은 안휘安徽성의 경현涇縣에 있는 도화담 근처에 살았다. 그는 이백李白을 만난 적은 없지만 평소 몹시 흠모했다. 때마침 이백이 명산대천을 유람하러 환남皖南에 왔다는 소식을 듣고 왕륜은 지금이 그와 친분을 맺을 좋은 기회라고 생각했다.

하지만 무슨 수로 이백을 초대한단 말인가? 이백이 복숭아꽃과 술을 좋아한다는 사실을 알고 있었던 왕륜은 고심 끝에 기막힌 방법을 생각해내고는 곧장 이백에게 편지 한 통을 써서 보냈다.

선생께서는 산수 유람을 좋아하시오?
그렇다면 이곳에 십 리도화十里桃花가 있소이다.
또 술을 좋아하시오?
그렇다면 이곳에 만가주점萬家酒店이 있소이다!

이백은 왕륜의 편지를 읽고 흔쾌히 그의 초청을 받아들여 그곳으로 갔다. 두 사람의 인사가 끝나자마자 이백이 물었다.

"그런데 십 리나 되는 도화 길과 만 개나 되는 주점은 대체 어디 있습니까?"

그러자 왕륜이 대답했다.

"이곳에서 십 리 떨어진 곳에 도화담이라는 연못이 있습니다. 십리 도화는 바로 그곳을 가리킵니다. 또 만가주점이란 도화담 서쪽에 만씨 성을 가진 사람이 운영하는 주점을 일컫는 것입니다."

이백은 왕륜의 능청스러운 말장난에 속은 것을 알고 한참을 웃었다. 왕륜이 악의가 아닌 흠모의 정으로 한 행동임을 알고 조금도 그를 책망하지 않았다.

두 사람은 뜻이 잘 통해 그 뒤 며칠을 함께 보냈다. 헤어질 무렵에는 두 사람이 이미 둘도 없는 친구 사이가 되었다. 이백은 왕륜의 두터운 정에 감동하여 〈왕륜에게 주다贈汪倫〉라는 시를 지어주었는데, 오랫동안 최고의 시라는 찬사를 받았다.

이백이 배에 올라 막 떠나려는데,
홀연히 강 언덕 위에서 답가 소리 들리네.
도화담의 물은 깊이가 일천 척이나 되지만,
나를 보내는 왕륜의 슬픔에 미치지 못한다네.

이백은 어떻게 왕륜과 가까워질 수 있었을까? 그것은 왕륜이 재미있는 사람이었기 때문이다. 재미있는 사람은 주위 사람들을 하나로 뭉치게 하고 편안하고 즐거운 사교 분위기를 만들 줄 알기에 항상 사람들의 환영을 받는다.

성이 우于씨인 사람이 있었다. 사람들은 그를 '재담꾼 우씨'라고 불렀다. 그는 신분도 사회적 지위도 높지 않은 사람으로, 그저 변변치 않은 옷 장사에 불과했지만 그가 가진 영향력은 엄청 컸다. 그는 인간관계가 넓어서 다양한 직업의 사람들과 친밀하게 지냈고, 그 덕분에 무슨 일이 생길 때마다 그가 나서면 쉽게 해결되곤 했다.

한번은 재담꾼 우씨가 사회적으로 높은 지위에 있는 친구와 밥을 먹던 중 술에 취한 친구가 취중진담을 늘어놓았다.

"내가 살면서 느끼는 가장 큰 즐거움은 형과 술을 마시며 농담을 듣는 거야. 형을 만나면 마음이 편해져. 정말이야. 내 평소 모습이 겉으로는 그럴듯해 보여도 모두 위선이라고. 내가 얼마나 피곤하게 살고 있는지 형은 모를 거야. 그래도 형이랑 술을 마시며 이야기를 나누다 보면 이렇게 편하고 유쾌할 수가 없어."

이처럼 재담꾼 우씨는 비록 보잘것없는 장사꾼이지만 말솜씨가 뛰어나고 경험이 많으며 식견이 넓고 매우 재치 있는 사람이었다.

사람은 누구나 재미있는 사람을 좋아한다. 요즘처럼 삶의 속도가 빠르고 스트레스를 받을 일이 많은 시대에는 특히 더 그렇다. 그러니 만약 당신이 재미있는 사람이라면 세계 어느 곳을 가도 틀림없이 환영을 받을 것이다.

한번은 우씨가 출장길에 올랐다. 공항 로비에서 탑승을 기다리는 동안 그의 옆자리에는 한 신사와 소년이 앉아 있었다. 그런데 소년이 어찌나 개구쟁이인지 잠시도 가만히 있지를 않았다. 신사는 그런 소년을 붙잡아 앉히느라 무척 힘들어했다.

얼마 뒤 탑승 안내 방송이 나오자 우씨는 탑승을 위해 자리에서 일어나더니 옆에 있던 신사의 어깨를 토닥이며 이렇게 말했다.

"힘내세요, 노형!"

신사는 생전 처음 보는 낯선 사람에게 이처럼 따뜻한 위로를 건네는 우씨를 처음에는 이상하게 여겼다. 그러나 그다음 우씨가 하는 말을 듣고서 한바탕 크게 웃지 않을 수 없었다.

"세상에서 일곱 살짜리 아이보다 무서운 건 없지요. 그 아이들은 호기심이 엄청 많고 무시무시한 행동력과 파괴력이 있어요. 오죽하면 '미성년자보호법'이란 게 다 있겠습니까?"

집으로 돌아간 뒤에도 신사는 날마다 소년의 짓궂은 장난 때문에 매일 골치가 아팠지만 그때마다 우씨에게 들은 말을 떠올리며 위안을 삼았다. 나중에 신사는 우씨에게 먼저 연락을 했고 두 사람은 이야기를 나누며 친분을 쌓았다. 훗날 신사는 우씨의 좋은 사업 파트너가 되었다.

재미있는 사람이 되고 싶다면 다음과 같이 트레이닝해보자.

첫째, 장기적으로 다방면의 지식을 쌓고, 언어표현 능력을 키운다.

둘째, 재치 있는 유머를 많이 수집하고, 몇 가지는 완전히 자기 것으로 만든다.

셋째, 모방 연습을 해본다. 당신 주변에 모방할 만한 재미있는 사람이 없다면 TV 드라마나 개그맨을 따라 해봐도 좋다.

넷째, 긍정적인 태도로 활발하게 생활하고, 남을 넓은 마음으로 이해하려고 노력한다.

다섯째, 자신감을 갖는다. 타인과 친해지는 데 열등감은 전혀 불필요한 것이다. 자신이 환영받을 수 있고, 매력적이며, 능력 있는 사람이라고 믿어야 한다.

지혜 한마디

익살스럽고 재미있는 유머를 발휘하는 것만으로 우리는 수동적인 입장이 아니라 주도권을 쥐는 입장이 될 수 있다. 타인에게는 좋은 추억을 주고, 자신은 좋은 사람과 교류할 기회를 만날 수 있다.

23

재치 있는 말로
난감한 상황을 바꾼다

한 남자가 약혼녀의 집에 초대를 받아 예비 장인을 처음 만나러 가게 되었다. 약혼녀가 남자에게 특별히 당부했다.

"우리 집에는 반드시 지켜야 할 규칙이 하나 있어. 아무리 음식이 맛있어도 주인이 챙기기 전에 먼저 더 달라고 하면 절대 안 돼. 그러면 예의가 없다고 생각하실 거야. 꼭 기억하고 있어야 해!"

그러자 남자가 대답했다.

"그 정도야 뭐, 못 지킬 것도 없지."

그날 식사 시간에 약혼녀와 예비 장모가 밥을 다 먹고 잠시 자리를 비운 때였다. 예비 장인은 술을 마시면서 기분 좋게 이야기보따리를 풀어놓느라 예비 사위의 그릇이 빈 것을 눈치채지 못했다.

식탁 위의 진수성찬을 보며 젓가락을 들고 입맛만 다시던 남자는 갑자기 좋은 생각이 떠올랐다. 남자가 예비 장인에게 말했다.

"아버님, 혹시 집을 손보실 생각은 없으세요?"

예비 장인이 말했다.

"손을 좀 보긴 해야 하는데 목재가 부족하다네."

"제 친구 중에 목재를 많이 갖고 있는 친구가 하나 있어요. 측백나무도 갖고 있는데, 제일 작은 건 둘레가 이 접시만 해요."

그러면서 남자는 자기 접시를 들어서 보여주었다. 그제야 예비 장인은 남자의 접시가 비었다는 걸 알고 서둘러 말했다.

"여보, 여기 이 사람에게 음식 좀 더 담아줘요!"

그렇게 해서 남자는 계속해서 음식을 맛있게 먹을 수 있었다. 그 뒤로 더 이상 목재 이야기는 꺼내지 않았지만 예비 장인은 여전히 목재에 관심을 보였다.

"그런데 방금 말한 친구의 목재 말이야, 그거 팔았다고 하던가?"

그러자 남자는 음식을 한 움큼 집으며 말했다.

"예전에는 배를 곯을 정도로 가난해서 그 나무를 팔 생각이었지만, 이제는 배부르게 먹고살 만해서 팔지 않기로 했답니다."

보통 사람 같으면 이런 상황에서 예의를 차리느라 배가 고파도 거짓으로 배가 부른 척하며 식사를 끝마쳤을 것이다. 하지만 이 남자는 현명하게도 예비 장인의 주의를 끌 만한 적절한 화젯거리를 찾았고, 그 기회를 이용해 자기의 빈 그릇을 보여주며 음식을 더 얻었다. 그리고 그 이야기를 꺼냈던 속뜻을 예비 장인에게 은근히 일깨워주기까지 했다. 예비 장인은 남자의 재치에 좋은 인상을 받았고, '참 영리하다! 이 정도면 사위를 삼아도 괜찮겠다.'고 생각했다.

만약 남자가 대놓고 "제 그릇이 비었네요." 혹은 "밥 좀 더 주시겠습니까?"라고 말했다면 예비 장인은 주인으로서 손님의 그릇이 빈 것을 제때 알아차리지 못했으니 매우 민망해했을 것이다. 아니면 이렇게 생각했을지도 모른다. '이 사람 정말 센스가 없군. 이렇게 노골적으로 말하다니 참 미련하네. 머리가 영 안 돌아가나 봐.'

만약 남자가 더 먹고 싶은 마음을 꾹 참고 아무 말도 하지 않았다면 어땠을까? 어쩌면 예비 장인은 이렇게 생각했을지 모른다.

'배가 덜 불렀을 텐데 재치 있게 말할 용기도 없어? 정말 바보 같군. 이런 소심한 사람에게 내 딸을 줘도 괜찮을까?'

하지만 남자는 현명하게도 재치 있게 상대방을 일깨우는 방식으로 자기 마음을 영리하게 표현함으로써 예비 장인에게 높은 평가를 받았다.

위와 같은 경우처럼 상대방에 대한 배려가 어느 정도 요구되는 대화에서는 재치를 발휘할 때도 점잖게 예의를 지키는 것이 매우 중요하다. 하지만 친구 사이라면 굳이 그런 격식을 갖출 필요는 없다.

하루는 한 남자가 친구 집에 놀러갔다. 친구는 음악을 좋아해서 자기가 가진 각종 악기를 하나씩 꺼내 자랑하며 연주하느라 점심때가 지나도록 아무 음식도 내놓지 않았다. 남자는 슬슬 배가 고파왔다. 그런데 마침 친구가 남자에게 물었다.

"세상에서 어떤 소리가 가장 듣기 좋은지 한번 말해 봐요. 얼후[5]?

---

5   중국 근대 현악기로 호금의 일종

피리? 아니면 바이올린?"

그러자 남자는 이렇게 대답했다.

"지금은 밥주걱으로 밥을 푸는 소리가 가장 듣기 좋아!"

재치 있게 에둘러 말하고 적절한 핑계를 찾는 것은 난감한 상황에서 벗어날 수 있는 좋은 해결 방안이 된다. 그러나 그럴 때는 반드시 상냥하고 겸손하게 말해야 한다. 그렇지 않으면 역효과가 날 수도 있다. 또한 정곡을 찌르는 재치 있는 유머를 사용해야 좋은 결과를 얻을 수 있다.

처음 만나는 사람과 이야기를 나눌 때는 낯설어서 평소에는 아무렇지 않던 일조차 어색하게 느껴질 수 있다. 이럴 때 가장 좋은 방법은 재치 있게 에두르는 말로 당신의 의도와 고충을 상대방에게 알리고 어색함에서 벗어나는 것이다.

지혜 한마디

살다 보면 종종 생각지도 못한 상황이 벌어져서 대처하기 곤란한 때가 있다. 그럴 때일수록 현명한 사람은 유머러스한 시선과 독특한 관점으로 문제 해결 방법을 찾는다.

재치 있는 핑곗거리를 찾고 에둘러 말하는 유머로 상대방을 일깨우는 건 재미있고 실용적인 대화 방식이다. 이런 방식은 어색하고 난감한 분위기를 활기찬 분위기로 바꾸어 원하는 목적에 도달하게 해준다. 평소에 재미있는 유머를 잘 기억해두었다가 적절한 시점에 사용하면 난감한 상황에서도 벗어나고 웃으면서 서로에 대한 이해와 신뢰도 높일 수 있다. 이것이 바로 일거양득이 아닌가?

24
자신을 낮추는 유머가
매력을 돋보이게 한다

옛날에 성이 석石씨인 대학사大學士가 있었다. 한번은 석 학사가 당나귀를 타고 시끌벅적한 번화가를 지나가다 실수로 땅에 넘어졌다. 보통 사람 같으면 창피해서 어쩔 줄 몰라 했을 텐데 석 학사는 조금도 당황하지 않고 자리에서 일어나 이렇게 말했다.

"내가 석石, 돌씨라서 다행이군. 만약 와瓦, 기와씨였다면 산산조각이 났을 거야."

그 모습을 지켜보던 사람들도 석 학사의 재치 있는 한마디에 유쾌하게 웃었다. 그렇게 석 학사는 자연스럽게 난감한 상황을 모면했다.

얼마 뒤 어떤 뚱보가 그곳을 지나가다 넘어졌다. 현명한 뚱보는 석 학사의 일을 떠올리며 똑같은 기지를 발휘했다. 그는 옷에 묻은 먼지를 털며 일어나더니 안도의 한숨을 내쉬며 말했다.

"뚱보라서 다행이군. 만약 살이 없었다면 뼈가 부러졌겠지?"

얼마 뒤에는 빼빼 마른 사람이 그곳을 지나가다 넘어졌다. 그도 앞의 두 사람처럼 유머로 난감한 상황을 모면했다.

"몸이 가벼워서 다행이야. 아니면 뼈를 오늘 여기 묻을 뻔했어."

위의 몇 가지 사례처럼, 자신을 스스로 낮추는 유머를 잘 활용하면 난감한 상황을 재치 있게 모면할 수 있다. 이것이 바로 자조의 묘미다.

어떤 아내가 해외 연수를 가는 남편에게 농담 삼아 말했다.

"그렇게 화려한 대도시에 가면 예쁜 여자들 쳐다보느라 정신이 없겠네요."

그러자 남편이 웃으면서 말했다.

"내 얼굴을 보고도 그런 말을 해? 나는 주걱턱에 밭장다리라서 아무리 거리를 쏘다녀도 사람들이 눈길조차 안 줄걸?"

그 말에 아내는 환하게 웃었다.

사람은 누구나 자기 외모의 결점에 대해 말하길 꺼린다. 그러나 이 남편은 타고난 결점을 본인이 먼저 인정하고 스스로 들춰냈다. 이렇게 자신을 낮추는 유머는 그 사람의 지혜와 넓은 도량을 그대로 보여준다. 이것은 결코 한눈팔지 않겠다고 정색하며 아내에게 맹세하는 것보다 훨씬 큰 효과가 있다. 아내는 그런 남편을 성실하고 믿음직한 사람이라고 생각할 것이다.

종종 사교 모임에서도 난감한 상황에 놓였을 때 자신을 낮추는 유머의 도움을 빌리면 위기에서 자연스럽게 벗어날 수 있다.

어느 클럽에서 열린 파티에서 한 종업원이 실수로 대머리 손님의 머리 위에 맥주를 쏟고 말았다. 종업원은 죄송해서 어쩔 줄 몰라 했고 그걸 본 사람들도 긴장해서 가만히 보고만 있었는데, 그 대머리 손님은 오히려 웃으면서 이렇게 말했다.

"이봐! 자네는 이런 방법이 발모에 효과가 있을 거라고 생각하나?"

그러자 사람들은 모두 웃음을 터뜨렸고, 순간 얼어붙었던 긴장감도 사라졌다. 대머리 손님은 자신을 낮추는 유머로써 자존심을 지켰고, 사람들에게 넓은 아량을 보여주며 더욱 좋은 인상을 남겼다.

적절한 때 자신을 낮추는 유머를 발휘하는 것은 인격 수양의 표현이자 활력 넘치는 사교 기술이라 할 수 있다. 이 기술은 대화 분위기를 편안하게 만들고, 그 사람의 소탈한 내면을 드러내주어 사람들에게 인간미까지 전달해준다. 체면을 떨어뜨리는 것이 아니라 오히려 지켜주고, 심리적인 안정을 찾는 데도 매우 효과적이다.

코미디언이나 개그맨들이 자신의 못생긴 외모를 갖고 이렇게 말하기도 한다.

"못생겨서 죄송합니다."

또 부부에 관한 개그를 할 때는 이렇게 말한다.

"내가 마누라를 보면 무서워한다고요? 그건 불가능해요. 나는 너무 떨려서 마누라를 쳐다보지도 못하는걸요."

이처럼 자신을 낮추는 유머는 사람들을 즐겁게 만든다.

자신을 낮추는 유머를 아는 사람이 매력적이라는 말은 조금도 거짓이 아니다. 일반적으로 그런 사람들은 모두 좋은 인간관계를 갖고 있고 사람들 속에서 항상 스타와 같은 존재감을 발휘한다. 그리고 마치 '농익은 술처럼' 진한 우정을 나누기도 한다. 이런 사람은 단조롭고 틀에 박힌 삶에 다양한 색채를 더하기 때문이다.

자기 비하적 농담이 언뜻 생각하면 손해일 것 같지만 오히려 사람들에게 친근한 이미지를 심어줄 수 있다. 주위 친구들은 그런 당신과 어울리면 편안하고 자유롭다고 느끼고, '농담 잘하는' 당신과 친하게 지내고 싶어 할 것이다.

사람들과 어울려 지내면서 창피하고 난감한 상황에 처했을 때 자신의 결점을 드러내는 농담으로 유머러스하게 대처하는 것은 그 상황에서 빠져나올 수 있는 훌륭한 방법이다.

지혜 한마디

자기 비하적 농담을 할 줄 아는 사람은 현자 중의 현자이며, 고수 중의 고수다. 이는 열등감이 심한 사람은 절대로 사용할 수 없는 방법이다. 부끄러운 부분을 숨기거나 피하지 않고 오히려 과장해서 재치 있게 말해 사람들의 웃음을 얻는 일은 긍정적인 마음과 넓은 아량이 없으면 절대 할 수 없기 때문이다. 가만히 생각해보면, 자신이 항상 옳다고 여기거나 사소한 일을 시시콜콜 따지거나 매몰찬 사람은 절대 자기 뒷모습을 남에게 보이지 않는다.

자신을 낮추는 유머는 타인에게 상처를 주지 않고 가장 안전하게 대화의 분위기를 띄우고 긴장을 해소시킬 수 있다. 또한 난감한 상황에서 빠져나갈 퇴로를 찾아 자신의 체면을 지킬 수 있고, 인간미도 보여줄 수 있으며, 특별한 상황에서 아무런 이유 없이 소란을 피우는 소인배들에게 일침을 가할 수도 있다.

25

지혜롭게 반박해야
유쾌하게 받아들인다

  북송北宋의 유명한 문인 소식蘇軾(소동파)은 재능이 남다르게 뛰어나고 성격이 소탈하며 대범한 인물이었다. 소식은 한림학사 시절에 재상인 왕안석王安石의 문하에 있었다. 왕안석은 소식을 매우 신임했지만 소식은 왕안석을 '윗사람'으로 모시면서도 그다지 공경하지 않았다.

  한번은 왕안석이 '언덕 파坡'라는 글자에 대해 이렇게 말했다.

  "흙 토土에 가죽 피皮가 합쳐졌으니 땅의 표면이구나."

  그 말을 들은 소식이 이렇게 말했다.

  "그럼 '미끄러울 활滑'은 물水의 뼈骨겠네요."

  소식의 장난스러운 말투에 왕안석은 기분이 나빴다. 또 한번은 왕안석이 이렇게 말했다.

  "물고기 어魚와 아이 아兒자가 합쳐져서 '도롱뇽 예鯢'자가 되고, 넉 사四와 말 마馬자가 합쳐져서 '네 마리 말 사駟'자가 되며, 하늘 천天과벌레 충蟲자가 합쳐져서 '누에 잠蠶'자가 된다. 이것을 봐도 알 수 있듯이 옛 사람들이 글자를 만들 때 아무 생각 없이 만든 것이 아니도다."

그러자 소식은 공손하게 두 손을 맞잡으며 이렇게 말했다.

"그렇다면 '비둘기 구鳩'가 아홉 마리九 새鳥인 이유도 있겠군요."

왕안석은 소식의 말을 얼른 알아듣지 못하고 되물었다.

"방금 뭐라고 했느냐?"

소식은 웃으면서 말했다.

《시경》에 보면 '비둘기가 뽕나무 위에서 우는데, 어린 비둘기가 모두 일곱이구나.'라는 글이 나오는데, 그 일곱 마리에 엄마 아빠를 더하면 딱 아홉이 되질 않습니까?"

왕안석은 그제야 소식이 농담을 했다는 걸 알고 소식에 대해 좋지 않은 인상을 갖게 되었다. 소식이 매우 경박하며 안하무인이라 장차 큰 인물이 될 수 없을 것이라고 생각한 것이다. 얼마 뒤 소식은 후저우湖州의 지방장관 격인 자사刺史로 좌천되었다.

삼 년 뒤, 임기가 끝난 소식이 다시 돌아와 왕안석에게 인사를 하러 왔다. 하인이 소식을 서재로 안내하고 왕안석을 모시러 간 사이에 소식은 우연히 책상 위에 놓인 종이를 보게 되었다. 종이 위에는 '국화를 노래하다'라는 제목으로 된 두 구절의 시가 적혀 있었다.

西風昨夜過園林	지난밤 서풍이 화원을 휩쓸고 지나가더니
吹落黃花滿金地	노란 국화꽃을 모두 떨어뜨려 땅바닥에
	황금을 깔아놓았네

소식은 가만히 시를 읽어보더니 이렇게 소리쳤다.

"참으로 말이 되지 않는 시로구나!"

소식은 왜 이 시가 말이 되지 않는다고 했을까? 원래 서풍은 가을에 부는 바람이고, 국화는 늦가을에 만개하여 오랫동안 피어 있는 꽃인데, 국화는 아무리 줄기가 마르고 시들어도 봄꽃과 달리 바람에 잘 떨어지지 않기 때문이었다.

생각이 여기에 이르자 소식은 가만히 있지 못하고 왕안석이 쓴 시와 음률을 똑같이 맞추어 시 두 구절을 적어 내려갔다.

秋花不比春花落　　가을꽃은 봄꽃만큼 떨어지지 않으니

說與詩人仔細吟　　시인은 자세히 살펴보고 노래해야 한다네

뒤늦게 서재로 온 왕안석은 책상 위에 남겨진 시를 보고 소식이 돌아왔음을 알았고, 속으로 이렇게 생각했다.

'이 젊은이는 정말로 재주가 뛰어나구나. 하지만 먼 곳에서 오랜 경험을 쌓고도 여전히 경박하고 거만하며 함부로 행동한다. 앞으로도 계속 일을 그르칠까 걱정이니 좀 더 경험을 쌓게 해야겠다.'

그리하여 왕안석은 다음 날 소식을 황저우黃州의 단련부사團練副使로 좌천시키라는 조서를 보냈다.

한편 동방삭東方朔은 재치 있게 반박하기를 좋아했지만 오히려 한 무제의 인정을 받은 인물이다. 평소에 큰일을 하거나 공을 세우기

좋아했던 한 무제가 어느 날 동방삭에게 물었다.

"선생이 보기에 나는 어떤 군주인가?"

한 무제의 마음을 잘 알고 있던 동방삭은 이렇게 대답했다.

"요堯 임금이 세운 당唐, 순舜 임금이 세운 우虞나라에서부터 주周나라의 태평성대에 이르기까지 폐하에 비할 자는 없습니다. 신이 볼 때 폐하의 인품은 오제五帝 위에 있고, 공로는 삼황三皇보다 앞서지요. 그 때문에 천하의 어질고 현명한 인재들이 모두 폐하에게 의탁하고 보좌하러 오는 것입니다. 예를 들어 주나라의 주공, 소공이 승상이 되고, 공구孔丘가 어사대부가 되며, 강태공이 장군이 된 것과 같습니다."

동방삭은 고대에 태평성세를 이루었던 서른두 명의 능력 있는 신하를 단번에 한 무제의 대신으로 만들었다. 한 무제는 그 말을 듣고 웃음을 멈추지 않았다.

동방삭의 말은 조금만 생각해도 그 속에 숨은 조소의 뜻을 알아챌 수 있는 것이었다. 하지만 동방삭의 그처럼 재치 있는 말은 한 무제를 기쁘게 해주었다. 한 무제는 나중에 자신과 고대 성왕을 곰곰이 비교해보고 자신이 확실히 고대 성왕에 미치지 못한다는 것을 스스로 깨달았다.

한 무제는 노년에 불로장생을 꿈꾸었는데, 하루는 동방삭과 함께 그 주제에 관해 이야기를 했다.

"관상 책에 보면 사람의 인중이 길면 길수록 오래 산다던데, 인중이 1촌[6]이면 능히 백 살까지 사는 것이 맞겠느냐?"

황제의 헛된 꿈을 알았던 동방삭이 갑자기 비웃는 듯한 표정을 짓자 한 무제가 못마땅히 여기며 말했다.

"그대는 또 나를 비웃으려는 건가?"

그러자 동방삭은 재빨리 웃음을 거두고 공손하게 말했다.

"제가 어찌 감히 폐하를 비웃겠습니까? 저는 단지 팽조彭祖[7]를 생각하며 웃은 것입니다."

"팽조는 왜?"

"팽조는 팔백 살을 살았다고 하는데, 만약 폐하가 말씀하신 대로 인중 1촌에 백 살을 살 수 있다면 팽조의 인중은 얼마나 길었겠습니까? 그 얼굴을 상상하니 웃음을 참을 수 없었습니다."

한 무제도 그 말을 듣고 크게 웃었다.

동방삭이 말하는 방식은 앞에서 소식의 방식과 무척 비슷하다. 그러나 그들의 끝은 똑같지 않았다. 윗사람 앞에서 소식의 농담은 왕안석의 미움을 샀지만, 동방삭의 반박은 오히려 한 무제의 인정을 받았다. 왜 그럴까?

소식의 지혜는 문인이나 선비 특유의 고상함에서 비롯된 것이어서 자신은 고결하다는 생각이 깊이 박혀 있고, 그래서 그의 농담은 상대방을 얕잡

---

6   약 3.33센티미터
7   팔백 살을 살았다는 중국 전설 속의 인물

아보는 느낌을 주었다. 반면 동방삭의 지혜는 우리 주변의 평범한 사람들이 알고 있는 친근한 것에서 비롯된 것이고, 그래서 그의 농담은 사람을 즐겁게 하고 듣는 사람의 자존심에 상처를 주지 않았다.

많은 사람들이 살면서 이 두 가지를 쉽게 구별하지 못해 마치 공부벌레처럼 잘난 척하는 농담을 하곤 하는데, 이는 사람들에게 잘 받아들여지지 못할 뿐 아니라 즐겁게 만들지도 못한다.

동방삭이 평범한 사람들처럼 하는 농담을 무조건 점잖지 못한 말이라서 배울 것이 없다고 생각하지 마라. 사실 동방삭도 소식만큼 박학다식했다. 그렇지 않았다면 고대 명신들의 이름을 줄줄이 외지도 못했을 것이다. 하지만 그런 지혜를 언제 어떤 상황에서 말하는 것이 가장 효과적인지 잘 알았기 때문에 동방삭의 지혜가 더욱 빛나는 것이다.

지혜 한마디

다른 사람을 함부로 비웃지 마라. 특히 다른 사람이 실수했을 때 비웃는 것은 단점을 폭로하는 것과 다르지 않다. 만약 당신이 동방삭처럼 지혜롭게 반박할 줄 안다면 더 이상 따로 이야기할 필요도 없다. 간단히 말해서, 만약 당신이 누군가에게 반박하고 싶다면 그 사람을 바보로 만들지 말고 친근한 농담으로 재치 있게 말해야 한다.

26

농담도 정도껏
분별 있게 해야 한다

옛날에 위붕거^{魏鵬擧}라는 젊은이가 있었는데, 18세에 과거의 초시
^{初試}에 합격했다. 그는 외모가 수려하고 풍채도 늠름하여 일찌감치
아름다운 아내를 얻었다.

결혼한 지 한 달쯤 되었을 때, 위붕거는 도성에서 복시^{覆試}[8]를 치
르기 위해 상경해야 하므로 잠시 아내와 헤어져야 했다. 아내는 몹
시 서운한 마음에 이렇게 말했다.

"상공, 저를 생각하는 것 잊지 마세요. 시험을 잘 치고 못 치고는
중요하지 않아요. 걱정하지 않도록 부디 서둘러 돌아오셔야 해요."

그러자 위붕거는 품위 있게 웃으면서 말했다.

"과거에 합격하여 이름을 떨치는 것은 오래전부터 내가 꿈꿔온
일이오. 잘 해낼 테니 내 걱정은 말고 당신이나 잘 지내시오."

---

8   과거에서 초시에 합격한 사람이 다음으로 치르는 시험

그리고 그는 당당히 2등으로 급제했다. 어린 시절 꿈을 이루고 몹시 기뻤던 위봉거는 서둘러 편지 한 통을 보내 아내를 도성으로 불러들이기로 했다.

그는 편지에 도성의 상황과 자신이 급제한 사실을 쓴 뒤, 마지막에 농담으로 이렇게 한 줄 썼다.

"아참! 도성에서 지내면서 아침저녁으로 챙겨줄 사람이 없어서 첩을 들였는데, 부인이 도착하면 함께 지내도록 합시다."

얼마 뒤 편지를 받아든 아내는 화가 났다.

"참으로 나쁜 사람이구나. 부부의 정을 이렇게 쉽게 저버린단 말인가! 이제 막 과거에 급제한 사람이 첩부터 들이다니……."

그러자 편지를 전한 하인이 말했다.

"그럴 리가요. 절대 있을 수 없는 일입니다. 제가 도성에서 어르신을 쭉 봐왔는데 첩을 들이신 적이 없습니다. 아무래도 어르신이 농담으로 하신 말씀 같습니다. 도성에 도착하면 부인께서도 진상을 알게 되실 것입니다."

하인의 말을 듣고 아내는 기분이 조금 풀렸다.

"그렇다면 다행이구나. 그동안 남편을 그리워했던 것이 결코 헛되지 않았어."

그렇게 원망을 내려놓은 아내는 남편이 보고 싶은 마음에 서둘러 짐을 꾸리고 도성으로 갈 채비를 했다. 그러나 챙겨야 할 것이 너무 많고 타고 갈 수레와 말도 마땅치 않아 생각만큼 빨리 갈 수가 없었다. 하는 수 없이 아내는 남편에게 편지를 써서 소식부터 전하기로 했다.

얼마 뒤 도성에 있던 위붕거는 아내의 편지를 받았다.

'당신이 도성에서 첩을 들인 사이, 저도 이곳에서 둘째 상공에게 시집을 갔습니다. 조만간 그분과 함께 도성에 가서 당신을 만나 뵐 것입니다.'

위붕거는 편지를 읽고 나서 아내의 농담에 크게 웃었다. 그런데 그때 마침 진사에 급제한 벗이 위붕거가 무엇 때문에 웃는지 궁금하여 편지를 획 낚아채어 읽었다. 미처 그를 말리지 못한 위붕거는 얼굴을 붉히며 말했다.

"농담으로 쓴 편지라네. 별일 아니야."

그러자 벗은 가볍게 웃어넘겼다.

"참으로 농담도 심하네그려!"

그런데 얼마 못 가서 위붕거의 재미난 가족 편지 이야기가 도성에 파다하게 퍼지게 되었다. 그러자 평소 그를 질투하던 누군가가 그것을 빌미로 조정에 상소를 올렸다.

"이번 과거에 2등으로 급제한 사람은 비록 재능이 있으나, 어린 나이에 덕행을 쌓지 못하고 언행이 신중하지 못하여 조정의 중요한 직책을 맡기에는 부적합합니다. 이에 지방의 말단 관원으로 보내 많은 경험을 쌓도록 하십시오."

그리하여 본래 한림원에 들어갈 기회가 있었던 위붕거는 좌천되고 말았다. 지나친 농담 때문에 앞날을 그르치게 된 것이다.

이처럼 아무리 재미있는 농담이라도 도가 지나치면 큰 문제를 일으킬 수 있다. 농담을 할 때는 상황, 장소, 시간, 대상에 주의해야 한다.

샤오왕과 샤오장小張은 친한 친구 사이다. 둘은 평소 서로 농담 주고받는 것을 좋아해서 어쩌다 만나면 이렇게 말하곤 했다.

"너 여태 안 죽고 살아 있었냐?"

그러면 상대방도 별생각 없이 되받아쳤다.

"나도 너한테 막 조화를 보내려던 참이야!"

그러면서 두 사람은 한바탕 웃었다.

그러던 어느 날 샤오왕이 아파서 병원에 입원하자 샤오장이 병문안을 갔다. 샤오장은 병실에 도착하자마자 샤오왕에게 평소처럼 농담을 했다.

"아직 안 죽었네?"

그러자 샤오왕은 안색이 싹 달라지더니 화를 내며 소리쳤다.

"나가! 당장!"

사실 샤오장은 샤오왕을 한 번 웃게 하려고 선의로 농담을 한 것이었다. 하지만 이처럼 평소에 하던 농담도 상황을 고려하지 않으면 상대방을 불쾌하게 만들 수 있다.

위의 예를 통해 우리는 말 때문에 사람이 화를 내는 이유가 결코 그 사람이 말을 잘못해서가 아니라 상황 인식이 부족해서임을 알 수 있다. 그런 사람은 먼저 제대로 상황 파악을 하는 것부터 배워야 한다. 말하는 내용과 방식은 각 상황에 따라 알맞은 정도와 대상이 있는 것이다.

농담도 대상을 가려야 하는데, 특히 윗사람에게는 주의해야 한다. 난감한 상황을 만들지 않으려면 가능한 한 윗사람에게는 농담을 하지 마라.

신문기자인 샤오탕小唐은 평소 털털한 성격으로, 농담하기를 좋아했다. 하루는 신문사 주임인 라오양老楊이 집에 동료들을 초대했다. 라오양은 얼마 전 주임이 되어서 그런지 최근 부쩍 '신수가 훤했고' 날씬하던 몸매에 살이 붙기 시작했다.

그 모습을 본 샤오탕은 입이 근질근질했는지 이야기 도중 갑자기 이렇게 말했다.

"아이고, 양 주임님, 요즘 너무 많이 드시는 거 아니에요? 어떻게 이렇게까지 찌셨어요? 거울 한번 보세요. 얼굴에 살이 붙어서 눈이 파묻히려고 하네요. 그렇게 계속 찌다가는 큰일나요!"

그 말을 듣고 사람들은 모두 웃었다. 사실 샤오탕은 그저 장난삼아 한 농담일 뿐이었다. 그러나 라오양은 그렇게 생각하지 않았고, 사람들이 웃는 동안 아무 말 없이 있다가 난감한 듯 일어나 나가버렸다.

어떤 일이든 정도가 있어야 하는데, 농담도 마찬가지다. 그렇지 않으면 예상과 정반대의 결과를 얻을 것이다. 그러므로 다음 세 가지 농담은 절대 하지 않도록 주의한다.

첫째, 지나치게 도를 넘은 농담은 하지 않는다. 지나친 농담은 다른 사람에게 상처를 줄 뿐 아니라 경솔하다는 인상을 주며 재미도 없다.

둘째, 자존심을 건드리는 농담은 하지 않는다. 듣는 사람의 감정은 고려하지 않고 대중 앞에서 그의 별명을 아무렇게나 불러대는 사람들이 종종 있다. 예를 들어 땅딸보, 멍청이 등 자존심을 상하게 하는 별명은 쓰지 않는 것이 좋다. 다른 사람의 고통을 웃음거리로 만드는 것은 반감만 불러일으킬 뿐이다.

셋째, 인격을 모독하는 농담은 하지 않는다. 성이 백씨인 사람에게 '백숙', 김씨인 사람에게 '김밥'이라고 부른다든지, 원숭이 띠인 사람에게 '원숭이 머리'라고 부른다면 그의 자존심을 상하게 할 뿐 아니라 말하는 사람의 인격마저 의심하게 만든다.

지혜 한마디

유머는 마땅히 정도껏 해야 하며 상황과 대상을 가려야 한다. 특히 위엄을 세워야 하는 자리에서 절대 그 사람을 놀려서는 안 된다. 유머의 기본 원칙은 '다른 사람은 놀리기보다 자신에 대한 농담을 많이 하는 것'이다. 특히 농담을 잘할 줄 모르는 사람은 아예 농담을 하지 않는 것이 좋다. 또 농담을 잘한다고 생각하는 사람도 수시로 자신에게 물어보라. 이런 농담이 적절한지, 혹시 실례를 하는 것은 아닌지. 상대방과 입장을 바꾸어 생각해보면 알 수 있을 것이다.

제5장

유연하게
관계를 발전시키는
소통의 기술

"사람의 마음을 움직이는 데 정보다 나은 것은 없다."는 옛말이 있다.

말은 거창한데 실속이 없으면 열매 없는 꽃이 필 뿐이고,

말은 진실한데 따뜻한 감정이 부족하면

영원히 다른 사람의 마음에 닿을 수 없다.

27

성과를 얻으면
먼저 타인에 감사하라

삼국시대에 조조는 원소를 물리친 뒤 오환烏丸을 정벌하기로 결심했다. 그러나 당시 수많은 사람들이 반대했다. 그 이유는 두 가지였다. 오환은 소수민족이라 공격할 가치가 없다는 것과, 그렇게 멀리까지 군대를 출동시키면 후방이 텅 비게 되는데 그 틈을 이용해 남쪽의 유표劉表가 쳐들어올 수도 있다는 것이었다.

그러나 조조는 오히려 이렇게 생각했다.

'오환에 은혜를 베푼 원소를 지금 내가 멸망시켰다. 만약 원소의 아들이 오환으로 도망가 그들이 연합이라도 하면 장차 통일 대업을 이루는 데 몹시 불리할 것이다.'

결국 조조는 출병을 했고, 힘든 전투 끝에 엄청난 대가를 치르며 겨우 승리를 거두었다. 그런데 군대를 철수하여 조정에 귀환한 조조가 갑자기 오환 정벌에 반대한 사람들에 대해 알아보기 시작했다. 그 소식을 들은 사람들은 조만간 큰 화를 입을 것이라고 걱정하며 두려워했다.

그러나 뜻밖에도 조조는 그들에게 큰 상을 내리겠다고 선포했다. 대신들이 모두 놀라 그 이유를 묻자 조조는 이렇게 설명했다.

"오환을 정벌하지 말라고 권유한 그대들의 말이 모두 옳았소. 내가 이번에 승리를 거둔 것은 순전히 운이 좋았을 뿐, 정말 내 착오였소. 바라건대 앞으로도 그대들이 계속 좋은 의견을 말해줘서 내가 위험에 빠지는 일이 없게 해주길 바라오."

그 뒤 신하들은 조조에게 더욱 충성하게 되었다.

당신이 사람들의 지지를 받고 싶다면 그들의 공을 인정할 줄 알아야 한다. 당신이 성공을 거두었을 때 그저 자신이 잘해서 얻은 결과라고 내세우면 안 되며, 다른 사람들의 노력과 공로를 돌아보아야 한다. 이미 당신은 얻을 것을 얻은 다음이므로, 그럴 때일수록 자신을 더 낮추고 타인을 인정하며 그들에게 영광을 돌려야 사람들의 계속적인 지지를 얻을 수 있다.

한 광고회사의 기획 편집자인 염廉씨는 회사에서 발행하는 잡지의 편집장을 맡고 있었다. 그는 평소에 직장 내의 상하 관계가 좋았으며, 재능이 많아서 업무 시간 외에는 글도 썼다. 주위 사람들은 모두 그에게 감탄했다.

그러던 중 염씨가 편집을 주관하는 잡지가 외부에서 좋은 평가를 받아 잡지 대상을 받게 되었다. 그는 너무나 영광스러워하며 만나는 사람마다 자신의 노력과 성취에 대해 자랑했다. 사람들은 아무

대꾸도 않고 그냥 축하만 해주었다. 그런데 그 뒤로 한 달 사이에 염씨는 회사 동료들이 부쩍 자신을 멀리한다는 느낌을 받았다.

처음에 그는 별로 대수롭지 않게 여겼지만 갈등이 점점 심해지자 몹시 괴로웠다. 곰곰이 생각해 보니 동료들의 행동은 다분히 고의적인 것 같았고, 동료들이 왜 그러는지는 도무지 알 길이 없었다. 나중에 그와 형제처럼 지내는 한 친구가 이렇게 슬쩍 귀띔을 해주었다.

"너희 회사 잡지가 그렇게 큰 상을 탔는데 너는 상사의 지도와 동료들의 지지에 대해 고맙다는 말을 한마디도 하지 않았잖아."

그제야 염씨는 자신의 잘못을 깨달았다.

단순히 표면적인 사실만 놓고 따지면 잡지가 상을 받은 데는 편집장의 공이 가장 컸다. 하지만 상사나 동료들의 도움 없이는 불가능했다. 그런데도 염씨는 마치 그 상이 그들과 전혀 무관한 것처럼 자기만 치켜세운 것이다. 그러니 당연히 다른 사람들은 불쾌할 수밖에 없었다. 그러므로 <u>어떠한 성취를 얻었을 때는 반드시 주위 사람들에게 고마운 마음을 표현해야 한다. 그들이 노력하고 흘린 땀을 절대로 무시해서는 안 된다.</u>

정鄭 양은 졸업 후 얻은 첫 번째 직장에서 판매 업무를 담당했다. 신입사원인 정 양은 처음에는 특별히 힘들거나 중요한 일을 할 필요가 없었고, 팀장이 견적서 정리하는 것을 보조하기만 하면 되었다.

정 양은 그 업무가 너무 간단하고 특별한 기술도 요구하지 않는다고 생각해서 회사 일에 진지하게 임하지 않았다. 그 결과 주요 업무는 늘 다른 동료들이 맡아 마무리해야 했다. 그럼에도 그녀는 그 모든 성과를 자신의 공으로 돌려서 차츰 동료들의 큰 반감을 샀다.

그러던 중 판매부에서 인사평가가 진행되었다. 회사에서는 평가를 위해 직원들끼리 협력하여 한 프로젝트를 수행하라는 지시를 내렸다. 그러자 동료들은 그동안 모든 성과를 독식해온 정 양과 한 팀이 되어 프로젝트를 수행하기를 원하지 않았다.

어쩔 수 없이 정 양은 혼자 견적서를 작성해야 했다. 그러나 그녀는 여태까지 업무에 성실히 임한 적이 없었고, 또 누구의 도움도 받지 못한 탓에 프로젝트 수행에서 여러 가지 실수를 범하고 말았다.

팀장은 그런 그녀에게 몹시 실망했고, 결국 그녀는 얼마 못 가서 회사를 나가야 했다.

정 양이 회사 생활에서 실패를 겪은 것은 건성으로 일했던 그녀의 업무 태도에 문제가 있었기 때문이며, 또한 다른 사람이 도와서 마무리한 업무 성과를 그녀가 '독식'하려고 했기 때문이다. 만약 정 양이 그러지 않았다면 동료들 사이에서 고립되지 않았을 테고 까다로운 업무를 맡아도 다른 사람의 도움을 받을 수 있었을 것이다.

그에 비해 마馬 양의 태도는 완전히 달랐다. 마 양은 졸업하자마자 한 대기업에 채용되어 회사의 가장 중요한 부서인 설계부에 배속되었다. 그녀가 입사한 지 얼마 되지 않았을 때 마침 회사에서는 대규모 프로젝트의 경쟁 입찰을 준비하고 있었는데, 그 설계를 마 양이 속한 부서에서 담당했다.

설계부의 부서장은 회의를 열고 직원들에게 좋은 설계 방안을 제출할 것을 요구했다. 그날부터 마 양은 좋은 성과를 얻기 위해 매일 늦게까지 초과근무를 하며 설계 방안에 몰두했다. 심지어 다른 사람들이 모두 퇴근했을 때도 혼자 남아 일했다. 그런 그녀의 노력이 결코 헛되지 않아서 마 양이 제출한 설계 방안은 남다른 두각을 나타내며 회사의 최우선 방안으로 채택되었다.

다른 회사와의 치열한 경쟁 끝에 마 양의 설계가 최종적으로 낙찰되었고, 그 덕에 그녀의 회사가 프로젝트를 맡게 되었다. 회사의 간부는 대단히 만족해하며 설계부의 마 양에게 포상금을 지급하기로 했다. 얼마 후 설계부의 부서장이 마 양을 사무실로 불러서 포상금을 내밀며 이렇게 말했다.

"이번에 확실히 회사를 위해 큰일을 했어요. 이것은 회사가 당신에게 주는 상입니다."

마 양은 자신에게 훌륭한 설계를 해낼 능력이 있다면 이번에 얻은 성과에 너무 연연해할 필요가 없다고 생각했다. 왜냐하면 앞으로도 이런 기회는 많을 것이고, 그때마다 자신이 좋은 성과를 내면 회사 생활을 성공적으로 해나가는 데 별문제가 없을 것이기 때문이었다. 마 양은 웃으면서 말했다.

"만약 부서장님께서 제 설계를 적극적으로 지지하고 도와주지 않으셨다면, 제가 이런 영광을 누리지 못했을 것입니다. 게다가 동료들도 옆에서 제 설계에 이런저런 도움을 주었습니다. 그런데 제가 아직 그들에게 감사 인사를 하지 못했어요. 이건 모두의 공로라고 할 수 있습니다. 저 혼자 포상금을 받을 수는 없습니다."

부서장은 자신의 성과를 다른 사람에게 돌리며 포상금마저 함께 나누려는 마 양의 남다른 아량과 패기에 감탄했다. 그녀의 그러한 태도가 부서장에게 높은 점수를 얻었다.

부서장은 웃으며 말했다.

"그런 마음가짐을 갖고 있다니 참으로 좋습니다. 하지만 그건 그거고, 이 포상금은 그냥 받아두세요. 만약 이걸 동료들과 나눈다면 앞으로 직원들이 열심히 노력하지 않을 것 같아요. 그렇게 돼서는 안 됩니다."

안 그래도 마 양에게 좋은 인상을 갖고 있던 동료들은 그녀가 모든 영광을 혼자 차지하지 않고 동료들과 나누려고 했다는 말을 듣고 흐뭇하게 생각했다. 그리고 그녀에게 더욱 호감을 갖게 되었다.

당신이 일에서 공을 세우면 이미 상급자는 당신의 재능에 대해 신뢰를 갖게 된다. 그럴 때 만약 당신이 주변 사람들의 노력과 희생을 잊지 않고 자신의 영광을 그들과 나누려고 한다면 더 큰 흡인력을 갖게 될 것이다.

지혜 한마디

다른 사람의 노력과 도움을 잊지 마라. 그 도움이 아주 작은 것이었거나 별로 도움이 되지 않았다고 해도, 고맙다는 말을 잊어서는 안 된다. 아무리 친한 친구가 도와준 경우에도 감사 인사가 빠져서는 안 된다. 상대방이 당신을 위해 마음을 쓰고 시간을 보냈다면, 실제로는 그것이 큰 도움이 되지 않았다고 해도 그 정을 고맙게 느끼고 받아야 한다. 그런 다음 반드시 감사 인사를 해야 한다.

28

금전 문제는 처음에
소인배처럼 깐깐하게 따져라

    라오린老林과 라오한老韓은 좋은 친구 사이였다. 얼마 전 보험중개인이 된 라오한은 일정 수의 고객을 끌어들이면 괜찮은 수입을 얻을 뿐 아니라 관리자로 승진될 수도 있다는 사실을 알게 되었다. 그는 실적을 올리기 위해 친구인 라오린의 도움을 받기로 했다. 그러면서 라오한은 라오린이 고객을 데려올 때마다 한 명당 1,000위안의 중개 수수료를 주겠다고 약속했다.

    안 그래도 친구를 위해 고객 모집을 도울 생각이었던 라오린은 수수료까지 준다는 말에 의욕이 생겼다. 그 결과, 발이 넓고 많은 사람들과 친분이 있었던 라오린은 단기간 내에 열 명이 넘는 고객을 라오한에게 소개해 주었다. 라오린의 도움 덕분에 라오한은 남보다 훨씬 빠르게 팀장으로 승진할 수 있었다.

    그러나 라오린은 친구의 승진 소식에 기뻐하기는커녕 오히려 떨떠름하게 여겼다. 왜냐하면 그때까지 그는 한 푼의 수수료도 받지 못했기 때문이었다. 그는 이미 몇 차례나 라오한에게 수수료 문제를 넌지시 언급했지만 그럴 때마다 라오한은 못 들은 척했다. 결국 라오린은 참다못해 단도직입적으로 말했다.

"라오한! 애초에 내가 고객을 데려올 때마다 수수료를 주겠다고 약속했잖아. 그래서 열 명이 넘는 고객을 소개해줬어. 그중에는 제법 큰 고객도 있었지. 그 덕분에 너도 그토록 원하던 팀장이 됐고. 그런데도 왜 아직도 나한테 수수료를 주지 않는 거야?"

그제야 라오한은 자신의 머리를 쥐어박으며 말했다.

"아차차, 내 정신 좀 보게. 수수료 줄게. 별로 많지 않은 금액이라 내가 그만 깜빡했나봐. 이것 받아."

그러면서 그는 4,000위안을 라오린에게 건넸다. 라오린은 돈을 보며 말했다.

"이건 아니지. 네가 분명히 고객 한 명당 1,000위안을 준다고 했잖아? 어째서 이것밖에 안 돼?"

그러자 라오한은 라오린의 어깨를 두드리며 말했다.

"이봐. 친구 사이에 왜 그래? 내가 네 돈을 탐내기야 하겠니? 지난번에 말한 것보다 수수료가 조금 낮아진 것뿐이야. 제때 말해주지 못한 나를 원망하렴."

라오린은 그 말에 전혀 믿음이 가질 않았고 화가 났다.

"하지만 이미 약속한 거잖아. 열 명도 넘게 소개해줬는데 이건 너무 심하잖아."

"네가 소개해준 고객들 중 몇몇은 1,000위안의 수수료를 받을 수 있었어. 하지만 나머지는 그저 그런 고객들이었다고. 이 정도 수수료를 받아내는 것도 힘들었어. 그러니 너무 적다고 푸념하지 마."

라오린은 기가 막혀서 이렇게 말했다.

"라오한, 몇 년씩이나 친구로 지냈지만 네가 이렇게 형편없는 사람인 줄은 정말 몰랐어. 이럴 줄 알았더라면 계약서라도 쓸걸."

그 뒤에 벌어진 일은 충분히 상상할 수 있을 것이다. 라오린이 처음에 고객을 소개한 것은 단지 친구를 도와주기 위해서였을 것이다. 하지만 수익 문제가 걸리자 계산이 복잡해지기 시작했다. 두 사람은 이미 합작 관계가 되고 이익 분배도 중요한 사항이 되어버린 것이다. 그런 상황에서 만약 이익을 정확하게 분배하지 않으면 합작할 수 없고, 두 사람의 우정에도 틈이 생기고 만다.

금전과 관련된 이익 문제는 수습할 수 없는 상황으로 발전하지 않도록 반드시 원칙을 잘 세워야 한다. 금전 협상에서는 처음에 소인배처럼 깐깐하게 따지고 나중에 군자처럼 대범해지는 태도가 매우 중요하다. 이익 배분뿐 아니라 평소에 돈을 빌리고 갚을 때도 마땅히 그래야 한다.

한 친구가 리씨에게 사흘 뒤에 갚겠다며 3만 위안을 빌렸다. 그런데 마침 리씨 수중에는 1만 위안밖에 없었다. 결국 리씨는 돈이 급한 친구를 위해서 아내에게는 비밀로 하고 다른 동료에게 2만 위안을 빌려서 3만 위안을 만들어 친구에게 빌려주었다. 그러면서 리씨는 속으로 생각했다.

'차용증이라도 쓰고 빌려줘야 하나?'

하지만 그는 곧바로 생각을 고쳐먹었다.

'친구한테 빌려주는 건데 구태여 그런 쓸데없는 짓을 할 필요가 있을까? 그건 소인배들이나 하는 짓이야.'

그래서 리씨는 차용증 이야기를 꺼내지도 않았다.

그런데 사흘 뒤, 돈을 빌려간 친구가 이틀만 더 시간을 달라며 전화를 걸어왔다. 리씨는 "이틀이라고? 알았어." 하고 흔쾌히 대답했다. 하지만 이틀이 지나자 친구는 또다시 며칠만 더 기다려달라고 했다. 리씨는 약간 마음이 조급해졌지만 별다른 방법이 없어서 그렇게 하기로 했다.

하지만 누가 짐작이나 했을까. 며칠이 지나도 그 친구에게서 아무런 연락도 오지 않았다. 그제야 리씨는 서둘러 그의 직장과 집을 찾아갔지만 친구를 만날 수 없었다. 게다가 핸드폰도 계속 꺼져 있었다. 리씨가 당황해서 허둥대는 사이, 이번에는 2만 위안을 빌려준 동료가 리씨에 돈을 갚으라고 독촉하기 시작했다. 그는 애초에 일주일 뒤 돌려주겠다고 말하고 돈을 빌렸는데, 한 달이 넘도록 갚지 못했던 것이다.

결국 리씨는 두 달 뒤에야 친구의 소식을 들었다. 안타깝게도 그 친구는 이미 3만 위안의 돈을 모두 도박으로 날리고 빈털터리가 되어 있었다. 그러면서 리씨에게 돈을 빌렸다는 사실조차 모른 척했다. 리씨는 억울한 마음에 법원을 찾아가 친구를 고소하려고 했지만, 그저 말로 한 약속이라 실질적인 증거가 하나도 없었다. 그 결과 리씨는 돈을 돌려받지 못했고, 우정도 잃어버렸다. 그야말로 사람과 돈을 모두 다 잃고 아무것도 남지 않은 처지가 되었다.

이처럼 이익과 관련된 문제는 공개적으로 확실히 처리하는 것이 훗날의 논쟁을 피하고 서로 간의 친밀한 관계에 악영향을 미치지 않아서 좋다. 이것은 사람들과 어울려 살아가기 위한 하나의 중요한 원칙이라 할 수 있다. 그러려면 "우리가 어떤 사이야!"라는 말 대신 "아무리 친형제 사이라도 계산은 바로 해야지."라고 말해야 한다. 처음부터 이익 분배를 분명히 하고 협력해서 일해야 나중에 이런저런 말썽이 생기지 않는다.

사람들과 어울려 살아가려면 이해득실에 관한 말은 먼저 하고 정은 나중에 따져야 한다. 그러면 불필요한 분쟁을 피할 수 있고, 상대방과 안정적인 관계를 유지하는 데도 도움이 된다. 누군가와 합작해야 한다면 이익 배분을 분명하게 따지는 것이 먼저다. 그래야 위험을 예방하고 자신의 권익을 보장할 수 있다. 이 또한 대중과 사회가 인정하는 행동 방식이다.

지혜 한마디

친구나 친척 사이에서 돈을 빌릴 때, 우리는 의리 혹은 체면 때문에 차용증을 요구하지 않는 경우가 있다. 그러다가 상대방이 돌려주지 못하거나 아예 떼먹으려고 하면 실질적인 증거가 없어서 법원에 고소하려 해도 이미 때는 늦다. 어떤 사람은 당시 차용증을 썼는데도 돈을 갚은 뒤 제때 차용증을 돌려받지 않아서, 또는 돈을 주었다는 증거를 받아두지 않아서 여전히 돈을 갚아야 하거나 시비를 가리지 못하기도 한다. 이 모든 것은 인정에 끌려서 벌어지는 일이다. 차용증을 쓰라는 것 때문에 상대방이 안면을 바꿀까봐 걱정하지는 마라.

29

멀리 내다보고
당장의 손해를 두려워 말라

회사 동료인 왕 여사와 리 양은 평소 사이가 무척 좋았다. 둘은 항상 업무에 대해 토론하며 좋은 의견과 정보를 교환했다. 그래서 두 사람의 업무 실적도 뛰어나 회사에서 늘 표창 대상으로 나란히 거론되곤 했다. 둘은 좋은 성과를 거둘 때마다 함께 기뻐하며 서로를 격려했다.

개인적으로도 왕 여사는 집에 무슨 일이 있으면 항상 리 양을 불러 함께했고, 리 양의 생일 때는 좋은 선물을 사 보내기도 했다. 왕 여사는 리 양을 '동생'이라고 부르고 리 양도 왕 여사를 큰언니라고 불러 모든 직원들이 두 사람은 친자매 못지않다고 부러워했다.

그러던 중 그들의 상사가 승진하게 되었다. 상사는 직원들 앞에서 회사의 지시에 따라 직원 가운데 한 명을 뽑아 자기 후임을 맡기겠다고 발표했다. 그 소식을 들은 직원들은 그 행운이 누구에게 돌아가게 될지 의견이 분분했다.

그러고 며칠 뒤 후보 자격 조건이 공개되었는데, 사람들은 모두 왕 여사와 리 양이 그 조건에 부합된다고 생각했다. 두 사람이 평소에 보여준 업무 실적이 대단히 좋았기 때문이다. 왕 여사와 리 양도 이 같은 상황을 당연히 잘 알고 있었다. 그런데 그 무렵부터 왕 여사와 리 양이 함께 밥을 먹으러 가거나 퇴근하는 것을 본 사람이 없었다.

그러던 어느 날 상사는 리 양과 왕 여사를 사무실로 불러 이야기를 나누었다.

"리 양, 당신의 업무 실적이 좋다는 건 누구나 알고 있을 거예요. 왕씨의 실적도 만만치 않고요. 이 사실에 대해 두 사람이 서로 이야기를 나눠본 적이 있나요?"

두 사람은 아무 말이 없었다. 상사는 어쩔 수 없다는 듯 고개를 내저으며 말했다.

"좋습니다. 오늘은 여기까지만 이야기하죠."

두 사람은 상사의 사무실을 나간 뒤에도 서로 상대하지 않았다. 둘을 지켜보던 동료들은 리 양에게 이렇게 권유했다.

"리 양, 너는 아직 나이가 어리니까 이번 기회는 왕 여사에게 양보해. 그녀는 몇 년 지나면 퇴직할 거니까. 두 사람은 평소에 손발이 잘 맞았고 특히 왕 여사가 너에게 잘해주었잖아."

그 말을 들은 리 양은 차갑게 웃으며 말했다.

"잘해주긴 뭘요? 여러분이 본 것과 사실은 많이 달라요. 그녀는 작은 것도 절대 손해 보지 않으려고 했어요. 그래서 함께 있으면 항상 저만 손해를 봤다고요. 이번에는 절대 양보하지 않겠어요. 여태까지도 그랬는데 이번에 또 손해를 볼 수는 없어요."

그런데 그때 마침 왕 여사가 들어오다가 리 양이 하는 말을 들었다. 왕 여사는 씩씩거리면서 리 양 앞으로 다가왔다.

"어쩜 너는 아무렇지도 않게 네가 손해를 봤다고 하니? 사람들이 잘 모른다고 함부로 말하지 마. 너란 인간이랑 함께 지내는 것이야말로 진짜 손해지. 매번 널 우리 집으로 초대해서 함께 식사할 때마다 너는 어디서 주워온 건지도 모르는 시들어 빠진 과일만 들고 왔지. 그래서 난 손도 대지 않았어. 그런데도 네가 손해를 봤다고?"

두 사람이 서로 다투자 회사의 동료들은 그녀들을 말렸다. 하지만 두 사람은 점점 사납게 쏘아붙였고, 급기야 몸싸움까지 벌였다.

그러고 나서 두 사람은 서로 다시는 쳐다보지도 않았다. 얼마 뒤 예정대로 발령을 받아 다른 부서로 가게 된 상사는 자신의 자리를 대신할 직원을 발표했는데, 왕 여사와 리 양 모두 그 좋은 기회를 잡지 못했다.

이처럼 때로는 지나치게 이해득실을 따지다가 오히려 정작 중요한 것과 덜 중요한 것을 구분하지 못하기도 한다. 두 사람은 모두 기회를 양보하면 상대방이 이득을 보고 자신은 큰 손해를 볼 것으로 생각했다. 지나치게 이해득실을 따지다 평상심을 잃고 인간관계도 무너진 것이다.

사람들과 어울려 함께 지내다 보면 양보가 필요한 경우도 생기는데, 그것은 어쩌면 손해 보는 일이 될 수도 있지만 복을 쌓는 일이 될 수도 있다. 손해를 보는 것인지 복을 쌓는 것인지는 자신이 깨닫기 나름이다. 다른 사람이 손해라고 생각하고 멍청한 행동이라고 여기는 일도 자신이 만족을 얻는다면 할 수 있는 것이다.

춘추시대의 정치가인 관중管仲과 포숙아鮑叔牙는 더할 나위 없이 좋은 친구로, 관중은 가난했고 포숙아는 부유한 편이었다. 관중과 포숙아는 젊은 시절에 동업하여 장사를 했는데, 항상 관중이 적게 투자하고도 포숙아보다 더 많은 이득을 챙겼다.

그런 이익 배분 방식이 마음에 들지 않았던 어떤 사람이 포숙아에게 말했다.

"관중은 어찌 그리 뻔뻔합니까? 돈은 적게 내고 이득은 많이 챙기니 말입니다. 그런 사람과는 동업하지 마십시오."

그러자 포숙아는 아무 상관도 없다는 듯 이렇게 설명했다.

"관중의 집에는 돌봐야 할 식구들이 많습니다. 그의 책임이 무겁지요. 그래서 돈이 더 필요합니다."

그 뒤로도 포숙아는 이익을 배분할 때 관중에게 이렇게 물었다.

"이 정도 돈이면 모자라지 않겠는가?"

한번은 관중이 동업하는 일에 대해 몇 가지 의견을 내놓았는데, 그의 의견대로 했다가 결과적으로 큰 손해를 보게 되었다. 그러나 관중은 조금도 미안해하지 않았다. 사람들은 관중의 태도에 반감을 가졌지만, 포숙아는 오히려 이렇게 말했다.

"일을 그르친 것은 관중의 의견이 나빠서가 아니라 시기가 좋지 않았기 때문입니다."

시간이 흘러, 제나라 환공桓公이 포숙아에게 재상 자리를 맡기려고 할 때 포숙아는 관중을 추천했다.

"주군께서 제나라만 다스릴 생각이시면 저 한 사람으로 족하지만, 천하를 다스릴 생각이시면 관중 없이는 안 됩니다."

그리하여 관중은 포숙아의 천거로 자신의 재능을 펼칠 기회를 잡았다. 그때도 포숙아는 관중의 수하에서 일하기를 기꺼이 원했다. 그 뒤로 제나라는 날로 강성해졌고, 환공은 과연 패제후覇諸侯로 불리게 되었다.

훗날 포숙아가 세상을 떠날 때, 관중은 포숙아의 옆에 엎드려 울면서 이렇게 말했다.

"나를 낳아준 분은 부모지만, 나를 알아준 이는 포숙아다!"

확실히 포숙아는 통찰력이 있는 사람이었다. 그러나 통찰력보다 더 뛰어난 점은 넓은 아량과 포용력이었으며, 손해를 두려워하지 않는 마음이었다.

우리는 마땅히 포숙아에게 배워야 한다. 무조건 이익만 따지지 말고, 타인을 위해 생각할 줄도 알아야 한다. 설령 그처럼 넓은 아량이 없다고 해도, 가능한 한 멀리 내다보고 당장의 손해를 두려워해서는 안 된다.

지금 당장은 손해를 볼 수 있지만 곧 보답을 받을 것이고, 이익만을 탐내는 사람은 결국은 큰 손해를 볼 것이다. 무슨 일이든 상대적인 것이다. 작은 일까지 시시콜콜 따지지 말고 양심을 지키며 편안하게 사는 것이 무엇보다 중요하다.

지혜 한마디

"손해를 보는 것이 복을 쌓는 것이다."
이렇게 간단한 말 속에 담긴 지혜는 오히려 간단하지 않다. 나날이 발전하는 사회와 경제의 큰 파도 속에 이리저리 부딪히며 힘들게 살아가는 사람들은 이런 말을 하는 사람을 바보라고 생각한다. 정말 그럴까? 손해를 보는 것은 포기와 희생을 의미하기도 하지만 협력과 상생을 의미하기도 한다.

30

남을 도운 일은 잊어버려라

라오왕은 보기 드물게 친절한 사람이다. 동료와 친구에게 자신이 할 수 있는 일이라면 무엇이든 유쾌하게 도와주면서 이렇게 말하곤 했다.

"그냥 빈둥거리고 있는 것보다는 남을 돕는 것이 낫잖아."

남을 돕는 일에는 기꺼이 자기 시간을 내놓고, 경제적으로 약간의 손해를 보더라도 별로 개의치 않았다. 그런데 어쩐 일인지 사람들은 그런 라오왕과 가깝게 지내려고 하지 않았는데, 거기에는 그럴 만한 이유가 있었다.

예전에 라오왕에게는 라오장이라는 둘도 없이 가까운 친구가 있었다. 라오왕은 라오장에게 특별히 신경 써서 여자 친구를 소개시켜 주었다. 그때까지만 해도 사람들은 친구의 일을 자기 일처럼 생각하면서 적극적으로 돕는 라오왕이 무척 괜찮은 사람이라고 생각했다.

그러나 언제부터인가 라오장은 라오왕을 피해 다니기 시작했다. 두 사람의 관계가 그다지 좋지 않다는 것을 느끼기 시작한 한 지인이 그 이유가 궁금해서 물었다.

"대체 어떻게 된 일이야? 너희는 의리로 똘똘 뭉친 친구 사이 아니었니?"

그러자 라오장이 매우 난감해하며 한 가지 사실을 말해주었다. 자신의 결혼식에서 라오왕이 신부에게 자신이 이번 결혼의 공로자라며 몇 번씩이나 생색을 냈다는 것이다.

"그땐 정말이지 라오왕 때문에 고개를 들 수가 없었어요. 원래 내가 아내를 맞이할 능력이 없는 사람인데 자기가 도와줘서 결혼을 하게 되었다고 자꾸 떠들고 다니는 겁니다. 그날 일만 생각하면 아직도 마음이 무거워요. 어휴, 제가 정말 감당하기 힘든 은혜를 입었나 봐요."

라오장은 한참 동안 가만히 있다가 한마디 덧붙였다.

"결국 그의 말은 제가 라오왕이 아니었으면 평생 혼자 지냈을 거라는 뜻이잖아요."

라오장은 줄곧 목에 가시가 걸린 기분이어서 차츰 라오왕을 멀리했던 것이다.

살다 보면 라오왕 같은 사람을 종종 볼 수 있다. 그들은 늘 자신이 누군가에게 도움을 준 사실을 남들에게 떠벌리고 다니며 사람들이 잊을까봐 노심초사한다. 하지만 그렇게 하면 사람들이 오히려 고마워하지 않으며 가깝게 지내려고 하지 않아서 서로의 관계도 소원해진다. 심지어 원망이나 짜증을 불러일으킬 수도 있다. 그런데도 그렇게 하는 이유는 뭘까?

사람은 누구나 자신이 다른 사람의 도움을 필요로 하는 불쌍한 약자가 아니라 모두에게 인정받는 독립적이고 강한 사람이길 원하기 때문이다. 우리가 누군가의 도움을 받으면 당연히 그에게 고마워하고 어떤 식으로든 보답할 생각을 한다.

그러나 우리에게 도움을 준 사람이 "내 도움이 없었으면 오늘의 너는 없었어."라고 시도 때도 없이 생색을 낸다면 마음 편히 받아들일 사람은 별로 없을 것이다. 그런 사람은 처세도 할 줄 모르고 도움을 받은 사람의 심정도 모르는 사람이다. 도움 받은 사람을 영원한 약자로 만들려고 하면 그 사람 입장에서는 모욕감을 느끼고 심사가 뒤틀리며 불만과 짜증, 심지어 분노가 끓어오를 것이다.

그러므로 다른 사람을 도와주거나 다른 사람에게 이익을 줄 때는 그 사람의 심정을 특별히 헤아릴 줄 알아야 하며, 그 일을 번번이 거론하지 않도록 해야 한다. 가장 좋은 것은 그냥 잊어버리는 것이다.

어떤 사람이 친구에게 명품 청바지를 주었는데, 친구가 그 옷을 입고 나올 때마다 매번 자신이 선물한 것이라고 생색을 냈다. 심지어 친구가 그 옷을 입고 나오지 않은 날에는 이렇게 물었다.

"내가 선물한 청바지는 왜 안 입었어?"

그러던 어느 날 친구가 그 청바지를 입고 나오자 그는 또 기다렸다는 듯이 생색을 냈다. 그러자 친구는 더 이상은 참지 못하겠다는 듯 아무 말도 없이 주섬주섬 청바지를 벗어서 그에게 주며 말했다.

"매번 너를 무료로 광고해주는 것보다는 차라리 이렇게 부끄러운 것이 낫겠어."

당신이 이야기 속의 친구라도 불쾌하지 않겠는가? 별로 어렵게 도와준 것도 아닌 일을 하루 종일 떠벌리고 다니면서 수시로 생색을 낸다면 사람들에게 과연 어떤 인상을 줄까?

지혜 한마디

만약 당신이 친구를 위해 도와준 것을 스스로 대단하다고 여긴다면 반드시 상대방의 미움을 받을 것이다. 당신 때문에 속상한 친구가 없도록 하려면 당신이 베푼 정은 잊어버려라. 만약 당신이 계속 생색을 내면, 도움 받은 사람은 되도록 빨리 갚으려고 하고, 그런 뒤에는 당신을 멀리할 것이다. 그리고 설령 당신에게 더 많은 능력이 있더라도, 앞으로는 당신에게 도움을 요청하지 않을 것이다.

도움을 줄 때는 주의가 필요하다. 억지로 하는 듯한 인상을 주지 말고 기쁜 마음으로 도와주어야 한다. 또한 절대 상대방에게 심리적인 부담을 주지 않아야 한다. 상대방이 당연히 도와야 할 일을 돕는 것이라고 느끼게 해야 한다. 그러면 상대방은 고맙게 느끼고 부담 없이 받아들일 것이다.

31

자세를 낮춰야 벽을 허물 수 있다

춘추시대에 공자孔子와 노자老子는 각각 독자적인 학문을 이루고 있었는데, 공자의 유가 학설이 여러 가지 난관에 부딪혔다. 그러던 중에 공자는 노자의 도가 학설의 명성이 매우 높다는 말을 듣고 한번 알아보고 싶었다.

공자는 유세⁹를 구실로 노자를 찾아갔다. 그가 제자 몇 명을 데리고 도덕궁道德宮에 앞에 도착했을 때 문이 굳게 닫혀 있었다.

"안에 아무도 없는가?"

공자가 인기척을 내자 안에서 한 아이가 문을 열고 나오더니 공자 일행을 보고 경계를 하며 물었다.

"무슨 일로 오셨습니까?"

---

9   전국시대에 각처를 돌아다니며 통치자에게 말재간으로 자기 의견이나 정치 주장을 펴던 일

"나는 공구孔丘라고 하는데, 노자를 뵈려고 이렇게 왔다."

"잠깐만 기다리세요. 제가 안으로 들어가 여쭙겠습니다."

잠시 뒤 아이가 돌아와서 말했다.

"선생님은 안 계십니다. 내일 다시 오시지요."

그러더니 문을 쾅 닫고 들어가버렸다.

공자와 제자들은 무안하여 귀밑까지 빨개졌지만 하는 수 없이 돌아가야 했다.

다음 날 공자가 다시 도덕궁 앞에 도착했을 때는 마침 대문이 열려 있었다. 공자가 매우 기뻐하며 안쪽으로 들어가 보니 중문이 굳게 닫혀 있었다.

공자가 문을 두드리자 이번엔 다른 아이가 나와 이렇게 물었다.

"무슨 일로 오셨습니까?"

"노자를 뵈려고 왔다."

"뵙기를 청하시는 것입니까, 가르침을 청하시는 것입니까?"

"뵙기를 청한다."

"뵙기를 청하신다고요? 그러실 짬이 없으십니다."

아이가 말을 끝내자마자 문을 닫으려고 하자 공자가 급한 마음에 말을 바꾸었다.

"닫지 마라! 가르침을 청하러 왔다. 우리는 가르침을 청하러 온 것이다."

그러자 아이는 눈을 가느다랗게 뜨고 공자의 뒤를 힐끔 보더니 이렇게 말했다.

"가르침을 청하신다고요? 그런데 이렇게 많은 사람들을 데리고 오셨습니까? 이건 누가 봐도 소란을 피우러 오신 것 같은데요? 선생님께서는 지금 주무셔서 여러분을 응대할 시간이 없습니다. 볼일이 있으면 내일 다시 오시지요."

그리하여 공자는 또다시 발길을 돌려야 했다.

셋째 날, 공자가 제자들에게 말했다.

"이틀 동안 나는 예의도 갖추지 못했으며, 만남을 청하는지 가르침을 청하는지 분간도 못 한다고 두 차례나 꾸지람을 들었다. 그러니 오늘은 나 혼자 노자에게 가르침을 청하러 가야겠다."

공자가 혼자 도덕궁 앞에 도착해보니 문이 활짝 열려 있었다. 공자는 문 앞에서 예를 갖춰 이렇게 말했다.

"공구가 특별히 가르침을 청하러 왔습니다."

말이 끝나기가 무섭게 두 명의 아이가 문에서 나왔는데, 이틀 동안 문 앞에서 봤던 바로 그 아이들이었다. 그날은 두 아이도 공손하게 예를 갖추고 공자를 안으로 모셨다.

공자는 노자를 만나자 얼른 고개를 숙이며 인사했다.

"공구가 특별히 가르침을 청하러 왔습니다."

노자도 자리에서 일어나 예로 답했다.

"공 선생의 이름은 익히 들어서 알고 있습니다. 앉으시지요."

이리하여 두 사람은 이야기를 시작했다.

"공 선생은 지금 무엇을 공부하고 계십니까?"

"마침 《주역周易》을 읽고 있습니다. 옛 사람들도 이 책을 읽었다고 합니다.”

“그렇지요. 옛 사람들이 《주역》을 읽은 것은 그만한 쓸모가 있어서입니다. 그런데 당신은 지금 그것을 어디에 쓰시려고 읽으시는 겁니까?”

“저는 인의를 깊이 연구하고 있습니다.”

“그렇다면 수년 동안 인의를 연구하면서 어떤 이치를 깨달으셨습니까?”

공자는 곰곰이 생각해보고는 이렇게 말했다.

“27년간 연구했지만 진정으로 실천할 수 있는 이치는 깨닫지 못했습니다.”

그러자 노자가 웃으면서 말했다.

“그러시다면 제가 얻은 깨달음을 말씀드리려 합니다. 오직 인의만 중시하지 말고 반드시 ‘도道’를 논해야 합니다. ‘도’가 있으면 비로소 ‘덕德’이 있고, ‘도덕’으로 ‘인’에 접근하면 마침내 가까이 갈 것입니다. 만약 공자께서 ‘도덕’을 연구하길 원하신다면 제가 깨달은 ‘도덕’에 대해 말해드리겠습니다.”

그러자 공자는 즉시 겸허한 마음으로 가르침을 청했고, 노자는 자신의 깨달음을 낱낱이 이야기해주었다. 두 사람은 날이 어두워질 때까지 대화를 이어갔다.

그 뒤로도 공자는 날마다 노자로부터 도에 대한 이야기를 들었다. 그 뒤로 사람들은 도덕궁 앞의 작은 골목을 ‘예를 묻는 골목’이라는 의미로 ‘문례항問禮巷’이라 불렀다.

사람들은 종종 고자세로 도도하게 자신을 드러내길 좋아한다. 하지만 사실 낮은 자세야말로 좋은 태도다. 마음의 자세를 낮추면 어려워 보였던 일들도 저절로 풀릴 수 있다. 사람들과 어울려 살아갈 때도 그와 마찬가지다. 자세를 낮추면 훨씬 쉽게 타인의 동의를 얻을 수 있다.

공자가 살던 시대는 유가와 도가가 학술적으로 경쟁하던 시대였다. 만약 공자가 자세를 낮추지 않았다면, 노자는 그에게 자신의 깨달음을 말해주지 않았을 것이다.

공자는 노자가 그에게 "수년 동안 인의를 연구하면서 어떤 이치를 깨달으셨습니까?"라고 물었을 때 겸손한 자세로 진정한 이치를 얻지 못했다고 말했다. 공자의 이런 태도를 보고 노자는 그가 진정으로 배울 자세가 되었음을 알았다.

만약 그때 공자가 "제가 몇 가지 깨달은 것이 있는데, 그에 대해 당신과 토론하고 싶습니다."라고 말했다면 노자는 더 이상 그와 이야기하지 않았을 것이다. 가르침을 구하려면 어찌 되었든 배우려는 자세를 갖춰야 한다. 만약 상대방과 논쟁해서 설득시키겠다는 태도를 보인다면 오히려 경계심과 혐오감만 들게 할 뿐이다. 그러면서 다른 사람의 인정을 받기는 어렵다.

혹시 누군가에게 선생님이 학생을 대하거나 부모가 아이를 대하는 것처럼 고자세로 당신 말을 받아들이라고 요구한 적은 없는가? 그렇다면 입장을 바꿔 생각해보라. 만일 누군가 거만한 자세로 당신의 행동에 대해 일일이 지적한다면 상대방을 좋아할 수 있겠는가? 설령 상대방이 진심으로 당신을 위해서 하는 말이라고 해도 마치 성은이라도 베푸는 윗사람의 잔소리로 들릴 것이다.

반면 저자세를 취하면 상대방으로부터 더욱 인정과 호감을 얻을 수 있다. 또 상대방과의 거리감을 좁히고 더욱 쉽게 소통할 수 있으며, 심리적으로 당신을 쉽게 받아들이도록 할 수 있다.

큰 은행에서 간부로 일하는 사람이 있었다. 그는 동창 모임에 나갈 때면 항상 약속 시간보다 늦게 갔다. 그때마다 그는 자기 신분과 사회적 지위를 동창들이 알아주길 바라며 이렇게 말했다.

"미안해. 갑자기 임원긴급회의가 생겨서 말이지."

"내 전속 운전기사가 여기 오는 길을 잘 몰라서 헤매느라고……."

그는 마치 '나는 너희와는 급이 달라. 엄청 바쁘신 몸이라 오늘도 원래 여기 올 수 없었는데 일부러 시간 내서 온 거야.'라는 듯 거들먹거렸다.

한편 동창들 가운데 그 은행 간부만큼 종종 약속 시간에 늦는 사람이 또 한 명 있었다. 그는 어느 증권회사의 관리자였다. 한번은 한 시간이나 늦게 왔는데, 오자마자 서둘러 사과부터 했다.

"정말 미안하다! 말하기가 좀 부끄러운데, 요즘 증권업계 사정이 너무 어려워. 오늘도 큰 문제가 터져서 정신이 없었어. 회사 형편도 안 좋은데 편하게 회사 차 타기가 좀 그래서 지하철을 탔지. 그런데 환승을 잘못했지 뭐야. 정말 너희들한테 미안하다!"

그가 이렇게 해명하면 속으로 '진짜야, 거짓말이야?' 하고 미심쩍어하는 사람도 있지만, 그렇다고 그에게 화를 내지는 않았다. 심지어 어떤 사람들은 그를 동정하며 한숨까지 쉬었다.

"어휴! 정말 요즘은 쉬운 일이 하나도 없어. 다들 어렵다니까."

그럴듯한 핑곗거리만 찾지 말고, 자세를 낮춰 자신의 실패와 힘든 사정을 모두에게 털어놓아라. 그러면 모두들 '알고 보니 많이 힘들었구나!' 하고 공감하며 불쾌한 감정을 갖지 않을 것이다.

지혜 한마디

살아가면서 많은 사람에게 머리를 숙이고 낮은 자세를 취하기란 쉽지 않다. 하지만 그래서 오히려 신분이나 지위가 높은 사람일수록 머리를 숙이고 낮은 자세를 취하면 사람들에게 더욱 인정받기 쉽다. 당신이 뜻을 이루든 이루지 못하든, 또 성공하든 실패하든, 행복하든 불행하든, 겸손하게 자세를 낮춰야 한다는 사실을 절대 잊지 마라.

32

남을 도울 때는 방식도 중요하다

옛날에 한 농부와 부자가 의리를 지키며 친하게 지냈다. 그러던 어느 해 흉년이 들어 농부가 설을 지내려면 연말에 어쩔 수 없이 돈을 빌려야 했다. 농부는 고민 끝에 부자를 찾아가 도와달라고 했다. 섣달그믐이라 기분이 무척 좋았던 부자는 흔쾌히 농부에게 돈을 빌려주며 이렇게 말했다.

"이 돈 가져가. 갚을 필요 없어!"

농부는 조심스럽게 돈을 받아 들고 부자에게 고맙다는 인사를 한 뒤 얼른 집으로 향했다. 부자는 농부의 뒷모습을 향해 다시 소리를 질렀다.

"안 갚아도 돼!"

그리고 설날이 되었다. 부자가 아침에 일어나 대문을 열어보니 길에는 사람들이 다니기 힘들 정도로 눈이 쌓여 있었다. 그런데 이상하게도 자기 집 정원은 눈이 깨끗이 치워져 있다. 부자가 어찌 된

일인지 알아보니 일찍부터 농부가 찾아와 눈을 치워주고 갔다는 것이다. 그 순간 부자는 깨달았다.

'내가 도움을 베푼 것이 그를 거지 취급한 꼴이 되었구나!'

부자는 곧바로 농부를 찾아가 차용증을 받으면서 반드시 돈을 갚으라고 말했다.

상대방에게 곤란한 일이 있을 때 적극적으로 도움의 손길을 내밀면 당연히 상대방이 고마워할 것이다. 어떤 경우에는 적절하게 도움을 요청하는 것이 친구 사이의 우정을 돈독히 해주는 계기가 될 수 있다. 그러나 그럴 때 상대방을 무시하는 듯 거만한 태도로 그를 돕지 마라. 그러면 오히려 불편한 관계가 되어버린다. 도움을 주는 상황에서도 반드시 타인을 존중할 줄 알아야 한다.

어떤 작가가 학업이 우수하고 품행이 바른 가난한 산골 마을 아이에게 장기 후원을 해주기로 마음먹었다. 그는 아이에게 매달 후원금을 보냈고, 그 돈을 어디에 썼는지는 따로 물어보지 않았다.

아이는 작가에게 감사 편지를 보냈다. 그 뒤 작가는 아이가 보내온 두 번째 편지를 받고 깜짝 놀랐다. 편지에는 후원금을 올려달라는 말이 적혀 있었다. 작가가 보낸 금액이 결코 부족하지 않았는데 말이다.

느닷없는 편지를 받고 나서 작가는 그제야 상황 파악에 나섰다. 그 결과, 아이가 학업에 뜻을 두지 못하고 후원금으로 PC방도 가고, 술을 마시고 싸우기도 했으며, 심지어 소년원에 들어간 적도 있다는 것을 알았다.

작가는 아이의 행동에 몹시 실망했다. 그러면서 아이가 정말 나쁜 학생이라고 생각했을 뿐, 자신의 후원 방식에 문제가 있다고 생각하지는 못했다. 그렇다면 정말 작가에게는 문제가 없었을까?

표면적으로는 단지 그 아이의 품성이 문제인 것처럼 보이지만, 관심을 갖고 진심으로 이끌어주어야 할 아이에게 마치 매달 적선하듯 돈만 보낸 후원 방식이 잘못이었다. 높은 지위에 있으면서 타인에게 도움의 손길을 내밀 때는 애정을 갖고 꼭 필요한 말만 하도록 주의해야 한다. 그렇지 않으면 타인의 자존감이 무너질 수도 있다.

만약 작가가 아이에게 매달 돈을 보내주면서 아이의 편지에 . 이렇게 답장을 보냈다면 어땠을까.

"네가 열심히 공부해서 좋은 대학에 들어가고, 나중에 사회에서 당당하게 한몫을 할 수 있다면, 이 아저씨는 그걸로 만족할 거야."

결과는 완전히 달랐을 것이다. 타인에게 도움을 줄 때는 돕는 대상에 따라 표현 방식에 주의할 뿐 아니라 존중과 격려를 동시에 표현해야 효과적일 것이다.

지혜 한마디

기꺼이 남을 돕는 것은 좋은 일이지만, 반드시 좋은 결과를 가져오는 것은 아니다. 돕는 방법이 적절하지 못하면 호의로 시작한 일이 오히려 나쁜 결과를 가져올 수도 있다. 그러므로 도움을 받을 사람의 입장을 잘 살펴서 방식이 적절한지, 상대방을 충분히 존중하고 있는지 잘 생각해야 한다.

33

좋은 말은 많이 할수록
길도 많이 열린다

책 외판원이 한 가정집을 방문했다. 초인종 소리를 듣고 나온 여성은 찾아온 사람이 외판원임을 알고 쌀쌀맞은 표정을 지었다.

"당신 같은 외판원들은 사람들 비위나 맞추고 듣기 좋은 말만 골라서 한다는 걸 너무 잘 알아요. 근데 그런 말은 나에게 통하지 않을걸요? 그러니 괜히 시간 낭비하지 마세요."

그러자 외판원이 웃으면서 말했다.

"맞습니다. 외판원은 확실히 듣기 좋은 말만 하면서 고객들의 정신을 쏙 빼놓죠. 그동안 여기저기 책을 팔러 다녔지만 부인만큼 현명한 고객은 못 본 것 같네요. 정말 부인은 주관이 뚜렷하고 남에게 쉽게 휘둘리지 않는 당당한 여성이시네요."

그러자 여성이 환한 표정을 짓더니 갑자기 책에 대해 이것저것 물어보기 시작했다. 외판원은 그녀의 질문에 친절히 답하고 나서 이렇게 덧붙였다.

"책에 대해 많은 지식과 견해를 갖고 계시네요. 정말 책을 좋아하시나봐요. 부인의 신중한 성격은 아무래도 책을 통해 얻으신 것 같아요."

그러자 여성은 몹시 흐뭇해하며 책을 구입해 더 많은 지식을 쌓아야겠다고 말했다.

우리는 남에게 아부할 필요는 없다. 하지만 이 외판원처럼 듣기 좋은 말로 상대방을 기분 좋게 해주는 것은 아부가 아니라 매너다.

"옷이 참 예쁘네요!"

"머릿결이 어쩜 이렇게 검고 윤이 나는지!"

"누가 넥타이 고르는 걸 도와줬는지 몰라도 오늘 정말 멋지네요!"

이런 말을 들으면 누구나 기쁘지 않겠는가? 그러므로 칭찬하는 데 인색하지 마라. 칭찬 때문에 상대방이 기뻐서 웃는 것을 보면 당신도 똑같이 즐거울 것이다. 다른 사람을 행복하게 해주고 당신도 행복해지는 것, 그것은 듣기 좋은 말의 가장 큰 장점이다.

물론 칭찬에도 정도가 있어야 한다. 너무 노골적인 칭찬은 오히려 미움을 사기 쉽다. 좋은 칭찬은 아주 짧은 한마디면 충분하다.

"네가 만든 기획안 정말 좋더라!"

"난 네가 해낼 거라고 믿는다!"

이런 말은 자신이 관심을 받고 있다는 느낌을 주며 자연스럽게 관계도 부드럽게 만든다.

듣기 좋은 말을 하고 싶을 때 가장 간단한 방법은 호칭을 바꿔보는 것이다. 예를 들어, 자기보다 나이가 적은 사람을 부를 때는 예쁜 동생 또는 우리 막내, 나이가 비슷한 사람을 부를 때는 훈남, 미녀 등을 붙여 불러도 좋다. 만약 나이가 많은 남성이라면 아저씨보다는 삼촌으로, 나이가 조금 많은 여성이라면 예쁜 누나 혹은 우리 언니로.

하지만 만약 외모가 그다지 예쁘지 않다면, 그렇게 부르는 것은 오히려 실례가 될지도 모른다. 왜냐하면 자신을 비웃는다고 여길 수도 있으니까. 그럴 때는 그냥 누나 혹은 언니라고 부르면 된다. 나이가 당신보다 훨씬 많아서 누나 혹은 언니라고 부르기 적합하지 않을 때는 큰언니라고 부르고, 아줌마 같은 호칭은 쓰지 않는 것이 좋다.

지혜 한마디

사람은 누구나 남에게 칭찬 듣기를 좋아한다. 비록 상대방의 말이 사실이 아니라는 것을 알고 있다 해도 속으로는 즐거워한다. 기본적으로 칭찬받는 것을 싫어하는 사람은 없다. 그러나 당신의 칭찬이 다른 사람에게 먹히지 않는다면, 그것은 상대방이 칭찬을 싫어하는 것이 아니라 당신의 칭찬 방식에 문제가 있는 것이다.

제6장

상대에게 상처 주지 않는 비판의 기술

비판이라는 단어는 사람들에게 언뜻 부정적 느낌을 주기 쉽다.

그러나 우리는 비판을 통해 긍정적인 효과를 얻을 수 있다.

예의를 갖춘 비판은 부정을 긍정으로 바꾸는 하나의 기술이며,

상대방이 그 말을 받아들여 더욱 분발하도록 하고,

관계도 긍정적으로 발전하는 계기가 된다.

34

비판은 예의 있고
부드러운 말로

샤오친小琴은 선양瀋陽에 사는 올해 스물여덟 살 여성이다. 그녀는 외동딸로 편모 가정에서 자랐는데, 칭다오青島로 시집을 간 뒤 엄마 혼자 사는 것이 마음에 걸려 자신의 집으로 모셨다.

샤오친의 엄마는 성격이 괄괄하고 요리 솜씨가 형편없었다. 아내가 사랑스러우면 처갓집 말뚝에다가도 절을 한다지만, 샤오친의 남편은 여태까지 함께 살아본 적 없는 장모와 지내면서 날마다 맛없는 음식까지 먹으려니 죽을 지경이었다. 그런 탓에 남편은 집에서 늘 인상을 쓰고 있었다.

그러던 어느 날, 솔직한 성격에 꾀를 부릴 줄 모르는 샤오친이 남편에게 한마디 했다.

"표정이 맨날 왜 그래요? 엄마와 사는 게 그렇게 싫어요?"

그러자 남편은 욱해서 이렇게 말했다.

"내 입장에서 한번 생각해줄 수는 없어?"

남편 말을 듣고 샤오친은 곰곰이 생각해보았다. 아무래도 이 모든 불화의 원인이 엄마의 맛없는 요리 때문인 것 같았다. 그래서 곧바로 엄마에게 말했다.

"엄마는 그렇게 오랫동안 요리를 했는데도 왜 음식이 맛이 없어요? 우리 회사 직원식당의 이모가 한 요리는 맛만 좋은데."

그러자 이번에는 엄마가 발끈했다.

"여태까지 내가 지어준 밥 잘 먹어놓고 이제 와서 웬 불평이냐?"

샤오친은 남편과 엄마 사이에서 어떻게 해야 할지 몰라 난감했다. 그러다가 문득 책에서 본 말이 떠올랐다.

"말을 할 때는 너무 직설적으로 해서는 안 된다. 그것은 '우회적인 방법으로 나라를 구하는 것'만 못하다. 그러므로 머리를 굴려서 얕은 수를 써라."

그제야 샤오친은 속이 뻥 뚫리는 것 같았다. 그 뒤 샤오친은 또다시 짜증을 내는 남편 앞에서 약간은 과장스럽게 울면서 사과했다.

"제가 당신을 너무 힘들게 하네요."

그러자 그 모습을 본 남편은 금세 마음이 약해져서 말했다.

"아니야, 난 괜찮아. 절대 당신 잘못이 아니야. 우린 한 가족이잖아. 이 정도는 서로 이해해야지."

샤오친은 엄마가 맛없는 음식을 해놓았을 때도 칭찬을 했다.

"엄마, 요즘 볶음 요리가 훨씬 맛있어진 것 같아요. 안에 뭐 특별한 거라도 넣었나요?"

그 말을 들은 엄마가 "특별히 넣은 건 없는데."라고 대답하자 샤오친이 말했다.

"그럼 엄마가 불 조절을 잘하셨나 봐요. 그동안의 경험이 쌓여서 실력이 늘었든지요. 볶음 요리뿐 아니라 죽도 너무 맛있어요."

딸의 칭찬을 듣고 엄마는 무척 기뻤다. 엄마는 차츰 자신의 요리 솜씨에 자신감을 갖게 되었고, 실제로 음식 솜씨가 좋아졌다. 그녀의 부드러운 말 한마디에 가족관계가 긍정적인 방향으로 발전하기 시작했다.

예의 있고 부드러운 말은 친한 친구나 가족 외의 사람에게만 필요하다는 생각을 버려라. 설령 남편이라고 해도 항상 완곡하게 말해야 마음의 상처를 입지 않으며, 아무리 엄마라고 해도 가시 돋친 말로 날카롭게 비판해서는 안 된다. 진실한 것이 반드시 좋은 것만은 아니다. 때로 솔직하고 바른 말은 사람 마음을 아프게 할 뿐 아무런 효과를 거두지 못할 수도 있다.

직설적인 비판으로 엉망이 된 상황에서 부드러운 말 한마디는 그것이 뜻밖의 윤활유가 되어 분위기를 화기애애하게 되돌리고 문제도 원만하게 풀어준다. 왜 그럴까? 인간은 이성적 동물이기에 앞서 감정의 동물이기 때문이다. 사람은 누구나 감정이 있고 좋은 말 듣기를 좋아한다. 그래서 부드러운 말로 비판을 대신하면 종종 큰 효과를 거두는 것이다.

그렇다면 가족이나 친구에게는 언제 부드러운 말을 건네면 좋을까?

첫째, 결점을 지적할 때. 사람은 자신의 단점이 드러나는 데 예민한

법이다. 그래서 설령 부모의 잘못을 지적하더라도 직설적으로 말해서는 안 되고 최대한 함축적으로 말해야 한다. 가장 좋은 방법은 어떤 이야기나 타인의 사례로 비유하여 말해서 스스로 깨닫게 하는 것이다. 당신이 만약 과격한 말투로 쏘아붙이면 부모는 역정을 내겠지만, 스스로 깨닫게 하면 오히려 감동을 받을 것이다.

둘째, 건의를 할 때. 나이 든 엄마에게 요리 스타일을 바꾸라고 말하고 싶고, 아빠에게도 고집 좀 그만 부리라고 말하고 싶다면 특히 더 부드럽게 말할 필요가 있다. 좀 더 좋은 말을 생각해보지도 않고 강하게만 요구하면 오히려 역효과가 날 것이다.

셋째, 부탁을 할 때. 남이 아닌 가족일수록 도움을 청할 때 기분을 맞춰주며 부드럽게 말하는 것이 좋다. 그럴수록 가족은 당신에게 더욱 애정을 갖고 도울 것이다. 누가 누구에게 잘해주는 것이 당연하다는 법칙은 없다. 만약 당신이 가족이나 친구의 도움과 희생을 당연하게 여기고 감사 인사 한마디 할 줄 모른다면 앞으로 당신을 받아줄 사람은 아무도 없다. 누구도 당신에게 빚진 사람은 아니기 때문이다.

지혜 한마디

원칙과 무관한 문제에 대해서는 너무 깊이 따질 필요가 없다. 그러나 원칙을 따져야 할 문제라면 비판이 필요한데, 이때는 완곡한 방식이 좋다. 길은 하나만 있는 것이 아니고, 방법도 하나만 있는 것이 아니다. 말하는 방식도 여러 가지 선택이 가능하다. 남들과 잘 소통하고 좋은 인간관계를 유지하고 싶다면 어떻게 말하는 것이 좋을지 잘 생각하라.

35

가까운 관계일수록
적절한 표현을 찾아라

류스劉詩와 위안란袁蘭은 매우 친한 동료 사이로 회의, 점심 식사, 쇼핑 등 대부분의 일을 함께했다. 위안란은 뭐든 건성으로 하는 편이었는데, 그 점은 다른 동료들도 모두 알고 있었다.

두 사람은 농담을 하며 서로 놀려먹기를 좋아했다. 류스는 위안란이 자신과 친하니까 가끔씩 조금 심한 농담을 해도 둘 사이에 금 가는 일은 없을 거라고 생각했다.

그러던 어느 날, 두 사람이 함께 화장실에 들렀다. 위안란이 먼저 화장실에 들어갔는데, 그 뒤 류스가 들어갈 때는 변기가 조금 더러워져 있었다. 얼마 후 류스는 다른 부서의 여자 동료들과 이야기를 나누고 있던 위안란에게 별생각 없이 웃으며 말했다.

"야! 너 어찌 된 거야? 화장실을 깨끗이 쓰지도 않고 말이야!"

그러자 그 말을 함께 들은 다른 동료들이 위안란을 놀리기 시작했다. 위안란은 난감한 표정을 지으며 말했다.

"너 어디 아파? 대체 나한테 왜 그러니?"

그러고는 위안란은 뒤돌아 가버렸다. 류스는 무슨 일이 벌어진 건지 몰라 한참을 멍하게 있었다. 그 뒤로 두 사람의 관계는 급격히 나빠졌다.

나중에 류스는 뒤늦게 후회하며 위안란에게 깊이 사과했다. 위안란도 말로는 화를 풀었다고 했지만, 둘은 더 이상 예전과 똑같이 친자매처럼 지내지는 못했다. 사실 류스가 한 말은 사람들 앞에서 말하기에는 부적절하며 개인적으로 조용히 주의를 주는 편이 좋았다.

말은 늘 신중하게 해야 한다. 특히 남에게 지적을 할 때는 함부로 떠들어서는 안 된다. 아무리 친한 사이라 해도 개인적으로 조용히 해야 할 말이 있고, 아예 해서는 안 될 말도 있다.

설령 도저히 용서할 수 없는 잘못을 한 사람을 비판하더라도 반드시 적절한 표현 방식이 필요하다. 비판을 받는 것은 누구에게나 힘들고 체면이 상하는 일이므로 종종 비판한 사람에게 반감을 가질 수 있기 때문이다. 그러므로 적절한 방식과 기준을 찾아 비판해야 그 효과를 제대로 거두게 될 것이다.

지혜 한마디

비판에도 기술이 필요하다. 좋은 말 한마디는 한겨울에도 따뜻함을 느끼게 하고, 악한 말은 오뉴월에도 서리가 내린다. 그러므로 비판할 때는 마땅히 합리적이고 효과적인 방식으로, 사실에 근거해 완곡하게 말해야 한다. 만약 상대방의 잘못을 물고 늘어지며 헐뜯거나, 결점을 들춰 그 사람의 자존심을 상하게 한다면 무의미한 오해와 분쟁의 실마리가 될 수 있다.

36

잘못을 지적할 때는
귀가 즐거운 말로

남을 비판하고 질책하기 전에 반드시 세 번은 생각해야 한다. 왜냐하면 비판과 질책이 항상 좋은 결과를 내지는 않으며, 때로는 인내심을 갖고 차분하게 상대방을 일깨워주는 것보다 효과가 없을 수 있기 때문이다.

비판은 사람의 방어 본능을 일깨워 자기변호를 하게 만든다. 또 비판은 그 사람의 소중한 자존심을 다치게 하며 반항심을 불러일으킨다. 특히 배우자, 가족, 동료로부터 받은 비판에 대한 수치심과 분노는 애정을 크게 떨어뜨릴 수 있으므로 각별히 주의해야 한다. 비판이 제대로 작용하지 않는 것은 대부분 그 때문이다.

이런 상황을 한번 상상해보라. 당신이 택시를 탔는데, 젊은 택시기사가 한 손을 창밖에 내놓고 다른 한 손으로 핸들을 잡은 채 고속으로 달린다. 이때 당신은 택시기사에게 어떻게 주의를 줄 수 있을까? 아무 말도 않고 가만히 있으면 내릴 때까지 계속 마음이 조마 조마할 것이고, 말을 하자니 거칠고 낯선 기사에게 어떻게 입을 열어야 할지 난감할 것이다.

이런 상황에서 한 노부인은 이렇게 대처했다.

"젊은이, 내가 잘 몰라서 그러는데 여긴 비가 자주 오나요?"

"그럼요. 엄청 자주 내려요. 게다가 지금은 여름이고, 6월은 아이의 얼굴과 같다는 말도 있잖아요. 시도 때도 없이 날씨가 변하죠."

"비가 오면 내가 알려줄 테니 그 손은 안으로 넣는 게 어때요? 한 손으로 운전하는 것은 너무 위험해요."

그러자 택시기사는 웃으면서 유쾌하게 말했다.

"알겠습니다, 부인. 걱정하지 마세요."

그러면서 택시 안으로 손을 집어넣었다.

젊은이가 한 손을 창밖으로 내민 것은 비가 오는지 아닌지를 확인하기 위해서가 아니라 단순히 나쁜 습관이라는 걸 노부인도 알고 있었다. 그러나 노부인은 그를 대놓고 꾸짖기보다 엉뚱한 오해라도 한 듯이 말한 것이다. 그 말은 택시기사의 체면도 살려주었고 괜한 반항심도 생기지 않게 했으며, 오히려 택시기사를 웃게 만들었다.

어떤 작가가 미국을 방문했는데, 한 미국인 친구가 아들을 데리고 그의 숙소로 찾아 왔다. 작가와 친구가 한창 즐겁게 이야기를 하는 동안 친구의 아들은 혼자 심심했던지 갑자기 작가의 침대 위로 올라가서 뛰기 시작했다.

작가는 그 아이에게 당장 침대에서 내려오라고 호되게 야단치고 싶었다. 하지만 그러면 아이의 부모는 상당히 미안해질 테고 자신도 매우 불친절한 사람처럼 보일 것 같았다.

작가는 친구에게 이렇게 말했다.

"아들에게 이제 지구로 귀환하라고 말해주겠나?"

그 말을 들은 친구는 이렇게 말했다.

"알았네. 아들과 교신해볼게."

이처럼 말하는 것은 완곡하고 함축적인 방식이며, 단순한 지적이 아니라 일깨움에 속한다. 그리고 그 효과는 직접적인 비판을 훨씬 뛰어넘는다.

비판은 결코 분풀이를 위한 것이 아니므로 함부로 해서는 안 된다는 것을 기억하라. 만약 비판의 목적이 상대방의 잘못을 바로잡는 데 있다면 좋은 방법을 생각해내서 상대방이 당신의 의견을 받아들이도록 하되, 그것 때문에 미움을 사면 안 된다. 아래의 방법을 참고하기 바란다.

1. 타인에게 아량을 가져라. 그러면 타인에 대해 트집을 잡기보다는 그 사람이 잘못하게 된 원인을 이해하고 양해할 마음이 생긴다.
2. 따뜻하고 부드럽게 말해라. 자극적이거나 사람을 불쾌하게 하는 말은 쓰지 않도록 한다.
3. 너무 많은 말을 하지 않는다. 타인의 잘못을 바로잡으려는 말은

간결할수록 좋다.

4. 잘못을 확실히 짚어주는 것은 당연한 일이다. 하지만 동시에 그 사람의 옳은 점도 반드시 인정하고 칭찬해주어야 한다.

5. 당신이 설득하기 전에 그가 먼저 스스로 잘못을 인정하고 고쳐야겠다는 생각이 들게 해야 한다. 즉 당신의 지적 때문에 잘못을 고쳤다는 느낌이 들지 않게 하는 것이 중요하다.

6. 그 친구의 입장에서 간곡하게 지적해야 한다. 돌이킬 수 없는 잘못을 저지른 사람에게는 그가 진심으로 자기 잘못을 깨닫고 고치게 만들어야 한다. 오로지 비난만 해서는 안 된다.

7. 말투는 상당히 중요하다. 다른 사람의 잘못을 지적할 때는 가르침을 청하는 것처럼 따뜻하고 부드러운 말투를 쓰는 것이 가장 좋다. 명령식 어투를 듣기를 원하는 사람은 없다.

8. 반드시 솔직하게 비판해야 하는 것은 아니다. 개인적으로 조용히 잘못을 지적하여 그 사람의 자존심을 지켜주고 스스로 뉘우쳐 고치게 하는 것이 좋다.

지혜 한마디

다른 사람의 잘못을 지적할 때도 예의는 갖춰야 한다. 그러면 상대방이 당신의 충고에 더욱 귀를 기울일 것이다. 그와 반대로 공손하지 못한 태도로 비판한다면 반감만 살 뿐이다. 그러므로 다른 사람을 비판할 때는 반드시 표현 방식에 주의해야 한다.

37

앞에서 분명히 말하고
뒤에서 말하지 말라

한 학교에 남의 이야기하길 좋아하는 교감이 있었다. 그는 항상 자기만 옳고 남들은 자기만 못하다고 생각해 뒤에서 흉을 보다가 그것이 습관이 되었다.

한번은 그가 교무실에서 주임 몇 명과 이야기를 나누고 있는데, 마침 어떤 여교사가 일 때문에 잠시 교무실에 들어왔다. 그 여교사는 평상시에 최근 유행하는 옷을 입고 다녔고 외모도 괜찮은 편이었다. 그러나 교감은 그녀의 차림새가 학교 분위기를 망친다고 늘 불만이었다. 여교사가 교무실을 나가자, 교감은 곧바로 주임들에게 이렇게 말했다.

"저것 좀 보세요. 방금 그 선생 옷이 너무 튀지 않나요? 저런 교사가 뭘 가르치겠어요? 학생들까지 물들까봐 걱정입니다. 만약 우리 집사람이 저렇게 입고 다녔으면 당장 이혼했을지도 몰라요."

그런데 교감의 말이 채 끝나기도 전에 여교사가 물건을 깜박 두고 갔는지 다시 교무실로 들어왔다. 여교사는 그 말을 듣고 단단히 화가 나서는 교감 체면도 봐주지 않고 심하게 따졌다. 주임들이 말리자 그 여교사는 교무실 문을 박차고 나가버렸다.

다른 사람과 갈등을 일으키지 않고, 원만한 대인관계를 지키려면 등 뒤에서 남의 험담은 절대 하지 마라. 직장을 다니다 보면 종종 분란을 일으키는 사람들이 있다. 이때 자기 관점을 지키지 않고 덩달아 남의 험담을 한다면 자신의 명예도 지키기 어려울 것이다.

뒤에서 험담하기를 좋아하는 사람은 정직함과 포용력을 갖고 대해야 한다. '남에게 문제가 있다고 말하는 사람은 자신에게 문제가 있는 사람이다.'라는 옛말이 있다. 다른 사람이 당신 앞에서 남의 험담을 하는 게 그가 당신 믿기 때문이라고 생각하면 오산이다. 그런 사람은 자기가 험담을 하면서 더 많은 험담거리를 얻으려고 할지도 모르며, 당신의 반응을 보며 다른 이야깃거리를 만들지도 모른다.

만약 누군가가 자신에 대해 험담하고 있는 것을 들었다면 이성을 잃고 대들며 따지지 말고, 되도록 감정을 자제하고 냉정함을 유지해야 한다.

이렇게 대답해도 좋다.

"아, 그래요? 사람은 누구나 불만이나 자기 의견을 말할 권리가 있잖아요."

아니면 이렇게 말해라.

"그런 일이 있었다고 말해줘서 고마워요. 내 걱정은 마세요. 난 별로 개의치 않으니까요."

이렇게 대처하면 상대방은 당신에게 뚫고 들어갈 틈이 없다고 생각하고 더 이상의 관심을 끊을 것이다.

세상에 바람이 통하지 않는 벽이란 없다. 그러므로 절대 등 뒤에서 다른 사람 험담을 하지 마라. 그보다는 정직함과 포용력을 가지며, 그런 험담을 동료 사이에 퍼뜨리는 것을 거절하고, 만약 정말로 문제가 있다면 공개적으로 밝혀서 함께 해결하도록 한다.

모든 사람이 그와 같은 도리는 잘 알고 있다. 그러나 어떤 사람들은 자신도 자각하지 못하는 사이에 해서는 안 되는 말을 하고 걸핏하면 뒤에서 남의 험담을 하기 쉽다.

어떤 사람들은 직장에서 삼삼오오 모여 남의 장점이나 단점에 대해 이야기하면서 우리끼리 비밀로 하자고 약속하지만, 숨길 수 있는 비밀은 없다. 언젠가는 모두 알려질 것이고, 이미 수습하기 어려운 상황이 될 수도 있다.

한번은 라오왕이 동료인 라오양에게 말했다.

"종鐘씨라는 사람, 너무 깐깐하지 않아? 어떨 때는 완전히 고집불통 같다니깐. 안 그래?"

그런데 라오양은 오히려 반감이 들어 이렇게 말했다.

"내가 한 가지 먼저 물을게. 만약 내가 너와 뒤에서 내 친구에 대해 험담한 것을 그 친구가 알게 되면 나를 미워하지 않을까?"

라오왕은 그 말을 듣더니 얼굴을 붉히며 아무 말도 하지 않았다.

사실 라오양은 '종씨'와 둘도 없이 친한 친구 사이였다. 라오왕은 그런 관계를 전혀 모르고 뒤에서 험담을 하다가 스스로 화를 자초한 것이다. 그 이후 상황이 얼마나 난감했을지는 굳이 말하지 않아도 충분히 상상할 수 있다.

"누구나 뒤에는 욕하는 사람이 있고, 뒤에서는 누구나 욕을 한다."라는 속담도 있다. 아무리 남의 말 하길 좋아하는 것이 사람의 본성이라지만, 왜 뒤에서 남의 말을 하는가?

어떤 사람은 앞에서 비판하면 상대방이 반드시 화를 내며 적대감을 갖지만, 뒤에서 비판하면 그럴 일이 없어서 안전하다고 여기는 모양이다. 그래서 자신은 그저 배후 인물이 되려는 것이고. 하지만 뒤에서 험담한 사실이 당사자에게 알려지면, 그때부터는 그 사람이 배후 인물이 되고 자신은 그의 확실한 표적이 된다는 사실은 모르는 것이다.

사람들은 뒤에서 남의 말을 하는 사람은 피하려고 한다. 왜냐하면 그런 사람은 헛소문을 지어내는 매우 안 좋은 습관을 갖고 있기 때문이다. 그들은 오늘 어떤 사람이 여자 친구와 헤어졌다고 말했다가 내일은 또 어떤 사람이 불임이라고 말할 수도 있다. 이런 헛소문 중 어떤 것은 단순히 농담일 수도 있지만 어떤 것은 올가미가 된다.

어떤 사람은 다른 사람이 자기보다 잘나가는 것이 싫어서 그들이 돈을 벌거나 승진하면 눈에 핏발을 세우며 질투를 하고, 언제까지나 그들이 가난하고 출세하지 못하기를 바란다. 그래서 누군가 사업에 성공하면 '양심을 속여서 돈을 벌었다'고 험담하고, 승진을 하면 '뒤에 큰 백이 있었다'고 깎아내린다. 결론적으로 그들의 입은 다른 사람의 추문만 만들어낸다.

뒤에서 남의 말을 하는 사람은 그런 방식이 자신과 주위 사람의 관계를 더욱 친밀하게 만들어 줄 것이라고 여기지만, 사실은 정반대다. 그들이 한 이야기가 밖으로 새어나가 재빠르게 변질되면 언젠가 큰 수난을 만나게 될 것이다.

지혜 한마디

비판할 것이 있다면 당사자 앞에서 똑바로 말하는 것이 가장 좋으며, 뒤에서 비판해서는 안 된다. 뒤에서 말하는 것은 비록 완곡하고 함축적으로 보일지 모르나 비판을 받는 당사자의 기분을 몹시 언짢게 한다. 더욱 중요한 것은 뒤에서 하는 말들이 엉뚱하게 전달될 수도 있다는 점이다. 전달 과정에서 이야기가 보태지면 애초에 하지 않은 말까지 당사자의 귀에 들어가 오해를 사기 쉽다.

38

일을 비판하되
사람은 비판하지 않는다

콧노래를 흥얼거리며 경쾌한 걸음으로 집으로 가던 닝^寧은 우연히 자신의 친구인 량^梁을 만났다. 량이 궁금해서 물었다.

"너 오늘 기분이 좋아 보인다. 무슨 좋은 일 있지? 말해봐."

"일은 무슨! 일단 집에 들어가 말하자."

닝은 곧 문을 열고 집으로 들어가더니 우쭐거리며 말했다.

"사실 별일은 아니고, 오늘 회의 때 상사에게 칭찬을 받았어. 그동안 노력한 보람이 있더라."

량은 웃으면서 말했다.

"축하해! 정말 잘됐다. 이제 너도 부서에서 가장 잘나가는 사람이 되겠네."

그러자 닝은 고개를 저으며 말했다.

"그렇지도 않아. 네가 잘 몰라서 그래. 지난번 회의 때는 상사의 질책을 받았거든. 그땐 다른 동료들도 덩달아 내게 한 소리씩 했지.

그런데 오늘은 그러지 않더라. 모두들 내가 능력이 있고 똑똑하다고 말해주지 뭐니. 어쩜 태도가 그렇게 달라지니? 흥, 정말 뻔뻔한 사람들 같으니!"

그 말에 량은 도리어 웃으면서 말했다.

"그러지 마. 네 도덕적 기준이 높다는 걸 나도 잘 알지만 다른 사람에게까지 강요하면 안 돼. 그래도 한솥밥을 먹고 사는 동료가 아니니? 다들 나름의 고충이 있을 거야. 그들은 단순히 사실만 보고 말하는 거니까, 전혀 이해 못 할 일도 아니고 뻔뻔하다고 할 수도 없지. 그러니 인격까지 들먹일 건 없어."

닝은 그 말을 듣고 곰곰이 생각하더니 고개를 끄덕였다.

"네 말이 맞는 것 같아. 모두들 힘들 테니 그렇게 비난할 것까지는 없겠지. 아무래도 이번에는 내가 객관적이지 못했던 것 같아. 다들 내게 너무한 것 아닌가 하는 생각에 일주일 동안 동료들에게 화가 나 있었거든. 그래도 그들에게 직접 화내지 않아서 다행이야. 만약 그랬다면 앞으로 함께 지내기 힘들었을 테니까."

그러면서 닝은 특별히 량의 충고에 고마움을 표했다.

우리는 다른 사람의 인성을 왜곡해서는 안 되며, 다른 사람에게 상해를 가하거나 함부로 도덕적인 설교 또는 비평을 할 필요는 없다. 더군다나 그 사람이 가지고 있는 소양을 제멋대로 판단해서도 안 된다. 이것이 기본적인 처세의 도리다. 한 일은 비판하되 사람을 비판하지는 말아야 한다.

어떤 사람은 누군가 잘못된 행동을 하면 "또 너니?" "병이 또 도

졌니?" 같은 말을 습관적으로 내뱉는다. 단순한 질책 혹은 불평으로 하는 말이겠지만, 사실 듣는 사람의 마음은 매우 불편하다. 말한 사람은 자기 말에 아무런 문제가 없다고 느낄지 모르지만, 다른 사람은 오히려 무심을 가장해 의도적으로 한 말이라고 여길 수 있다.

일 자체에 대해 어떤 평가나 견해를 밝히는 것과 사람 자체를 두고 평가하는 것은 다르다. 예를 들어 지각을 한 사람에게 "30분이나 늦었네."라고 타박할 수 있어도, "너는 시간관념이 없다."라고 인격을 자체를 문제 삼지는 말아야 한다. 또 "이 일은 네가 잘못한 것 같다."라고 야단칠 수 있어도, "너는 정말이지 할 줄 아는 것이 없구나."라고 말해서는 안 된다.

앞의 이야기에서 닝의 경우 "어제는 내가 일을 못한다고 한 사람들이 오늘은 내가 능력 있고 똑똑하다고 칭찬했다."라고는 말할 수 있지만, "정말 뻔뻔한 사람들이다."라고까지 말할 필요는 없었다. 그것이 바로 일만 비판하고 사람은 비판하지 않는 태도다. 한마디로 <u>남을 비판할 때 명심할 점은 사실에 기초한 것에 대해 말해야 한다</u>는 것이 핵심이다.

일을 객관적으로 분석하되 사람의 인격이나 흥미, 가정교육 등에 대해 평가하지는 마라. 이런 태도의 장점은 첫째, 더욱 이성적이고 객관적으로 문제를 볼 수 있고 둘째, 사람과 사람 사이의 충돌과 갈등을 피할 수 있다.

<u>비판할 때는 일 자체만 따지도록 주의하고 말을 가려서 하자. "일이 잘못되었다."라고 말하되, "네가 문제다."라고 말하지 않도록 한다.</u> 비판할 때

뿐 아니라 의견을 제시하고 건의를 할 때도 사람에 관계없이 일만 따져야 한다. 그리고 누군가 일에 대해 객관적이고 이성적으로 비판하지 못할 때는 관용적인 태도를 취할 줄도 알아야 한다.

지혜 한마디

'일을 비판하되 사람은 비판하지 않는' 말하기 방식은 처세나 어떤 문제를 해결할 때 실제로 적용해야 할 때가 많다. 그렇지만 "오해하지 마. 난 사람에 관계없이 일만 따지려는 거야."라는 식으로 말하는 건 사람을 짜증나게 만든다. 단지 자기만 옳다고 생각하는 사람일수록 그렇게 말하기 때문이다. 그런 말을 할 때마다 사람들은 속으로 이렇게 생각한다.

"대체 누구더러 한 말이지?"

39

문제 제기를 통해
완곡하게 비판하라

가령 당신이 업무 도중 실수를 했을 때 상사가 '멍청이'라고 욕하면서 심하게 질책하고 얼른 수정하라고 요구한다면 어떤 심정이 될까? 기분이 엄청 상하는 것은 물론, 실수한 부분을 어떻게 고칠 것인지 생각하기보다 상사의 질책만 두고두고 떠올리며 분노를 느낄 것이다.

어느 연령의 사람이든 남에게 직접적인 비판을 들으면 자기보호 본능이 강해지면서 반항심이 생기게 마련이다. 반항심이 작동하면 우리는 냉정하게 자신의 잘못을 돌아보지 못하며, 오히려 비판한 사람이 너그럽지 못하고 예의가 없다고 원망한다.

누군가를 비판해야 한다면 비판하는 사람과 비판받는 사람의 심리적 특징을 먼저 생각해보고 반드시 효과적인 방식을 찾아야 한다. 타인의 잘못에 대해 감정적으로 대응하는 사람은 문제의 초점을 다른 곳으로 돌려버리기 때문에 근본적으로 문제를 해결하지 못한다. 그러면 잘못을 한 사람은 자신이 받은 비판과 질책을 잘못에 대한 대가와 동일시하고 오히려 홀가분함을 느낀다. 결국 문제 해결은커녕 쌍방에게 서로 안 좋은 감정만 남는다.

상대방의 잘못에 대해 습관처럼 화내고 욕을 하는 것은 상대방이 진심으로 후회하고 안 하고는 상관없다고 밝히는 것과 같다. 지금처럼 속도가 중요한 시대에 어느 누가 그 사람이 진심으로 후회하는지 시간과 정력과 마음을 써가며 관심을 두겠는가? 단지 즉각 잘못을 고치기만 하면 충분한 것이다.

그래서 많은 사람들이 직접적으로 비판하는 것이 습관화되어 있다. 그러나 그보다 더 효과적인 방법은 완곡한 비판이다. 이 방법은 당사자를 진심으로 잘못을 뉘우치게 할 뿐 아니라 직접적으로 비판했을 때 생기는 부정적인 반응도 피할 수 있다.

<u>완곡하고 효과적인 비판 방법이란 바로 문제 제기를 통한 지도다.</u> 예를 들어 프로그래머에게 "당신이 만든 프로그램에 오류가 있네요."라고 직접적으로 비판했다고 하자. 그러면 프로그래머는 두 가지 반응을 보일 것이다.

당신의 컴퓨터 실행 환경에 문제가 있다거나, 아니면 당신이 프로그램을 제대로 다루지 못해서 생긴 문제라고 말할 것이다. 즉 자기에 대한 직접적인 비판을 듣고 프로그래머의 반항심이 발동해서, 그 오류가 당신의 문제일 뿐 자기 쪽 문제가 아니라고 말할 가능성이 높은 것이다.

그렇다면 이렇게 약간 방법을 바꿔 완곡하게 문제 제기를 해보면 어떨까?

"당신의 프로그램을 써보니 기대했던 것과는 조금 다르네요. 한 번 봐주실래요? 제 사용 방법에 문제가 있지는 않은지 말이에요."

그러면 그는 순간 본능적으로 '혹시 버그인가?'라고 생각하면서 프로그램 오류를 체크해볼 것이다. 그 결과가 어찌 직접적인 비판보다 좋지 않을 수 있겠는가?

만약 당신이 비판을 하고 싶거나 비판을 통해 어떤 목적을 달성하고 싶다면, 당신의 권위를 드러내며 불만을 표시하거나 상대방에 대한 신뢰를 공격해서는 안 된다. 비판은 비판 자체가 목적이 아니라 잘못한 사람이 잘못을 고치게 하는 것이 목적이다.

당신이 만약 업무 시간에 노닥거리고 있는 직원들을 보고 화가 나서 곧바로 "이런 게으름뱅이들 같으니! 일하기 싫어?"라고 꾸짖는다면, 부하직원들은 속으로 분명 이렇게 생각할 것이다.

'일하기 싫으냐고? 그걸 말로 해야 알아? 당장이라도 때려치우고 싶은걸!'

하지만 방법을 바꾸어 이렇게 말한다면 어떨까?

"오늘은 비도 오고 하니 조금 느긋하게 일해도 괜찮겠지?"

이런 질문은 마치 직원을 위한 배려처럼 들릴 뿐, 질책으로 들리지 않기 때문에 그들의 반감을 사지 않는다. 동시에 직원들을 완곡하게 일깨우는 효과도 있다.

직원들은 그 말을 듣고 '아이고, 이렇게 계속 노닥거리고 있으면 안 되겠다. 그랬다간 오늘 안에 업무를 마무리하지 못할 거야.'라고 생각할 것이다.

　이처럼 문제를 제기하는 방식으로 완곡하게 지적하면 상대방이 스스로 생각해서 반성하도록 유도할 수 있다. 또한 상대방이 당신의 바람대로 행동하게 만들면서도 곤란해지지 않는다. 그러니 그렇게 하지 않을 이유가 없다.

지혜 한마디 _____

직접적인 비판은 사람을 기분 나쁘게 한다. 그러므로 처음부터 다짜고짜 비판하지 말고 차분하게 한 가지 질문을 던져 상대방에게 어느 정도 생각할 시간을 주는 것이 좋다. 그러면 아마 상대방이 먼저 부담 없이 일의 경과나 원인에 대해 당신과 이야기하길 바랄 것이다. 만약 당신이 처음부터 잔뜩 화를 내며 쏘아붙인다면 상대방은 너무 당황해서 잘못된 일에 대한 구체적 상황을 설명할 수도 없을 것이다. 완곡하게 문제를 제기하는 방법이 상대방에게 더 잘 통한다는 것은 분명한 사실이다.

40

먼저 성과를 인정하고
나중에 비판하라

사람들이 자신에 대한 신랄한 비판을 받아들이지 못하는 이유는 대개 두 가지다.

첫째, 당사자의 상황이나 잘못을 저지르게 된 원인도 잘 모른 채 다짜고짜 비판해서 당사자를 답답하고 억울하게 만들기 때문이다.

둘째, 비판을 한 사람이 자신을 한 수 위라고 생각하며 권위적인 입장에서 비판해서 당사자의 자존심을 상하게 하고 강렬한 반감을 갖게 했기 때문이다.

어떤 이유이든 간에, 둘 다 모두 실제적으로 비판의 기교를 중시하지 않은 결과다.

어떤 회사의 사장은 한 여직원이 최근 실수가 잦고, 업무 효율과 실적이 갈수록 떨어진다는 사실을 알게 되었다. 하지만 사장은 여직원을 심하게 질책하지 않고, 그 대신 사무실에 아무도 없는 점심 휴식 시간에 그 여직원을 조용히 불렀다.

사장이 여직원에게 말했다.

"요즘 통 자네와 이야기를 나누지 못했군. 마침 지금 내가 특별히 바쁜 일이 없어서 이렇게 자네의 휴식 시간을 좀 빼앗겠네. 우리 이야기 좀 할까?"

여직원은 웃으면서 말했다.

"네, 좋습니다."

사장은 말했다.

"자네는 정말 뛰어난 엔지니어야. 자네가 입사한 뒤 몇 년 동안 우리 회사를 위해 올린 실적을 모르는 사람은 아마 없을 거야. 자네가 설계한 도면들은 매번 고객을 만족시켰고, 덕분에 회사도 큰 수익을 얻었지. 그 부분에 대해서는 회사를 대표해서 자네에게 감사하다고 말하고 싶네!"

사장은 잠시 숨을 돌린 뒤에 말을 계속했다.

"다만 최근에 내가 느낀 건데, 요즘 들어 자네의 도면 작업 시간이 좀 길어진 것 같아. 게다가 수준도 예전만 못하고 말이야. 그래서 난 조금 걱정이 돼. 혹시 자네에게 무슨 힘든 일이라도 있는 건 아닌지. 만약 일하는 데 어려운 문제가 있다면 언제든 말해줘. 우리가 함께 해결보자고. 솔직히 나는 요즘 자네의 업무 결과에 만족하지 못하고 있어. 자네에게 많은 더 큰 기대를 갖고 있거든."

그러자 여직원이 말했다.

"어려운 문제는 없습니다. 다만 제가 최근에 몇 가지 새로운 구상을 시도하고 있는데 그 때문에 업무 속도가 조금 느려진 것 같아요. 그래도 이제 거의 해결 단계니까 조만간 효율을 한 단계 업그레이드할 수 있을 겁니다. 너무 염려하지 마세요. 회사에서 이렇게 저를 믿어주시니 정말 고맙습니다. 모두의 기대를 저버리지 않도록 열심히 일할게요."

보다시피 적절한 설득 방식으로 이처럼 쉽게 문제가 해결되었다! 사장은 여직원의 지난 실적들을 먼저 인정해주었고, 그래서 여직원은 비판을 받았음에도 오히려 감동했다. 상사의 인정을 받아 무엇보다 기쁜 여직원이 예전보다 더 잘해나갈 것은 조금도 의심의 여지가 없다.

사장은 직접적인 비판을 하지 않고 완곡한 설득으로 오히려 비판의 좋은 효과를 거두었을 뿐 아니라 비판의 부정적인 영향을 피했다. 이처럼 우선 실적과 장점을 인정해주고 난 뒤에 비판을 하면 상대방이 훨씬 받아들이기 쉬울 것이다.

한편 또 다른 회사의 사장은 여비서가 작성한 문서에 오류가 있음을 발견했다. 그는 조금 화가 났지만 직접적으로 꾸짖지 않고 이렇게 말했다.

"오늘 입은 옷이 참 보기 좋네요. 젊어 보이고 예뻐요."

사장의 칭찬에 여비서는 몸 둘 바를 몰랐다. 사장은 좀처럼 다른 사람을 칭찬하는 경우가 드물기 때문이다. 여비서가 웃는 것을 보고 사장은 계속 말했다.

"당신이 작성한 문서도 당신이 입은 옷만큼 완벽할 수 있을 거라고 믿어요."

과연 그날부터 여비서의 문서에는 오류가 눈에 띄게 줄었다.

칭찬부터 하고 나서 단점을 지적하면 소통하기가 훨씬 쉬워진다. 그것은 마치 설탕을 입힌 쓴 알약처럼 칭찬이 따끔한 비판을 감싸고 있어서 말의 핵심이 거부감 없이 잘 전달되기 때문이다.

그러므로 어떤 상황에서든 다른 사람에게 가까이 다가가고 싶다면 우선 칭찬하는 법부터 알아야 한다. 칭찬은 타인을 기분 좋게 하고 쌍방이 금세 가까워지도록 만들어준다. 그런 다음 문제를 꺼내면 상대방을 설득하기가 한결 쉬워진다.

지혜 한마디

심리학자의 연구에 따르면, 사람들에게 비판을 받아들이기 어렵도록 만드는 가장 큰 장애물이 자존심에 상처를 주는 것이라고 한다. 고용주가 직원에게 말할 때 이 점을 충분히 고려한다면, 소통이 훨씬 쉬워질 것이다. 먼저 칭찬하고 나중에 비판하라. 즉 직원이 거둔 성과를 확실하게 인정해준 뒤에 적절한 비판을 하는 것이 좋은 방법이다.

41

긍정적인 칭찬이
부정적인 비판보다 낫다

심리학자들에 따르면, 훌륭한 행동에 대해 칭찬을 받은 사람은 학습 속도가 빠르고 기억의 지속력도 길다고 한다. 또 나쁜 행동 때문에 벌을 받은 사람은 학습 속도와 지속력이 떨어진다고 한다.

수많은 증거들이 보여주듯이, 사람은 누구나 다른 사람에게 칭찬 받기를 바라며 질책당하는 것을 좋아하지 않는다. 그런 이유로 비판이 문제 해결에는 아무런 도움이 되지 않고 오히려 분노와 원망만 초래하는 경우도 많다. 그런 비판은 제대로 된 지도 방법으로 그 사람을 긍정적으로 변화시키는 것만 못하다.

중국의 유명한 교육자인 타오싱즈陶行知는 청년들과 잘 어울리면서도 고상한 지도자처럼 보이려고 하지 않았다. 오히려 청년들과 친구처럼 어울리며 그들의 장점을 일깨워주고 올바른 길로 인도했다. 그래서 청년들은 타오싱즈 선생을 존경했고 그와 대화하는 것을 좋아했다.

하루는 한 학생이 타오싱즈에게 두 친구의 연애에 대해 불만을 토로했다.

"선생님이 그 둘 좀 말려주세요. 해도 해도 너무해요! 정말 연애를 밥 먹듯이 한다니까요."

"그래?"

타오싱즈는 마치 신대륙을 발견한 사람처럼 호기심 가득한 눈을 반짝거렸다.

"그들이 정말로 연애를 밥 먹듯 하던가?"

"제가 어찌 감히 선생님 앞에서 거짓말을 하겠어요. 정말 그래요. 선생님이 좀 꾸짖어주세요."

"꾸짖으라고? 그건 아니지. 난 그들을 칭찬해야 한다고 생각해."

"선생님, 농담하지 마세요. 그들을 가만 내버려두면 다른 학생에게도 지장을 줄 거예요."

"어째서?"

"그들을 보고 다른 친구들도 영향을 받아서 연애를 밥 먹듯 할 테니까요."

"그거 좋은데? 난 완전 찬성일세."

타오싱즈는 진지하게 말하며 그의 어깨를 토닥여주었다.

"만약 자네도 오늘 이후로 연애를 한다면 그들과 똑같이 하길 바라네. 이건 농담이 아니야. 연애를 밥 먹듯이 하는 것은 가장 바람직한 연애관이니까!"

그러면서 엄숙한 태도로 그 이유를 설명하기 시작했다.

"사람은 하루에 세 번 밥을 먹지? 매 식사 때마다 대략 10분 정도 걸린다면 다 합쳐도 한 시간이 넘지 않는다네. 만약 청년들이 정말 연애를 밥 먹듯 한다면, 매일 한 시간 정도의 연애로 엄청난 활력을 얻는 것 아닌가! 그게 어찌 나쁘다고 할 수 있겠나? 난 당연히 좋다고 생각하네. 오히려 난 그들이 밥 먹듯 연애하지 않고, 밥 먹듯 일을 하고 공부를 할까 봐 걱정이네. 그러면 연애가 생활의 전부가 되어버릴 것 아닌가."

그제야 학생은 웃으며 이렇게 말했다.

"제가 가서 선생님의 말씀을 친구들에게 전할게요."

이런 경우 보통의 선생님이라면 연애에 빠진 학생들을 꾸짖고 학습에 집중하라고 말했을 것이다. 그러나 타오싱즈는 '연애를 밥 먹듯이 하는 것'의 장점을 찾아서 긍정적으로 해석했다. 그래서 밥을 먹고 힘을 내듯이 연애도 일이나 학업의 원동력이 될 것이라 생각한 것이다.

사실 이 말은 연애를 생활의 전부로 여기지 말고 일이나 학업의 원동력으로 삼으라고 청년들을 일깨우는 말이다. 그의 말은 교육의 목적에 도달했을 뿐 아니라 학생들이 받아들이기도 쉬웠다.

누구나 비판을 받으면 기분이 나빠지고, 게다가 올바른 비판을 받지 못하면 부정적으로 변할 수 있다. 비판은 사람의 잘못을 고치기 위한 것이지만 그보다 훌륭한 비판은 한 단계 높은 목표를 추구하는 것, 바로 사람을 긍정적으로 만드는 것이다.

어느 시골 마을에 두 명의 사냥꾼이 있었다. 하루는 그들이 각자 두 마리의 토끼를 잡아서 집으로 돌아갔다. 한 사냥꾼의 아내는 그것을 보고 쌀쌀맞게 말했다.

"겨우 토끼 두 마리 잡았어요?"

그 말을 들은 사냥꾼은 원망스러운 마음이 들었다.

"두 마리 잡기가 어디 쉬운 줄 알아?"

다음 날 그는 일부러 빈손으로 집에 돌아갔다. 아내에게 사냥이 어렵다는 사실을 알게 해주기 위해서였다.

한편 다른 사냥꾼은 상황이 정반대였다. 그의 아내는 남편이 토끼 두 마리를 잡아온 걸 보고 기뻐하며 말했다.

"어머, 두 마리나 잡았네요!"

사냥꾼은 어깨를 으쓱하며 말했다.

"뭘, 겨우 두 마리인데!"

다음 날 그는 토끼를 네 마리나 잡아서 집에 돌아갔다.

두 사냥꾼은 똑같이 아내의 말 한마디를 들었지만 확연히 다른 결과를 보여주었다. 두 번째 사냥꾼이 이튿날 네 마리의 토끼를 잡을 수 있었던 것은 아내의 칭찬 덕분이다. 이처럼 칭찬은 사람에게 자존심을 세우고 싶은 욕구를 만족시켜주기 때문에 행동에 아주 중대한 영향을 미친다.

사실 많은 경우, 표현 방식을 조금만 바꿔도 사람을 긍정적으로 변화시킬 수 있다. 부정적인 언어를 사용하여 타인을 비판하고 공격하는 것은 칭찬을 해서 그 사람의 미래에 대한 신뢰를 만들어내는 것에 비해 훨씬 비생산적이다. 그러한 신뢰를 통해 얻는 효과는 의심할 여지 없이 좋을 것이다.

사실 모든 사람은 똑같이 남에게 존중받고 인정받기를 바라는 심리를 갖고 있다. 칭찬은 최고의 인정이다. 칭찬의 말을 깔아두고 이야기해나가면 상대방은 더욱 당신의 말에 귀를 기울일 것이다. 설령 그 말이 비판일지라도 받아들여 자신의 잘못을 고치려 할 것이다.

지혜 한마디

만약 당신의 목적이 상대방을 긍정적으로 변화시키는 것이라면, 솔직히 비판은 별로 좋지 않다. 사실 비판의 방식을 써야 할 경우는 그다지 많지 않다. 틀에 박힌 사고에서 벗어나 냉정하게 생각해보자. 칭찬의 효과는 직접적인 비판을 훨씬 뛰어넘는다.

예를 들어 "넌 정말 착한 것 같아. 그래서 항상 손해를 보나 봐."라고 말하면, 상대방의 약점을 말하는데도 마치 장점을 칭찬하는 것처럼 들리지 않는가.

제7장

가벼운 말로
승리를 이끄는
설득의 기술

가벼운 대화 중에 상대방을 설득할 필요가 있다면,

강압적으로 당신의 관점을 강요하지 마라.

설득에 성공하고 싶다면 기교에만 의지하지 말고,

평소에 주변에 관심을 갖고, 진지하게 생각하며,

경험을 쌓고, 상황에 유연하게 대처해야 한다.

42

상대방의 관심사로
대화를 시작한다

오랫동안 수염을 기른 한 남자가 있었다. 어느 날 그는 문득 수염을 자르고 싶다는 생각이 들었지만, 막상 자르려니 망설여졌다.

"이렇게 갑자기 이미지가 바뀌면 친구들과 동료들이 어떻게 생각할까? 나를 놀리면 어쩌지?"

남자는 그렇게 며칠을 고민하다가 결국 수염을 잘랐다.

다음 날 남자는 기대 반 걱정 반으로 출근했다. 마음의 각오를 단단히 했지만 그는 최악의 상황에 직면했다. 동료들이 각자 자기 업무로 바쁜 탓에 남자의 변화에는 단 한 사람도 반응을 보이지 않았던 것이다.

남자는 그런 상황이 몹시 뜻밖이었다. 하지만 점심 휴식 시간이될 때까지 그가 수염을 깎은 것에 대해 뭐라고 말하는 사람은 없었다. 마침내 남자는 더 이상 참지 못하고 옆의 동료에게 먼저 다가가물었다.

"내 모습이 어떠니?"

동료는 그 말을 듣고 어리둥절한 표정을 지었다.

"어떠냐고?"

"오늘 내가 좀 달라 보이지 않아?"

그러자 동료는 남자를 머리에서 발끝까지 쭉 한 번 훑어보더니 고개를 끄덕였다.

"음, 그러고 보니 좀 달라진 것 같네. 예전보다 훨씬 생기 넘치는 것 같기도 하고."

훗날 남자는 그때의 경험을 떠올리며 이렇게 말했다.

"그때 내가 얼마나 실망했던지……. 지금까지 나는 줄곧 남들이 나에게 관심을 갖고 있다고 생각했는데, 이제 와 생각해보니 정말 어리석었던 것 같다."

사실 남자의 생각이 어리석은 것은 아니다. 사람은 누구나 자신을 중요하게 생각하고 다른 사람의 관심 어린 시선을 갈망한다. 그래서 자신을 드러내며 타인의 관심과 사랑을 얻길 원한다.

당신이 상대방과 어떤 목적으로 이야기하든 대화를 시작하자마자 상대방에게 호감을 줄 수 있다면, 그는 당신의 뜻을 기꺼이 받아들일 것이다. 그러면 그 뒤로도 분명 유쾌하고 순조롭게 대화를 이어나갈 수 있다.

한 남자는 다니던 회사에서 정리 해고를 당하고 실업자가 된 지 한참 되었다. 다행히 몇 달간의 노력 끝에 남자는 어느 대기업에 면접을 보게 되었다. 그에게는 너무나 중요한 기회였기 때문에 남자는 성실하게 면접에 대비했고 만반의 준비를 끝냈다. 그리고 완벽한 준비를 위해 면접 하루 전날에는 회사를 찾아가 이곳저곳을 둘러보았다.

처음에는 낯선 환경 때문에 긴장하는 일이 없도록 하고, 또 회사 건물 내부 지리를 미리 익혀둘 요량이었다. 그런데 막상 회사에 도착하자 욕심이 생겼고, 기왕 온 김에 회사 상황을 좀 더 파악해 보기로 했다. 그리고 남자는 매우 정교하게 제작되어 회사 로비에 세워져 있는 모형 배를 보게 되었다.

남자가 로비에 생뚱맞게 놓여 있는 모형 배를 보며 의아해하고 있을 때, 마침 그곳 건물 관리인이 그에게 다가와 무슨 일로 왔냐고 물었다. 남자는 자신이 내일 이곳에서 면접을 볼 예정인데 회사에 대해 알아보려고 미리 와본 것이라고 대답했다. 그러자 관리인은 친절하게 회사 상황에 대해 이런저런 이야기를 해주었다.

남자는 대단히 기뻐하며 그의 이야기를 경청하다가 맨 마지막에 모형 배를 가리키며 물었다.

"그런데 이곳에 왜 저런 모형이 놓여 있나요?"

관리인은 웃으며 대답했다.

"사장님이 배 모형 수집광이에요. 기선을 특히 좋아하죠."

남자는 그 말을 듣고 좋은 생각이 떠올랐다.

그날 오후, 집으로 돌아온 남자는 근처 도서관에 가서 기선에 관한 자료들을 찾아보았다. 다음 날, 남자는 면접을 보러 사무실로 들어갔다. 아니나 다를까, 거기에도 매우 많은 기선 모형들이 있었다.

남자는 이때다 싶어 그중 하나를 가리키며 면접관에게 물었다.

"오, 저 범선은 혹시 허드슨 호 아닙니까?"

면접관은 의외라는 듯 웃으면서 말했다.

"당신도 배 모형에 대해 공부했어요?"

남자가 웃으면서 말했다.

"공부까지는 아니지만, 배에 관심이 많아서 남들보다는 많이 알고 있습니다."

이어서 남자는 자신이 알고 있는 배에 관한 지식을 이야기했다. 물론 면접관은 남자에게 큰 호감을 가졌고, 최종적으로 그는 면접에 합격했다.

대화를 할 때는 상대방이 관심 있어 하고, 좋아하는 것에 대해 많이 이야기하는 것이 좋다. 그러면 상대방의 호감과 인정을 쉽게 얻을 수 있다.

어떤 사람은 그림 그리기를 좋아하고, 어떤 사람은 음악을 좋아한다. 또 바둑, 새 기르기, 우표 수집, 서예, 글쓰기 등을 좋아하는 사람도 있다. 사람은 모두 자신이 가장 흥미를 갖고 있는 일을 하거나 그것에 대해 말하기를 좋아한다. 그것에 대한 '이야기보따리'를 풀어놓고 그 사람을 설득해 나간다면, 비교적 쉽게 설득의 목적에 도달할 수 있다.

상대방이 관심을 갖고 좋아하는 것에 대해 이야기하는 것은 그 사람의 마음에 정통하는 방법이다. 그러나 많은 사람이 그 원리를 모르고 자신의 취미나 관심 있는 주제, 자기가 좋아하는 일만 이야기하려고 한다. 그 결과 상대방은 전혀 흥미를 느끼지 못하며, 심지어 짜증이 날 수도 있다.

누구나 자신이 좋아하는 일에 대해 이야기하고 싶어 한다. 이러한 심리는 말을 걸어야 하는 사람에게는 더할 나위 없이 좋은 돌파구가 된다. 그 점을 얼마나 잘 파악하느냐에 따라 인간관계의 성패가 좌우된다.

지혜 한마디

다른 사람을 설득하는 일은 당신의 엄청난 말재주를 요구하지 않는다. 그보다는 사람의 심중을 헤아리고 상대방이 좋아하는 것을 이야기할 필요가 있다. 그것만 할 줄 안다면 설득은 결코 어려운 일이 아니다. 상대방의 관심사에 대해 이야기하면서 재치 있게 상대방의 성과를 칭찬하고 자존심을 최대로 만족시켜주면, 그는 곧 당신을 친구로 맞이할 것이다. 그렇게 되면 해결하지 못할 일이 어디 있겠는가?

43

쓸모없는 이야기를
쓸모 있게 활용하라

얼마 전, 한 회사에 입사한 신입사원은 경영지원부 팀장이 회사 내에서 가장 인간관계가 좋다는 것을 알게 되었다. 그래서 신입사원은 특별히 그녀를 관심 있게 지켜보았다.

팀장은 평범한 외모를 갖고 있는데도 인기가 많아서, 매일 점심시간에 직원식당에서 밥을 먹을 때면 남녀 할 것 없이 모두 식판을 들고 그녀 주변으로 몰려왔다.

신입사원이 몹시 궁금해하며 한 동료에게 물어보았다.

"왜 모두들 팀장을 저리 좋아하죠?"

동료는 잠시 생각하더니 이렇게 말했다.

"왜냐고? 나도 잘 모르겠어. 아마도 팀장이 시시콜콜한 이야기를 잘하기 때문이겠지. 어쨌든 그녀는 정말 좋은 사람이야."

신입사원은 그 말을 듣자 더 혼란스러웠다.

'시시콜콜한 이야기를 많이 하는데 그녀가 좋다니?'

그는 결국 그 수수께끼를 풀기 위해 적극적으로 팀장의 팬이 되어보기로 했다. 그리고 팀장과 조금씩 가깝게 지내면서 '별 의미 없고 시시콜콜한 말'로도 충분히 사람을 '믿고 따르게' 할 수 있다는 사실을 깨달았다.

하루는 아침 일찍 회사에 도착한 신입사원이 회사 주변 풀밭을 산책하고 있는데 멀리서 팀장이 손을 흔들며 다가왔다.

"안녕, 미녀 아가씨! 아침 일찍부터 이렇게 자연과 호흡하고 있다니, 양생養生을 잘하네."

신입사원은 '양생'이라는 말에 자신이 중국 전통 의학에 대해 조금 알고 있다고 말했다. 그러자 팀장은 중국 전통 의학에서부터 한의학에 관한 가볍고 재미있는 이야기를 들려주었고, 또 중의학과 한의학의 차이에 대해 말하기도 했다. 신입사원은 그녀의 이야기가 하도 재미있어서 시간 가는 줄 모르고 들었다.

신입사원은 말을 많이 하지 않고 팀장의 이야기를 듣기만 했는데도 이상하게 기분이 좋아졌다. 팀장의 이야기는 별로 중요하지도 않고 큰 의미도 없었지만 왠지 모르게 힐링이 되었다. 그 뒤로 신입사원은 어느새 팀장의 좋은 친구가 되었고 앞으로도 계속해서 팀장과 자주 이야기하고 싶어졌다.

한번은 신입사원이 팀장과 함께 밥을 먹으며 이야기를 나누다가, 외향적인 성격의 팀장이 아일랜드의 어느 국립대학을 졸업했다는 사실을 알게 되었다. 팀장은 웃으면서 말했다.

"내가 아일랜드에서 유학하는 동안 얻은 가장 큰 수확은 그 대학의

학위가 아니라 '별 의미 없는 이야기를 잘하는 법'을 배운 거야."

그녀의 말에 따르면, 아일랜드에서는 버스를 기다리는 동안 주변 사람들과 한두 마디 말을 주고받지 않는 것은 실례되는 행동이라고 했다. 또 극장에서 줄을 서서 표를 살 때도 주변에 함께 줄 서 있는 사람들과 몇 마디 가벼운 대화를 주고받는 것을 매너로 여긴다고 했다.

귀국 후 팀장은 그런 태도가 습관이 된 덕분에 순조롭게 직장을 구할 수 있었다. 면접을 보던 날, 다른 지원자들은 하나같이 옷매무새를 고치고 자신의 학력, 능력, 단기 계획, 장기 목표 등을 소개하느라 바빴다. 하지만 그녀는 조용히 자리에서 일어나 조금은 뜬금없고 별 의미 없는 이야기를 하나 했다.

"이 회사 화장실에 있는 손 세정제가 너무 묽은 것 같아요. 물론 비용 절감 때문에 그런 것이겠죠. 하지만 제가 알기로 물과 비누는 3:7의 비율이 가장 적합해요. 한 번 펌프해서 묽은 세정제가 나오면 사람들은 깨끗하게 씻기는 것 같지 않아서 두세 번 더 펌프를 하게 되거든요. 그게 오히려 더 낭비가 되죠."

원래 팀장이 지원한 자리는 행정보조직이었다. 그런데 그 이야기는 들은 사장은 그녀를 특별히 눈여겨보았다가 회사의 물품을 관리하고 지원하는 경영지원부의 팀장을 맡겼다.

일반적으로 특별히 중요하지 않은 사소한 이야기를 시시콜콜한 이야기라고 한다. 하지만 팀장의 이야기에서 혹시 생각이 달라지지는 않았는가?

사실 팀장의 이야기는 사소하긴 해도 중요하지 않은 이야기가 아니다. 왜냐하면 자연스럽게 생각을 교환하고, 서로 간의 거리를 좁히며, 감정 교류를 촉진하고, 상대방의 기호와 성격적 특징, 그리고 서로의 관점을 파악할 수 있기 때문이다. 그래서 사람들은 사교 자리에서 종종 별 의미 없는 이야기로 말문을 여는 것이다.

그중 가장 대표적인 말이 '오늘 날씨 참 좋지요!'라는 인사다. 오늘 날씨가 어떻다는 것쯤은 굳이 말하지 않아도 모두가 아는 사실인데, 사람들은 왜 그런 말을 할까?

사실 그 말을 하는 목적은 그 뒤에 훨씬 더 많은 말들을 끌어내기 위한 것이다. 예를 들어 이런 대화로 연결될 수 있다.

"그래, 오늘 날씨 참 좋네! 밖에 나가서 놀고 싶지 않니?"

"그러게 말이야! 놀러 나갈 생각이었지."

"그런데 왜 안 갔어?"

"돈이 없어!"

"이번 달 월급은 어쩌고?"

"다 썼지!"

"그렇게 빨리 다 썼어? 어디에 썼어?"

"옷 사고, 화장품 사고……."

이처럼 시시콜콜 별 의미 없는 말은 진지한 말을 자연스럽게 끄집어낸다. 그런 말을 할 줄 모른다면, 당신이 하는 모든 말은 무겁고 의미심장하기만 할 것이다. 그 말을 듣고 있는 사람은 또 얼마나 지루하고 힘들겠는가?

별 의미 없는 말은 아무런 목적이 없는 말이다. 그렇게 목적이 없는 가벼운 대화를 나누다 보면 사람들에게 더욱 친근하게 다가갈 수 있고 신뢰감도 쌓을 수 있다.

시시콜콜한 말 가운데 사람들이 흔히 하는 말은 주로 날씨, 맛있는 음식, 아름다운 풍경, 이 세 가지와 관련이 많다. 만약 상대방이 먹고 즐기는 것에 전혀 흥미가 없다면, 최근 시사 문제 등을 이야기하면 된다. 그리고 상대방이 축구를 좋아하면 축구 이야기, 여행을 좋아하면 여행 이야기, 수집을 좋아하면 골동품 이야기 등을 하면 되는 것이다. 결론적으로 사람의 마음을 사로잡으려면, 별로 쓸모없는 이야기를 쓸모 있게 활용하면 된다.

지혜 한마디

별 의미 없는 말을 할 때의 기본적인 방향은 다음과 같다. 말을 가볍게 던졌을 때 상대방이 관심을 가진다면 그 주제에 맞춰 계속 대화를 해나간다. 만약 상대방이 전혀 관심이 없다면 화제를 바꾸면 된다. 평소 대화를 할 때도 그 정도는 파악해야 한다.

관심도 없는 주제에 시시콜콜 말이 많아지면 수다스럽고 경박하게 보이기 쉽고 '썰렁하다, 무료하다'는 느낌을 주게 된다. 별 의미 없는 말을 한다는 것은 아무 말이나 계속 늘어놓는 것이 아니라, 가벼운 인사나 상대방에게 친근감을 줄 수 있는 말을 자연스럽게 나누는 것이다.

44

상대방의 입장에서
그의 속마음을 말한다

상대방 입장에서 문제를 분석하고 상대방을 배려하는 자세는 대화를 원활하게 한다. 즉 상대방에게 맞춰주는 대화의 기교는 항상 강한 설득력을 갖는다. 그것을 잘하려면 적을 알고 나를 아는 '지피지기知彼知己'가 대단히 중요하다. 적을 먼저 알면 상대방의 입장에서서 문제를 헤아려볼 수 있다.

그렇다면 어떻게 상대방을 이해해야 할까? 우선 상대방의 실력과 상황을 판단할 필요가 있다. 그다음 그 사람의 말투와 안색을 살핀다. 마지막으로는 그것을 바탕으로 상대방의 심리 상태를 깊이 헤아린다. 이 세 단계를 통해 설득의 목적에 순조롭게 도달할 수 있다.

여행 가이드의 예를 들어보자. 만약 가이드가 관광객들을 설득하고 싶다면 먼저 그들이 무엇을 말하고 어떻게 말하는지를 알아야한다. 그래야 관광객이 원하는 것을 먼저 말하면서 가려운 곳을 긁어주고 그들을 잘 이끌 수 있다.

관광객의 속마음을 파악하는 것은 설득의 주도권을 장악하는 것과 같다. 증상에 따라 약을 처방하듯, 적절한 방향과 방법을 선택해야 효과적으로 관광객을 설득할 수 있다.

어떤 단체 관광객이 베이징 관광에 나섰는데, 만리장성으로 가는 도중에 차가 막혀 몇 시간 동안 꼼짝없이 기다려야 했다. 관광객들은 도저히 참을 수 없을 만큼 짜증이 난 상태였다. 가이드는 그런 그들의 마음을 너무나 잘 알고 있었지만 그 상황에서는 그들을 달랠 방법이 없었다.

하지만 가이드는 넋 놓고 가만히 있지 않았다. 그는 얼른 차에서 내려 앞뒤로 열심히 뛰어다니며 차가 막히는 이유를 알아내고, 관광객들에게 보고하려고 노력했다. 또 다른 팀의 가이드와 마주쳤을 때는 큰 소리로 불평을 늘어놓았다.

"정말 운이 없네요! 우리 고객들 시간이 너무 많이 지체됐어요. 정말이지 차가 하늘을 날 수만 있다면 좋으련만! 이럴 줄 알았으면 오늘 만리장성 보러 가는 일정을 넣지 않았을 텐데 말이에요. 어디에서부터 차가 막힌 건지 아세요?"

도로 사정을 파악하느라 숨을 헐떡이며 여기저기 뛰어다니는 가이드의 모습과 그의 불평을 들으면서, 관광객들은 오히려 가이드를 위로해주기까지 했다. 그 상황에서 만약 가이드가 진심으로 관광객들을 설득하거나 다른 활동 계획을 추천한다면, 문제는 쉽게 해결될 것이다.

사실 이 가이드의 말은 관광객들의 생각을 그대로 대변한 것이다. 가이드의 말을 들은 관광객들은 마음을 진정하고, 어차피 별 뾰족한 수가 없으니 그냥 기다리며 가이드의 안내에 따라 더 유익한 활동을 하면 되지 않을까 생각할 것이다.

이처럼 상대방을 설득할 때 가장 좋은 방법은 바로 상대방의 공감을 불러일으키고 이해를 얻는 것이다. 그러기 전에 당신이 제일 먼저 해야 할 일은 상대방을 제대로 아는 것이다.

어느 날 마씨는 집으로 배달된 우유에서 아주 작은 유리 파편을 발견하고 곧바로 우유회사에 따지러 갔다. 잔뜩 화가 난 그는 가는 길에 거칠게 항의할 말을 마음속으로 생각해보았다. 회사에 도착하자 그는 자기소개도 생략하고 사장이 호의적으로 내민 손도 뿌리친 채 조금 전 떠올렸던 말을 모조리 퍼부었다.

"이제 이 회사는 끝이야! 당신들 아주 돈에 환장을 했구먼! 돈 좀 더 벌겠다고 우리 같은 소비자의 안전은 무시하다니 말이야!"

하지만 마씨를 상대하는 사장은 경험이 많고 노련해서 웬만한 일에 쉽게 동요하지 않는 사람이었다.

그는 우선 걱정스러운 얼굴로 마씨에게 물었다.

"선생님, 도대체 무슨 일이 있었습니까?"

그러자 마씨는 격분해서 집에서 가져온 우유병을 주머니에서 꺼내 사무실 책상에 내려놓았다.

"이것 좀 보시오. 당신들이 대체 무슨 짓을 했는지!"

우유병을 자세히 살펴보던 사장은 그제야 상황을 알았다. 그는 곧 심각한 표정을 지으며 마씨만큼 흥분해서 말했다.

"아니 이게 대체 어떻게 된 거죠? 사람 먹는 것에 정말 너무했군요! 이걸 어르신이나 아이들이 마셨으면 어쩔 뻔했어요? 정말이지 상상하기도 싫군요!"

사장은 이렇게 말한 뒤 마씨의 손을 붙잡고 절박하게 물었다.

"얼른 말씀해 주세요. 가족들 중에 혹시라도 이 유리조각을 삼켰거나 입에 상처가 난 분은 안 계십니까? 당장 치료를 받아야 합니다. 저희들이 병원까지 모셔다드릴게요."

그러면서 그는 전화기로 구급차를 부르려고 했다.

그쯤 되니 마씨는 분노가 어느 정도 가라앉아서 사장에게 다친 사람은 없다고 말했다. 사장은 그제야 마음을 놓더니 손수건을 꺼내어 이마의 땀방울을 닦으며 말했다.

"아이고! 정말 천만다행이네요."

이어서 사장은 마씨에게 말했다.

"이처럼 중대한 실수를 직접 찾아와서 지적해주셔서 우리 회사를 대표해 감사드립니다. 이 일을 얼른 모든 부서에 알리고 앞으로는 절대 이런 일이 발생하지 않도록 철저히 주의시키겠습니다. 그리고 고객님께는 충분한 보상을 해드리지요."

사장의 말에 험악했던 분위기는 순식간에 누그러졌다. 마씨는 보상을 받고 집으로 돌아가기 전에 완전히 화가 풀려 이렇게 말했다.

"사장님이 참 좋은 분이군요."

그러고는 사장에게 앞으로 이런 일이 없도록 조심해달라고 다시 한 번 당부했다. 그 결과 두 사람은 똑같은 입장에서 서로 공감하며 이야기를 마무리했다.

사장이 고객의 불만을 처리하는 과정에서 잘한 점은 다음과 같다.

첫째, 고객이 화내고 있을 때 차분하게 대처했다.

둘째, 질문을 통해 고객이 화내는 진짜 이유를 파악했다.

셋째, 고객의 말을 듣고 고객의 입장에 서서 생각한 뒤 즉각 대책을 마련했다.

넷째, 고객의 질책에 감사를 표했고, 계속되는 고객의 건의도 끝까지 잘 들어주었다.

지혜 한마디

다른 사람의 항의에 무조건 옳고 그름을 따지고 반박하려 해서는 안 된다. 가장 좋은 태도는 냉정함을 유지하면서 일의 경과와 경위부터 정확하게 파악하는 것이다. 또 상대방에게 "저는 당신 편입니다!"라는 태도를 분명히 밝힌다. 다른 사람을 설득할 때는 그 사람의 입장에 서는 것이 매우 중요하다. 만약 당신이 상대방의 입장을 고려할 수 없다면 설득의 목적에 도달하기 어렵다.

45

당신의 열정이
타인을 전염시킨다

싱크대를 파는 판매원이 있었다. 그는 시골 농민들을 찾아가 열정적으로 싱크대의 장점을 설명했고, 만약 설치를 하겠다고 하면 곧바로 외투를 벗어던지고 공구를 들고 와서 땀을 뻘뻘 흘리며 부뚜막을 개조해주었다.

부뚜막 개조를 주저하던 농민들은 그 모습에 감동받아 판매원에게 맛있는 음식을 대접했고, 이웃에게도 싱크대의 장점을 소개하며 적극적으로 그 판매원을 추천해주기까지 했다.

타인을 설득하는 과정에서는 열정으로 상대방을 감동시켜야 한다는 점을 명심하라. 감동을 받아야 그 사람이 진정으로 마음의 문을 열고, 나아가 태도까지 바꿀 것이다. 그러면 틀림없이 설득에 성공할 수 있다.

어느 마을에 두부를 파는 곳이 두 군데 있었다. 두 가게의 두부는 품질이 비슷하고 가격도 똑같았지만, 희한하게도 장사에는 큰 차이가 났다. 누가 봐도 두 곳 가운데 한 가게가 훨씬 장사가 잘 되었다. 왜 그렇게 큰 차이가 났을까?

알고 보니 장사가 잘되는 가게의 주인은 고객을 대할 때마다 열의를 보이며 친절하게 말을 걸었다. 동네 아주머니가 두부를 사러 오면 "아주머니, 요즘 몸은 좀 어떠세요?" 하고 안부를 물었고, 아이 키우는 손님이 오면 "아이가 말은 잘 듣나요? 요즘에 공부는 잘해요?"라고 먼저 말을 걸었다.

마을 사람들은 처음에는 그의 인사에 별로 신경도 쓰지 않았다. 그러나 시간이 갈수록 모두 가게 주인과 친구가 되었고, 자신들도 모르는 사이에 그의 장사에 관심을 갖고 챙겨주기까지 했다.

이처럼 열정은 사람을 설득하는 힘을 갖고 있다. 사람은 누구나 감정을 갖고 있어서 누군가가 열정을 보이면 그 따뜻함이 상대방에게 그대로 전염되어 그 사람의 감정까지 따뜻하게 데워준다.

열정적인 사람은 의심할 여지 없이 세상에서 가장 효율적인 설득을 할 줄 아는 사람이다. 자신이 확신하는 일을 굳게 믿고 거기에 푹 빠질 때, 당신의 모든 정신력은 상상을 뛰어넘는 힘을 발휘할 것이다. 또 사람들에게 열정적으로 다가가면 그들도 그만큼 뜨거운 반응을 보여줄 것이다. 만약 당신이 사람들에게 열정을 갖고 관심을 보이기 시작한다면, 두 달 안에 얻는 친구가 이 년 동안 얻은 친구보다 훨씬 많을 것이다.

그렇다면 설득 과정에서는 구체적으로 어떻게 열정을 보여줄까?

주변 사람의 경우에는 그 사람을 알아보고 이름을 기억해주는 방법이 좋다. 어느 날 길에서 우연히 만났을 때 다정하게 상대방의 이름을 부르며 인사를 하면 기대하지 않은 큰 효과를 얻을지도 모른다.

어쩌면 일정 기간 동안 보여준 열정이 당장 확연한 결과로 드러나지 않을 수도 있다. 하지만 엄청난 전염력을 갖고 서서히 드러날 것이다.

열정이 충만한 사람은 다른 사람에게 용기를 북돋아주는 말을 잘한다. 그래서 그런 사람과 이야기를 하고 있으면 어느 순간 당신도 동화되어 열정적으로 변한다. 그와 반대로 열정이 없는 사람은 우울하고 답답한 감정으로 주위를 가득 채운다. 그래서 그런 사람의 이야기는 별로 듣고 싶지 않아진다.

만약 능력은 없어도 열정이 있다면, 재능을 가진 사람이 당신 주변에 모이게 할 수 있다. 가령 당신에게 자본이나 자산이 없어도 열정으로 다른 사람을 설득하면, 분명 당신의 열정에 응답하는 사람이 있을 것이다.

다른 사람들에게 당신의 열정을 보여주고 싶다면 그들과 대화할 때 완전히 집중해야 한다는 점을 특별히 강조하고 싶다. 많은 사람들이 겉으로는 다른 사람과 인사를 하면서도 속으로는 거리감을 두기 때문이다. 그러면 그 사람이 당신을 받아들이기 어렵고, 설득에도 당연히 문제가 생긴다. 사람들에게 열정을 보여줄 때는 미소를 잊으면 안 된다. 진실한 미소는 열정의 촉매제다.

늘 표정이 진지하고 집에서도 별로 웃지 않는 사람이 있었다. 그래서 사람들은 그의 삶이 우울하고 괴로울 거라고 생각했다. 그러던 중에 그가 한번은 교육을 받으면서 웃음에 관한 경험을 발표해달라는 요구를 받았다.

그래서 그는 그날부터 웃는 연습을 해보았는데, 뜻밖에도 그 시도가 그 사람을 완전히 변화시켰다. 그가 예전에 한 번도 보여준 적 없던 미소를 사람들에게 보여주기 시작했다.

그는 엘리베이터 관리원에게 웃으며 "좋은 아침!"이라고 말하고 출입구의 경비원에게도 미소 지으며 인사를 했다. 그러면 사람들도 그에게 미소로 대답한다는 것을 깨달을 수 있었다.

그 뒤로 그는 불평불만이 많은 사람들도 미소로 대했다. 그들의 불만을 들어주면서 미소를 잃지 않았더니 문제도 빠르게 해결되었다. 미소를 지을수록 이득도 많아진다는 사실이 놀라울 따름이었다.

집으로 돌아온 뒤에도 그는 아내나 아이와 이야기하면서 시종일관 온화한 태도와 미소를 유지했다. 그러자 우울하기 그지없었던 집안 분위기가 따스하고 아늑해졌다. 그는 이 모든 변화가 불가사의하다고 생각했다. 미소 하나로 확실히 모든 게 달라졌다!

심리학자에 따르면, 미소와 사람의 이미지는 신기한 관계가 있다고 한다. 비록 미소는 일종의 얼굴 표정일 뿐이지만 인간의 정신 상태와 생활 태도를 반영한다. 현실 생활에서 미소는 인간관계의 윤활유이며 마음속 고민을 없애는 데 도움을 주고, 사람과 사람 사이의 거리를 없애주며, 당신의 말에 큰 영향력을 실어준다.

미소에는 늘 열정이 함께한다. 설령 당신의 마음속에 열정이 마그마처럼 끓어오른다고 해도 얼굴에 미소가 없으면 사람들에게 위화감만 줄 것이다. 반면 당신이 눈부신 미소를 지을 줄 안다면 사람들은 진심으로 열정을 느낄 것이다.

지혜 한마디

다른 사람에게 많은 관심을 갖고 열정을 보여주면 인간관계의 질이 크게 높아질 것이다. 간혹 어떤 사람은 열정적인 사람에 대해 거부감을 표시하며 "그냥 잘해 줄 리가 없다."고 말하기도 하겠지만, 대부분의 사람은 열정적인 사람과 어울리기를 좋아한다.

어쨌든 열정은 분명 좋은 것이다. 매일 아침에 일어나 누군가를 만나면 열정적으로 한마디 인사를 나눠라. 또 매일 저녁 잠자기 전에 당신의 가족들에게 잘 자라고 다정한 인사를 건네라. 이처럼 간단한 말 한마디가 타인의 눈에 비치는 당신의 이미지를 바꿔주어 당신이 매력적인 사람으로 보이게 할 것이다.

46

분명하고 구체적인 말이 마음을 움직인다

한 유명 강사가 어느 날 동시에 두 단체에서 강연 요청을 받았다. 그는 어느 쪽 요청을 받아들여야 할지 곧바로 결정을 못 내렸다. 그러나 두 단체의 담당자와 각각 전화통화를 한 뒤에는 금방 결정할 수 있었다.

첫 번째 단체의 담당자는 통화 중에 이렇게 말했다.

"부디 저희 쪽에 강연을 와주세요. 중소기업 관리자들에게 말하기 기법에 대해 말씀해주시면 됩니다. 저희는 잘 모르니까, 연설 내용은 선생님께서 나름대로 정하시면 돼요. 사람은 대략 100여 명이 넘지 않을 겁니다. 부탁드려요!"

한편 두 번째 단체의 담당자는 이렇게 말했다.

"부디 저희 쪽 강연을 맡아주세요. 중소기업 관리자들에게 말하기 능력을 향상시키는 비결에 대해 강연해주시면 됩니다. 대상은 대략 50여 명의 직원을 거느리고 있는 기업의 관리자들이고, 70명

정도로 예상하고 있습니다. 이번 강연의 주된 목적은, 자기 생각을 분명히 표현하지 못하는 사람은 우수한 관리자가 되기 어렵다는 사실을 확실히 알게 해주는 데 있습니다. 연설 시간은 두 시간 정도면 좋겠습니다. 강연 방향은 크게 세 가지로 정해보았습니다. 말하기 기법의 필요성, 말하기 기법을 알아두면 좋은 점, 말하기 기법을 배우는 방법입니다. 선생님께서 독창적인 강연을 해주시리라 기대합니다. 부탁드립니다!"

확실히 두 번째 단체의 담당자가 첫 번째보다 낫다. 그는 자신들의 계획을 분명히 전달함으로써 강연 요청을 받은 사람에게 호감을 주었다.

강사는 첫 번째 담당자가 말을 할 때는 무미건조하고 열정도 부족하다고 느꼈다. 그는 그저 형식적인 태도로 대충 업무를 전달할 뿐, 강연에 대한 열정이나 관심을 보여주지 못해 강사에게 좋은 인상을 남기지 못했다. 또한 강연을 어떤 방향으로 어느 정도로 해야 하는지 명확하게 제시하지 않았고, 대상에 대해서도 구체적으로 밝히지 않았다. 그런 상황에서 강사가 어떻게 강연 준비를 하겠는가?

하지만 두 번째 담당자의 설득 방식은 완전히 달랐다. 강사는 그가 매우 명쾌하고 노련하게 업무를 처리하며, 이번 강연에 대해 열정이 있다고 느껴서 그에게 상당히 믿음이 갔다. 더욱 중요한 것은 강연자가 묻기도 전에 미리 궁금해할 만한 사항들을 콕콕 집어 말해주었다는 점이다.

두 번째 담당자의 말을 들은 뒤, 강사는 자신이 연단에 서서 강연하는 모습과 청중들의 반응을 머릿속으로 그려볼 수 있었고, 또 자신이 강연하면 좋을 내용도 마구 떠올랐다.

위 사례에서, 첫 번째 담당자가 강연자 초빙에 실패한 가장 큰 요인은 바로 자기 의사를 정확하게 표현하지 못한 것이다. 반면 두 번째 담당자는 강연 목적을 확실하게 전달하여 강사의 인정을 받았다.

이처럼 당신이 설득하거나 부탁하려는 점에 관해 조목조목 구체적으로 설명하면 상대방이 당신의 생각을 더욱 명확하게 알 수 있다. 이 점은 설득에서 매우 중요하다. 그러면 도대체 어떻게 상대방을 설득해야 할까?

첫째, 정확한 어휘를 사용하고 애매모호한 묘사는 되도록 하지 않는다. 누군가를 설득할 생각이라면 의미가 분명하지 않은 말은 가능한 한 사용하지 마라. 예를 들어 '대략, 아마, 어쩌면' 등의 단어는 설득력을 떨어뜨린다.

또한 일의 자초지종을 확실히 설명하여 자신의 목적을 정확히 전달해야 한다. "이렇게 하면 크게 개선되지 않겠습니까?"와 같은 말은 상대방이 주제에 한 걸음 더 들어가 충분히 이해하도록 만들기 때문에 자주 사용하는 것이 좋다.

둘째, 생동감 있는 묘사를 사용하며, 전문용어는 되도록 쓰지 않는다. 생동감 있는 묘사를 위해서는 비유나 실제 사례 등을 많이 인용해서 듣는 사람에게 깊은 인상을 심어주어야 한다. 비유나 실제 사례는 구체적인 이미지를 그릴 수 있게 해주고, 추상적이고 난해한 주제를 간단히 이해하기 쉽게 바꿔준다. 또 주제를 더욱 명확하고 친숙한 것으로 받아들이게 해준다.

셋째, 상대방에게 어떤 이득이 있는지를 분명하게 말하라. "서둘러 이일을 완성해야 한다."라고 말하기보다는 "이 일을 빨리 완성하면 다음 일을 할 시간이 충분할 거야."라고 말하는 것이 좋다. 그러면 지금 당장은 힘들어도 구체적인 목표가 생기므로, 분명 큰 매력이 될 것이다.

그러기 위해서는 설득하기 전에 반드시 상대방의 심리를 정확하게 알아두어야 한다. 그 사람은 무엇을 생각하는가? 그가 늘 하는 행동 패턴은 무엇인가? 현재 그는 무엇을 하고 싶어 하는가? 등을 파악해 상대방에게 이익이 되는 점을 구체적으로 말하면, 상대방은 당신의 말에 관심을 갖게 될 것이다.

넷째, 상대방이 실제로 어떻게 행동해야 하는지를 말해준다. 이론적인 분석만 있으면 설득력이 크게 떨어지므로 구체적인 방법을 제시해야 한다. 무엇을 해야 하고, 어느 정도로 해야 가장 좋은지를 분명하게 알려줘야 한다.

만원 버스를 타본 사람은 누구나 다음과 같은 경험을 해봤을 것이다. 승객들이 출입구 쪽에만 몰려 있고 버스 안쪽으로는 좀처럼 들어가려고 하지 않는다. 그리고 기사가 "죄송하지만 안쪽으로 조금씩 들어가 주세요!"라고 목청껏 소리치지만 별 소용이 없다. 이때 기사가 "안쪽에는 공간이 많이 있습니다."라고 구체적으로 설명을 해주면 승객들이 조금씩 안으로 들어갈 텐데 말이다.

결론적으로 자신의 의사를 분명하게 말하는 능력은 성공적인 설득에 없어서는 안 되는 요소다. 어떻게 상대방이 당신의 생각과 계획을 경청하도록 만들 것인가는 말의 기교를 어떻게 확실히 운용하는가에 달려 있다.

위에서 말한 내용 외에 말의 속도, 목소리의 크기, 억양, 쉬어 가는 정도, 발음의 정확도 등도 무시할 수 없으며, 적절한 표정이나 몸짓 등의 보조 수단도 표현의 정확도에 영향을 미친다.

지혜 한마디

설득이라는 목적에 도달하려면 분명하게 말하는 것이 가장 좋다. 그래야 당신의 생각을 더욱 빨리 전달할 수 있기 때문이다. 구체적인 장점과 이익, 방법과 목적을 분명히 알려주는 것이 듣는 사람의 걱정을 덜어주기 때문에 설득하기에 훨씬 유리하다.

47

심리적으로 적절하게
상대를 자극하는 법

당신에게 천 가지 만 가지 이유가 있는데도 여자 친구가 당신의 해명을 들으려고 하지 않는다면 어쩌면 다음과 같은 방법이 도움이 될지도 모른다. 그녀의 약점을 꼬집고 모든 책임을 그녀에게 넘기는 것이다.

"어쨌든 내가 이렇게 많은 이유를 대도 전혀 소용이 없으니, 너란 여자는 정말 멍청하고 고집불통이야. 게다가 어떻게 그런 헛소문을 그렇게 쉽게 믿니? 그냥 더 이상 말 안 할래."

그러면 상대방은 오히려 조금도 인정하려 들지 않고 이렇게 말할 것이다.

"좋아! 그럼 어디 말해 봐. 내가 어째서 그렇게 멍청하고 고집불통인지를 말이야. 또 내가 무슨 헛소문을 쉽게 믿는다는 거야?"

근본적으로 당신의 해명을 들으려고 하지 않았던 그녀는 당신의 말에 자극을 받아서 시시비비를 따지려는 마음이 생긴 것이다.

고집이 센 사람은 좀처럼 다른 사람의 충고를 받아들이지 않는다. 그런 경우 만약 상대방을 정면으로 설득하려고 하면 그는 오히려 더 고집을 부릴 것이다. 그러면 갈수록 상황만 나빠져서 조금도 효과를 보지 못한다. 그런 경우에도 방법을 완전히 바꾸어 그를 한번 자극해도 괜찮다.

"너처럼 이렇게 고집 센 사람은 무슨 말을 해도 듣지 않으니 입만 아플 뿐이다. 자기 잘못도 깨닫지 못하니 도저히 답이 없구나. 뭐라 할 말이 없다."

이런 식으로 그 사람에게 책임을 떠넘기면서 '고집 세다, 자기 잘못을 깨닫지 못한다, 답이 없다'고 말하면 쉽게 자극할 수 있다. 그런 사람은 원래 반발심이 강하기 때문에 그만한 자극에도 오히려 더 당신의 말을 들을 것이다.

누군가에게 어떤 일을 할 수 없을 것이라고 단정 지어 말하면 그 사람은 오히려 한번 도전해 보려고 한다. 마찬가지로 누군가 당신에게 어떤 일을 할 수 없을 것이라고 말하면 당신은 갑자기 하고 싶은 의욕이 더 생길 것이다.

가령 어떤 일을 하기 싫어하는 초등학생에게 "너 그거 하기 싫은 게 아니라 할 줄 모르는 거지?"라고 한마디 하면 희한하게도 아이는 그 일을 하려고 할 것이다. 왜냐하며 아이가 그 일을 하기 싫어한다는 사실보다 그 일을 할 능력이 부족하다는 점을 고의로 강조해서 남에게 지기 싫어하는 아이의 자존심을 자극했기 때문이다. 이런 방법을 바로 '자극법'이라고 한다.

자극법은 '자기 위주 편향self-serving bias'[10]과 '평가 근심evaluation appre-hension[11]의 종합적인 운용이다. 대다수의 사람들은 '자기 위주 편향'의 작용으로 자신을 과대평가한다. 자신에 대한 자부심이 크고 남에게 과시하기를 좋아하는 사람은 더욱 그렇다. 그런 사람은 타인의 평가에 무척 신경을 쓰며, 다른 사람이 자신을 무시하거나 얕잡아 볼까봐 두려워한다.

일반적으로 거만한 사람은 직접적인 아부를 좋아한다. 그런 사람은 체면을 매우 중시하고 분수를 따지기 때문에, 직접적인 아부를 들으면 대단히 우쭐댈 것이다. 그래서 대놓고 듣기 좋은 말 몇 마디만 해도 금세 타인의 요구를 받아들인다. 그러나 거만하면서 고집도 센 사람이 당신의 요구를 받아들이지 않는다면, 듣기 좋은 말을 하기보다 자극법을 이용해 그의 자존심을 자극하는 것이 낫다.

A라는 고무 공장에서 200만 위안의 거금을 들여 현대식 신발 생산 시설을 구입했는데, 원료와 기술이 부족해서 설치한 지 4년이 넘도록 제대로 사용하지 못했다. 나중에 새로 부임한 공장장은 그 시설을 다른 고무 공장에 되팔기로 결정했다.

정식으로 협상을 하기 전에, A공장에서는 그 시설을 구입하려는 B공장에 대해 두 가지 중요 정보를 알게 되었다.

---

10 자신의 성공은 자신의 내부적 특성이 원인이라 생각하고 실패는 외적 상황이 원인이라고 생각하는 경향
11 자신에 대한 타인의 평가를 두려워하는 심리

첫째, B공장은 상당한 경제력을 갖추고 있지만 기본적으로 이 설비를 이동해 설치하려면 200만 위안의 추가비용이 들기 때문에 어려움이 클 것이다.

둘째, B공장의 공장장은 젊고 승부욕이 강하며, 어떤 상황에서도 나약한 모습을 보여주지 않으려는 사람이다. 심지어 종종 자신을 나폴레옹에 비유하며 허풍을 떨기도 한다.

이 두 가지 상황을 미리 파악한 A공장 공장장은 직접 B공장 공장장과 협상을 하러 갔다. 협상 자리에서 A공장 공장장이 말했다.

"어제 이곳 공장을 한 바퀴 둘러보며 생산 상황을 잘 살펴보았습니다. 과연 귀사의 관리 수준은 감탄할 만하더군요. 게다가 공장장님이 이렇게 젊고 능력이 있으시니 정말 부럽습니다."

그러자 B공장 공장장이 말했다.

"뭘요, 과찬이십니다. 저는 젊어서 아는 것이 별로 없으니 공장장님께서 많이 가르쳐주십시오."

"과찬이 아닙니다. 저는 원래 남에게 아부나 하는 사람이 아닙니다. 사실만 말하는 편이지요. 그래서 오늘 잘하고 있으면 잘한다고 말하고, 만약 내일 잘 못하는 것이 생기면 잘 못한다고 말합니다."

"그렇다면 우리 공장의 시설이 어떻습니까? 귀사에서 수입한 현대식 생산 시설을 저희에게 넘기실 의향이 있다고 들었습니다."

"지금 귀사의 생산 시설은 국내적으로 놓고 보자면 괜찮습니다. 적어도 3~5년 내에는 큰 문제가 없을 겁니다. 사실 저희 시설을 되파는 일에는 두 가지 문제가 있습니다. 하나는 이 공장에서 그 정도 시설을 구입할 경제력이 있는가이고, 또 다른 하나는 설령 구입할 능력이 있더라도 이 시설을 다룰 줄 아는 인재를 초빙할 능력이 되는가이지요."

여기까지 들은 B공장 공장장은 순간 무시당했다는 느낌이 들어 대단히 불쾌했다. 그래서 A공장 공장장에게 자기네 공장의 경제력과 기술력에 대해 자랑했고, 200만 위안의 시설쯤은 충분히 사들이고 관리할 수 있다고 강조했다. 결국 한 차례의 협상만으로 A공장은 4년 동안 무용지물이던 시설을 B공장에 팔 수 있었다.

자극법을 이용 상대방을 설득할 때는 상대방의 '지위의식'을 이용할 수 있다. 예를 들어, 상사를 설득할 때 상사의 '지위우월감'을 자극하는 것이다. "그렇지만 전 이런 일을 할 능력이 없습니다."라고 자신의 능력이 부족하고 상황을 충분히 파악하지 못했다고 강조하면서 상대방의 '지위우월감'을 자극하면, 대부분 이렇게 말한다.

"맞아. 넌 할 수 없지만 나는 할 수 있지!"

당신의 말은 이렇게 가뿐히 받아들여질 것이다.

지혜 한마디

자극법은 도저히 방법이 없을 때는 만병통치약이지만, 한계성을 지니고 있다. 자극법의 본질은 고의로 무시하는 듯한 태도를 보여줌으로써 상대방의 투지를 불러일으키고, 그가 최선을 다해 다른 사람이 존중할 만한 성과를 내도록 촉구하는 것이다. 단, 이 방법은 종종 상대방을 진짜로 무시하는 것처럼 보여서 마음 속에 깊은 응어리를 남길 수 있다. 그러므로 타인을 설득하려고 할 때 자극법은 함부로 남용하지 않도록 주의해야 한다.

48

표현 방식이 다르면 효과도 다르다

옛날에 어떤 아버지와 아들이 추운 겨울에 재래시장에서 요강을 팔았다. 아버지는 남쪽 거리에서, 아들은 북쪽 거리에서 좌판을 벌려놓았다. 얼마 뒤 아들의 좌판 앞이 물건을 보러 온 사람들로 북적였다. 그 가운데 한 사람이 요강을 훑어보다가 이렇게 말했다.

"이 요강은 조금 큰 것 같네요."

아들이 불만스러운 태도로 그 손님을 깔보듯 말했다.

"크면 좋죠. 많이 싸도 끄떡없고!"

사람들은 그 말이 듣기 거북했는지 분분히 발길을 돌렸다.

한편 남쪽 거리에서 요강을 팔던 아버지에게도 똑같은 상황이 벌어졌다. 어떤 노인이 요강을 살펴보더니 중얼거리듯 말했다.

"요강이 좀 큰 것 같은데?"

아버지가 노인에게 온화한 태도로 말했다.

"좀 크긴 하죠. 하지만 잘 생각해보세요. 겨울밤은 길잖아요!"

그러자 사람들은 그 말에 일리가 있다고 생각하고 주저 없이 돈을 내고 요강을 사갔다.

아버지와 아들은 한 시장에서 똑같은 물건을 팔았지만, 아들은 말 한마디로 장사를 망쳐버렸고, 아버지는 말 한마디로 장사에 활기를 더했다. 참으로 말하기의 중요성을 잘 설명해주는 이야기다.

아버지는 가장 먼저 고객의 말을 인정했다.

"좀 크긴 하죠."

이렇게 손님과 거리를 좁힌 뒤 "겨울밤은 길잖아요!"라는 완곡한 말로 구매를 권유했다. 이 말은 얼핏 들으면 주제에서 벗어난 말 같지만 은근한 맛이 있다. 겨울은 날씨가 춥고 밤이 길어서 여러 번 침대에서 나와 화장실을 다녀오는 것이 귀찮기 마련이다. 그러므로 큰 요강이 용도에 맞다는 뜻이 숨어 있는 것이다.

이런 식으로 사는 사람의 입장에서 선의로 설득하면 손님들이 쉽게 받아들이게 된다. 또 이처럼 조리 있게 말하면, 손님이 기분 좋게 물건을 사는 것은 매우 당연한 일이다.

이 이야기에서 알 수 있듯이 <u>남을 설득할 때는 적절한 단어를 사용해야 하고, 자연스러운 태도를 취하며, 자신의 선의를 표현해야 한다.</u> 그래야 관심을 얻고 환영도 받는다. 이와는 반대로 상대방이 듣기 거슬리게 말하면 분명히 좋은 결과를 얻지 못할 것이다.

야채 가게 점원이 진열된 배추 잎을 벗겨보며 물건을 고르는 손님에게 이렇게 소리쳤다.

"손님, 잎을 그렇게 벗겨내시면 안 됩니다!"

그러자 손님이 벌컥 화를 냈다.

"벗기긴 누가 벗겨요? 당신이 내가 잎을 벗겨내는 걸 봤어요?"

이런 식이면 논쟁이 끝이 없을 것이다. 만약 점원이 말하는 방식을 조금만 바꾼다면 어떨까?

"안녕하세요, 손님! 조금만 조심해주세요. 배추 잎이 연해서요, 잘못 건드리면 벗겨지거든요. 그러면 신선함을 유지할 수 없어요."

이처럼 '벗겨낸다'라는 말을 '건드리면 벗겨진다'는 말로 바꾸면 의미와 느낌이 완전히 달라진다. 즉 의도적으로 벗겨내는 것이 아니라 실수로 벗겨진다고 말해서 고객에 대한 관용과 이해를 자연스럽게 드러내는 것이 훨씬 부드럽다.

어떤 사람이 출장 가는 비행기 안에서 기내식을 먹게 되었는데, 스튜어디스가 카트를 밀고 다니며 승객에게 "밥을 드릴까요, 면을 드릴까요?"라고 묻는 것을 들었다.

그런데 그는 그 말이 왠지 귀에 거슬렸다. 승객은 구걸하는 것도 아닌데 '밥을 달라'고 말하기가 내키지 않았던 것이다. 그는 스튜어디스에게 이렇게 말했다.

"아가씨, '밥을 드릴까요?'라는 말보다 '밥을 드시겠습니까?'라고 물어보면 더 좋을 것 같아요."

스튜어디스는 승객의 말을 듣고 잠시 생각해보더니 곧바로 고개를 끄덕이며 말했다.

"선생님 말씀이 옳군요. 일깨워주셔서 감사합니다."

그 뒤로 스튜어디스는 "밥을 드시겠습니까? 아니면 면을 드시겠습니까?"라고 바꿔 물었다.

결론적으로, 말의 표현 방식이 다르면 얻는 효과도 다르다. 많은 경우에 무엇을 말하느냐보다 어떻게 말하느냐가 더 중요하다.

지혜 한마디

조금 더 예의 있게 말하면 상대방이 듣기가 편하다. 그와 반대로 조금만 무례하게 말하면 분쟁을 일으키기 쉽다. 또 타인의 인정을 얻지 못할 뿐 아니라 여러 골치 아픈 문제를 일으키고 업무 효율에도 영향을 준다. 그러므로 말하기 전에는 다른 사람의 입장에서 어떻게 말해야 할지 깊이 생각해보는 것이 좋다.

49

가벼운 이야기로 쉽게 설득하라

어느 젊은 회사원이 평소에 책 읽는 것을 무척 좋아했는데, 특히 중국 고전 시詩와 사詞를 좋아했다. 쉬는 날이면 집에서 고전 시와 사를 읽는 것이 그의 가장 큰 취미였다. 그러다 보니 시간이 지날수록 그 방면에 대한 지식이 많이 쌓였고, 사람들과 대화를 할 때도 경전 어구나 고사를 인용하며 수시로 몇 마디씩 툭툭 던지곤 했다.

하루는 그가 백발의 고객과 협상을 해야 할 일이 생겼다. 회사원은 고객을 방문하기 전에 그 노인이 원래 사업을 시작하기 전에는 어느 명문 대학의 중문과 교수였으며, 매우 차분하고 지적인 사람이라는 말을 들었다. 게다가 앞서 그 고객을 방문했던 수많은 동종 업계 직원들이 번번이 노인의 기세에 밀려 말 한 번 제대로 못 붙여 보고 돌아갔다는 소문까지 들었다.

젊은 회사원은 그런 상황을 알고 난 뒤 저도 모르게 속으로 안절부절못했다. 자신도 노인의 기에 눌려 협상에 실패할 것이라고 생각했던 것이다.

과연 그가 노인을 직접 만나 보니, 소문대로 아주 냉철한 사람이었다. 하지만 젊은 회사원도 나름 몇 년간의 회사 생활을 통해 길러진 강인한 정신력이 있었기에 노인의 쌀쌀맞은 태도에도 단번에 포기하지는 않았다. 그는 자신이 가진 말재주를 총동원하여 상대방의 태도를 바꾸려고 노력했다. 하지만 그가 무슨 말을 하든 노인은 조금도 그와 합작을 할 의사가 없었다.

결국 젊은 회사원의 인내심은 한계에 다다르고 말았다. 그는 노인의 말투와 안색을 살피며 심중을 헤아리다가 노인이 확실히 합작할 생각이 없음을 깨닫고 협상을 포기하기로 마음먹었다.

그런데 원래 사람 일이라는 것이 큰 기대를 할 때는 이런저런 걱정만 많아서 정작 손도 못 대다가, 막상 기대를 버리면 오히려 술술 잘 풀리는 경우가 있다. 젊은 회사원도 마찬가지였다. 그는 도저히 노인을 설득할 수 없자 그와 합작하겠다는 욕심이나 기대를 완전히 버렸고, 그곳을 떠나기 전에 노인과 그냥 일상적인 대화만 가볍게 나누었다.

그는 그동안 취미로 읽은 고전문학에 관해 노인과 즐겁게 이야기를 나누었는데, 중간중간 적절히 시와 사를 인용하면서 더욱 풍성하게 대화를 이끌어갔다. 젊은 회사원의 멋진 말솜씨와 달라진 태도에 노인은 조금 어리둥절했는지 그를 위아래로 훑어볼 뿐 별말은 하지 않았다.

젊은 회사원은 노인과 헤어지면서 자신이 협상에 실패했다고 생각했다. 그러나 뜻밖에도 며칠 뒤 노인에게 전화를 받았다. 노인은 합작에 대해 이것저것 상세하게 물어보더니 흔쾌히 계약서에 사인하겠노라 했다. 그 뒤로 그와 노인은 좋은 친구 사이가 되었다. 나중에 노인이 젊은 회사원에게 이렇게 말했다.

"본래 나는 당신과 계약할 생각이 전혀 없었어요. 당신 같은 회사원들은 행동이나 말에서 목적성이 너무 강하다고 느껴지거든요. 계산적인 업무 이야기만 잔뜩 늘어놓아서 사람을 너무 피곤하게 하죠. 그런데 그날 당신은 내게 협상할 생각은 하지 않고 가볍게 대화를 건네기에 참 좋더군요. 그러면서 나는 당신이 고전 시와 사에 흥미가 많고 지식도 상당하다는 것을 알았어요. 요즘 그런 사람은 보기 힘들거든요. 나는 책 읽기를 좋아하는 사람, 특히 고전을 좋아하는 사람의 인품이 나쁜 경우를 보지 못했어요. 그래서 다른 사람과 계약하기보다 당신과 계약을 하는 것이 좋겠다고 생각했어요."

마음이 급하면 뜨거운 두부를 먹지 못하듯, 설득은 너무 조급한 마음으로 해서는 안 된다. 설득 동기를 너무 명확히 내세우면 오히려 상대방을 더 경계하게 만들 뿐, 효과가 신통치 못하다. 그럼 상대방이 당신에게 마음의 문을 활짝 열게 하려면 어떻게 해야 할까?

1. 대화의 속도를 맞춰가며 너무 조급하게 설득하지 않는다.

다른 사람을 순조롭게 설득하지 못하는 이유는 바로 대화의 속도를 무시하기 때문이다. 너무 조급하게 설득하려고 하면 말이나 행동이 과격해져서 상대방이 놀라 뒷걸음질 칠 수도 있는데, 특히 연애할 때가 그렇다. 마음이 너무 급하면 뜨거운 두부를 먹지 못한다는 말처럼, 설득도 이와 마찬가지다. 너무 조급하게 속도를 내면 상대방이 불편하게 여길 것이다.

2. 설득의 동기를 감출 줄 알아야 한다.

처음부터 당신이 설득하려는 내용을 전부 다 밝히지 마라. 흔히 사람들은 상대방이 자신의 생각에 동의하도록 만들기 위해 일의 진상을 모조리 설명하려고 든다. 그러나 어떤 경우에는 상대방을 오히려 불안 심리에 빠뜨릴 수 있다. 그렇게 아무리 열심히 설득해봤자 결과는 기대한 것과 완전히 반대로 나타나는 경우가 많다. 그러므로 불안해하는 상대방을 설득할 때는 처음부터 그 내용을 상대방에게 다 말하지 마라.

3. 상대방과 거리를 유지하고, 처음부터 강한 태도로 나가지 마라.

심리학자나 정신과 의사들이 상담을 진행할 때 특별히 주의하는 것은 앉는 위치와 자세다. 첫째, 그들은 환자와 적당한 거리를 유지하여 앉는다. 둘째, 그들은 편안한 자세로 이야기를 듣는다. 즉 지나치게 단정한 옷차림을 하고 바른 자세로 이야기를 듣지 않아야 상대방이 경계심을 풀 수 있다는 말이다.

4. 가능한 한 시선을 마주치지 않는다.

경계심이 많은 사람은 사람들과 눈을 마주치는 것을 싫어한다. 상대방이 자신의 속마음을 들여다볼까봐 방어하는 것이다. 그래서 고의로 당신의 시선을 피해 당신이 자신의 심리적 변화를 알아채지 못하게 하려 한다. 그러므로 그런 상대방을 설득할 때는 반드시 그의 시선과 태도의 미묘한 변화에 주의한다.

5. 상대방이 경계심을 갖고 있음을 눈치챘어도 그 사실을 밝히지 마라.

어떤 사람은 습관적으로 이렇게 말한다.

"그렇게 긴장하실 것 없습니다. 제게 경계심을 갖지 마세요."

그런데 이런 말은 아무런 효과도 없을 뿐더러 오히려 부작용만 일으킬 것이다. 왜냐하면 그가 경계하고 있다는 사실을 이미 당신이 꿰뚫어보았다고 알려주는 것이기 때문이다. 그러면 상대방은 다시는 당신이 자기 마음을 읽지 못하도록 마음의 장벽을 더욱 높이 쌓을 것이다. 그럴 때는 설득을 그만두고 차라리 가벼운 이야기만 나누는 것이 좋다.

지혜 한마디

만약 좋아하는 여성이 생겼는데 너무나 적극적으로 그녀에게 자신의 마음을 표현한다면, 그 여성은 오히려 당신에게 경계심을 가질 것이다. 설득도 이와 마찬가지다. 만약 당신이 처음부터 안달하며 설득하려고 하거나 너무 노골적으로 설득 동기를 드러내면 상대방은 당신을 경계할 것이다. 조금만 편안하고 자연스러운 태도로 상대방과 가볍게 일상적인 이야기를 할 수 있다면 상대방의 경계심도 사라지고 설득도 더욱 쉬워질 것이다.

제8장

지혜롭게
분위기를 바꾸는
전환의 기술

사람들과 어울려 지내면서 난감해졌을 때는

곧바로 상황을 제대로 파악하고 상대방의 심리부터 살핀다.

그런 다음 적절한 말하기 기술로 제때 상황을 수습하고

사교 분위기를 정상으로 돌리는 것이 중요하다.

50

'유성 전술'로
난감한 상황을 넘긴다

분위기가 긴장되면 거친 논쟁이 일어나거나 교착 상태에 빠지기 쉬운데, 이것은 협상에서는 매우 불리하다. 이런 경우, 화제를 전환하거나 시선을 다른 곳으로 돌려서 분위기를 부드럽게 풀어야 협상을 계속 진행할 수 있다. 이때 사용할 수 있는 유용한 방법이 바로 '유성流星 전술'이다.

유성 전술은 예로부터 사람들이 주의를 다른 곳으로 돌리려고 할 때 갑자기 손가락으로 하늘을 가리키며 "와, 저것 봐! 유성이다!"라고 소리친 데서 유래한다. 어쩌면 당신도 이미 이 방법을 종종 써왔다는 생각이 들지 모르겠다.

한 엄마가 세 살짜리 아이와 함께 백화점에 갔는데 아이가 갑자기 큰 소리로 떼를 쓰기 시작했다. 알고 보니 아이가 마음에 들어 하는 장난감 자동차를 엄마가 사 주지 않았던 것이다. 엄마는 계속

떼쓰는 아이를 보다가 문득 좋은 방법이 떠올라서 이렇게 말했다.

"앗! 저게 뭐지? 무서운 경찰 아저씨 아냐?"

그러자 아이는 울음을 뚝 그치고 엄마가 가리키는 방향을 보면서 슬그머니 엄마에게 안겼다. 아이를 말릴 방법은 없고, 공공연한 장소에서 아이 울음소리가 다른 사람에게 크게 방해가 될까봐 걱정이라면 이런 방법을 적절히 사용해서 재빠르게 아이를 달랠 수 있다. 물론 유성 전술이 결코 아이에게만 통하는 것은 아니다. 매우 중요하고 결정적인 순간에 효과으로 쓰일 때가 있다.

어느 학교에서 교무주임이 퇴임을 했다. 그러자 5년 연속 모범 교사로 뽑힌 선생은 조만간 자신이 교무주임을 맡을 거라 기대했다. 그러나 한 달이 지나도 임명 소식이 들리지 않았다. 답답한 마음에 선생은 교장을 찾아가 몇 번이나 넌지시 귀띔을 했는데, 교장은 도통 반응이 없었다. 결국 선생과 그의 아내는 교장을 집으로 초대해 식사를 대접하면서 상황을 알아보기로 했다.

식사 자리에서 교장은 이런저런 이야기를 했지만 교무주임 임명 문제는 언급하지 않았다. 결국 조급해진 선생이 먼저 이야기를 꺼냈다.

"교장 선생님, 교무주임 자리가 빈 지 오래되었잖아요? 교장 선생님께서 지금 교무주임 일까지 하시니 무척 힘드실 테고요. 이 상황이 길면 좋지 않을 것 같은데요……."

그러자 교장이 웃으며 말했다.

"아, 그 문제는 교무처에서도 계속 논의 중입니다. 그런데 우리

학교에는 유능한 인재가 너무 많아서요, 시급히 결정을 내리지 않고 신중하게 상의할 필요가 있겠더군요."

"하지만 자격만 놓고 본다면……. 다시 말해서, 교무주임을 임명하는 권한은 교장 선생님께 있지 않습니까?"

선생은 교장을 노골적으로 압박했다. 그러자 교장은 언짢은 표정을 지으며 선생을 질책하기 시작했다. 그러자 옆에서 지켜보던 선생의 아내가 서둘러 이렇게 말했다.

"아이고, 정말이지 남자들은 어째서 밥을 먹을 때도 일 생각뿐인가요? 오늘은 기분 좋게 식사하려고 만난 것이잖아요! 얼른 음식 드세요. 여보! 교장 선생님께 음식 좀 더 권해드려요."

선생의 아내는 매우 지혜로운 사람이다. 그녀가 현장 분위기의 변화를 예리하게 관찰하다가 적절하게 유성 전술을 이용해 화제를 바꾼 덕분에 긴장된 분위기를 모면했다. 이처럼 진지하고 민감한 문제로 서로 검을 뽑아드는 사태가 발생한다면, 그때가 바로 '유성 전술'을 사용해야 하는 시점이다.

하루는 샤오진小金이 책상에 앉아 열심히 보고서를 쓰는데, 동료인 수다쟁이 훙洪씨가 맞은편에서 침을 튀겨가며 남의 흉을 보았다.

"이봐, 샤오진, 그거 알아? 우리 부서에 새로 올 주임이 정해졌다는데, MBA를 갓 졸업한 사람이래. 대학 나와서 4년간 업무 경험을 쌓은 사람도 있는데, MBA 갓 졸업한 사람이 그 위로 오다니, 도대체 말이 돼?"

그러나 샤오진은 전혀 동요하지 않고 계속 고개를 숙인 채 보고

서를 쓰면서 말했다.

"그래? 넌 역시 의리 있는 사람이야. 아무튼 난 그냥 열심히 일이나 해야겠다. 굴러온 돌에 박힌 돌이 빠진 격이니 체면이 말이 아니네. 안 그래?"

여기까지 말하고 나서 샤오진은 갑자기 화제를 돌렸다.

"참! 맞다. 홍씨, 어제 내가 요구했던 자료는 어떻게 됐어?"

그러자 수다쟁이 홍씨는 잠시 멍한 표정을 짓다가 "아! 조금만 기다려. 내가 곧 찾아줄게." 하면서 얼른 밖으로 나갔다.

살다 보면 종종 홍씨 같은 사람들을 만난다. 그들은 비공식적인 경로를 통해 들은 소식을 사람들에게 옮긴다. 그 말을 가로막으면 불쾌해하며 자기를 무시한다고 생각하기도 한다. 그런 사람에게 원망이라도 사면 나중에 당신에게 불리한 소문을 만들어낼 수도 있다. 물론 그런 일이 없을 수도 있지만 신경 쓰지 않을 수도 없다.

이처럼 대응하고 싶지 않은 곤란한 대화에서 자연스럽게 화제를 돌릴 수 있는 방법이 바로 유성 전술이다.

지혜 한마디

사람들과 대화하는 도중 민감한 주제가 나오면 종종 이런 말을 해야 할 때가 있을 것이다. "우리 오늘은 회사 이야기 하지 말자." "그 얘기는 다음에 하자."
하지만 이런 방식으로 대놓고 화제를 돌리는 것은 매우 부자연스럽고, 상대에 대한 거절처럼도 느껴지므로 적절하지 않다. 그리고 화제를 바꾸려고 상대방을 훈계하는 식의 말은 사용하지 않는 것이 좋다. 이럴 때는 차라리 '유성 전술'로 상황을 요령껏 피해 가면 된다.

51

결정적인 순간,
곤경에서 벗어나게 하는 말

어떤 사람이 친구의 마음을 가장 잘 얻을까? 쉬운 문제는 아니지만 반드시 대답해야 한다면, 친구의 자존심을 지켜줄 줄 아는 사람이라고 해야 할 것이다. 그런 사람은 다른 사람을 궁지에 빠뜨리지 않고, 어려울 때 기꺼이 도우며, 결정적인 순간에 힘든 상황을 이겨낼 수 있도록 해주고, 난감한 순간에 제때 나타나 곤경에서 벗어나게 해준다.

전田씨는 어떤 친구의 작은 파티에 참석했다가 그가 열 명의 친구를 초대하고 술을 겨우 세 병만 시키는 것을 보았다. 그는 이 정도 인원이 몇 가지 요리를 먹으려면 적어도 술이 다섯 병은 필요하다는 것을 알기에, 속으로 그 친구가 분명 경제 사정이 넉넉하지 못해서 그런 거라고 생각했다.

하지만 전씨는 전혀 내색하지 않고 자신이 직접 잔에 술을 따라

주겠다고 했다. 전씨가 파티 내내 적절히 술을 조절하여 따라준 덕분에 요리를 다 먹는 동안 술이 모자라지 않을 수 있었다.

친구는 다행히 체면이 깎이지 않았다고 생각하며, 난감한 상황을 원만하게 해결해준 전씨에게 고마워했다. 그 뒤 두 사람의 우정은 더욱 깊어졌다.

전씨는 그 친구를 웃음거리로 만들 수도 있었을 것이다. 직설적인 성격의 그가 상황 파악을 제대로 하지 못해 별생각 없이 "이 정도 술 갖고 되겠어?"라고 말했다면 친구의 마음이 몹시 불편했을 것이다. 전씨처럼 친구의 자존심을 지켜주고, 체면을 세워줄 줄 아는 사람이 사람들에게 환영을 받는다.

어느 날 장 여사가 새로 산 옷을 입고 오자 천 양이 그것을 보고 칭찬하며 말했다.

"와, 언니! 이 옷 정말 멋져요. 새로 사셨네요. 얼마 주셨어요?"

그러자 장 여사가 웃으며 말했다.

"그래. 네가 맞혀봐."

천 양은 옷 가격을 잘 알고 있었기에, 대략 200~300위안이면 그 옷을 충분히 살 수 있다는 것을 대번에 알았다. 하지만 그녀는 솔직하게 말하지 않았다.

"지금 한창 유행하는 스타일인 데다가 재질도 좋으니까 적어도 400~500위안은 줘야 사겠는걸요?"

그 말을 들은 장 여사는 기분이 좋아서 눈웃음을 지으며 말했다.

"너는 아마 상상도 못할 거야. 겨우 200위안에 샀거든!"

그러자 천 양은 엄지손가락을 세워 보이며 말했다.

"와, 장 언니! 정말 대단해요. 다음에 옷 살 일이 있으면 언니랑 함께 가야겠어요. 가격 흥정하는 것 도와주실 거죠?"

장 여사는 웃으면서 말했다.

"문제없지."

천 양이 말하는 방식은 대단히 배울 만한 가치가 있다. 그녀는 일부러 옷의 가격을 올려 말해서 상대방이 성취감을 갖게 하고 기분 좋게 해주었다. 그녀의 말은 사실상 칭찬이나 다름없어서 사람을 기쁘게 한다.

만약 천 양이 "딱 봐도 200~300위안 정도 하겠네요."라고 말했다면 어땠을까? 그때 장 여사가 어떤 기분이었을지 생각해보라. 만약 그녀가 비교적 상냥하고 착한 사람이었다면 '내 안목이 별로인가?'라고 생각했을 것이다. 만약 신경질적인 성격이었다면 '너도 참 보는 눈이 없구나.'라고 생각했을 것이다. 한마디로 그녀가 절대 기뻐했을 리 없으며, 천 양에게 섭섭한 마음까지 생겼을지도 모른다. 그러면 인간관계도 원만하지 못했을 것이다. 그러나 천 양은 몇 마디 말로 장 여사를 기분 좋게 했다.

사람은 누구나 자신의 체면이 서길 바라며 위신이 깎이는 것을 원치 않는다. 만약 당신이 어떤 사람을 기쁘게 해주고 또 그와 친하게 지내고 싶다면 가능한 한 그의 체면을 살려줘야 한다.

어떤 사람은 이런 것은 남의 비위 맞추는 행동이며, 그렇게까지 할 필요는 없다고 생각한다. 그러나 그것은 자신이 당당해야 이런 배려가 가능하다는 것을 모르기 때문에 하는 생각이다. 누군가의 체면을 살려주는 것은 자신과 상대방, 혹은 사회에 대해서 전혀 해로울 것이 없다. 오히려 인간관계에서의 그러한 처세술은 상대방이나 사회에 즐거움을 준다.

서른이 넘은 여성에게 20대처럼 보인다고 말하고, 환갑 넘은 노인에게는 40대처럼 보인다고 말하라. 이와 같은 '아름다운 착각'을 한다고 해서 상대방이 당신을 안목 없는 사람이라고 하지는 않는다. 오히려 상대방은 당신에게 호감을 갖고 심리적으로 가까워지게 된다. 게다가 상대방의 체면을 살려주는 것은 사람이 아름다운 마음씨를 갖게 해주며, 타인에게 해가 되는 것은 전혀 없다. '아름다운 착각'과 '해롭지 않은 거짓말'을 많이 한들 무슨 상관이 있겠는가?

사람들과 어울려 살아가려면 다른 사람의 체면을 존중하는 태도를 반드시 배워야 한다. 처세술을 잘 알고 타인의 체면을 존중해야 인간관계가 더욱 원만해진다.

다만 상황에 맞게 상대방의 체면을 살려줘야 한다. 이 또한 그 사람에 대한 존중에서 비롯된다. 다른 사람이 당신에게 어떻게 대해주길 바란다면, 당신도 다른 사람에게 그렇게 대해야 한다.

당신이 다른 사람의 존엄성을 생각하고 감정을 소홀히 하지 않는 사람이라면, 타인이 곤경에서 처했을 때 빠져나올 수 있도록 충분히 도울 것이다. 그런 사람이 어떻게 타인의 마음 또한 얻지 못하겠는가? 당신이 다른 사람의 존엄성을 지켜주면, 다른 사람 역시 당신의 존엄성을 지켜줄 것이다.

반면에 이런 이치를 알지 못하고 듣기 좋은 말을 하지 못한다면, 상황을 원만하게 수습하지 못할 뿐 아니라 뜻하지 않은 어려움에 부딪히기 쉽다.

지혜 한마디

타인의 자존심을 지켜주는 것은 자신이 교착 상태나 난처함에 빠졌을 때 벗어날 수 있는 한 가지 여지를 얻는 일이다. 만약 당신이 으로부터 존중받고 관계가 원만하길 바란다면 타인의 감정을 고려할 줄 알아야 한다. 상대방이 난감한 상황에 놓였을 때도 상대방의 존엄성을 지켜줄 방법을 생각하여 곤경에서 벗어날 수 있도록 도와야 한다.

52

융통성 있는 중재가
전쟁을 평화로 바꾼다

어떤 남자가 간이식당에서 면 음식을 먹고 있었는데, 갑자기 냄새가 코를 자극해서 그만 '에취' 하고 재채기를 했다. 그 바람에 아직 삼키지 못한 입안의 음식이 맞은편 손님의 그릇에 튀고 말았다.

화가 난 손님은 남자에게로 다가오더니 테이블을 치며 말했다.

"당신, 눈도 없어? 대체 어디에다 재채기를 하는 거야?"

재채기한 남자도 당황해서 잠시 멍하니 있다가 정신을 차리고는 고개를 돌려 점원을 향해 소리쳤다.

"내가 고추는 넣지 말랬잖아. 고추는 왜 넣었어? 이 일을 어쩔 거야? 내 음식 값 물어내. 나는 이 사람 음식 값을 배상할 테니!"

그러자 점원이 억울하다는 듯 해명했다.

"손님 음식에는 고추를 넣지 않았어요."

주위 손님들도 세 사람이 일으킨 소란을 가만히 지켜보았다.

얼마 뒤 사장은 상황이 심상치 않음을 보고 얼른 중재에 나섰다.

"정말 죄송합니다. 저희 서비스가 변변치 못했습니다."

그러면서 사장은 주방을 향해 소리쳤다.

"얼른 두 그릇 다시 내와요. 손님들 음식 값은 받지 않겠습니다. 다들 화목해야 좋은 것 아니겠습니까."

진심이 느껴지는 사장의 미소와 간곡한 태도를 보면서, 두 손님은 조금 전까지 큰 소리로 소란을 피운 것이 무안한 듯 곧 화를 풀었다. 만약 사장이 두 손님의 감정을 고려하지 않고 시시비비를 따졌다면 장사를 제대로 못 했을지도 모른다. 하지만 사장은 제때 중재에 나서 손님들의 마음과 체면을 헤아려주었기에 일을 원만하게 해결할 수 있었다.

사람들과 어울려 살아가려면 좋은 말로 분쟁을 원만하게 중재하며 다른 사람의 나쁜 감정을 해소시킬 줄 알아야 한다. 당사자들이 몹시 화가 났거나 불쾌한 상황일 때는 옆 사람의 적절한 몇 마디 말로도 갈등이 풀리고 좋은 결말을 얻기도 한다.

청나라의 명신인 장지동張之洞이 호북湖北의 총독으로 부임했다. 마침 새봄을 맞이해 무군撫軍 담계순譚繼詢은 장지동과 이야기를 나누려고 연회를 베풀고 그를 초대했다. 그런데 연회에서 담계순과 장지동은 뜬금없이 장강長江의 너비를 두고 논쟁을 벌였다. 담계순은 장강의 너비가 5리[12]라고 주장했고, 장지동은 7리라고 주장했다.

---

12 1리는 약 800미터

두 사람은 각자 자기 생각을 고집하면서 조금도 양보하지 않았다.

분위기가 갈수록 험악해지자 어느 누구도 감히 중재에 나서지 못하고 있었는데, 그때 마침 강하江夏의 지현知縣으로 있던 진수병陳樹屛이 이렇게 말했다.

"장강의 너비는 밀물 때는 7리고 썰물 때는 5리로, 두 분 말이 모두 옳은데 왜 이토록 논쟁을 하십니까?"

그 말에 두 사람은 박수를 치고 큰 소리로 웃으며 논쟁을 끝냈다. 그리고 진수병에게는 스무 덩이의 은을 상으로 내렸다.

진수병은 부하로서 상사 간의 분쟁을 현명하게 해결했다. 그는 재치 있고 적절한 말로 쌍방의 체면을 모두 살려주었고 듣는 사람의 심리를 충분히 고려해서 말했다.

누구나 알고 있듯이, 똑같은 한 가지의 일에 대해 사람들은 저마다 다른 방식으로 표현한다. 말에 내포된 미묘한 뜻의 차이나, 말할 때 얼마나 열의를 보이는지 등은 나중에라도 꼭 배울 필요가 있다.

어떤 때는 우리가 가볍게 주고받는 말 속에 핵심적인 이야기가 분명하게 드러나기도 하며, 또 부드럽게 다른 사람과 이야기하면서도 상대방에게 강렬한 인상을 심어줄 수 있다.

성공적으로 분쟁을 조정하면, 한편으로는 곤란한 상황에서 벗어나고 또 한편으로는 화를 기쁨으로 바꾸어 최종적으로 모두 다 즐거워지게 할 수 있다.

물론 원만하게 모순을 해결하려면 기지와 임기응변, 적절하게 말하는 능력이 필요하다. 만약 당신이 회사 책임자라면 부하직원들 사이의 분쟁에 대해 주동적으로 책임을 지고 쌍방의 모순을 해결해야 할 때도 있다.

중재를 잘하는 사람은 주변 환경 속의 완전히 다른 사물들을 통합 조정하고, 조직 내의 분쟁을 조정할 뿐 아니라, 조직의 안정적인 단합을 유지한다. 또 분열된 가정을 하나로 합치도록 설득하며, 친구 사이의 악감정도 풀 수 있다. 여기서 알 수 있듯이, 중재인은 사람과 사람 사이의 소통을 위한 교량을 세우는 중요 역할을 한다. 그만큼 중재는 특별한 기술이라 할 수 있다.

지혜 한마디

사람은 마땅히 중재의 기술을 배워야 한다. 사람들과 어울려 지내다 보면 질책, 비판, 거절 등 상대방과 자신 모두 난감해지는 상황을 만나게 마련이다. 그때가 바로 처세술 능력을 검증할 시간이다. 비슷한 상황에서 남보다 중재를 더 잘하는 사람은 일반적으로 남들과 잘 어울리며 살아간다. 만약 자신이 그렇지 않다면 스스로 반성해야 할 것이다.

53

말이 끝날 때까지
함부로 끊지 마라

주周 양은 친구의 생일파티에 초대되어 갔다가 자신이 매우 존경하는 유명 작가를 보게 되었다. 그녀는 자신의 옷매무새를 가다듬은 뒤, 술잔을 들고 그 작가에게 다가가 자신을 소개하려고 했다.

그러나 주 양은 한동안 여러 사람들에게 둘러싸여 있는 작가의 근처에도 갈 수 없었다. 그녀는 하는 수 없이 먼발치에서 다른 사람들이 천천히 흩어지기만을 기다렸다. 어느 정도 시간이 흐른 뒤 작가가 몇 사람과 이야기를 하고 있을 때, 그녀는 마침내 그에게 다가갈 기회를 잡았다.

그녀는 그들 사이를 비집고 들어가 작가에게 무작정 자기소개를 시작했다. 그 바람에 작가와 사람들의 대화가 중간에 끊기고 말았다. 그러나 그녀는 사람들의 불쾌한 기색을 알지 못한 채, 작가에 대한 존경심을 표현하기에 바빴다.

작가와 주위 사람들은 하는 수 없이 주 양의 수다를 들어야 했다.

그렇게 한참이 지나도 그녀의 이야기가 끝나지 않자, 사람들은 하나둘 작가 곁을 떠났다. 결국 그 자리에는 작가와 그녀만 남았다.

마침내 자기소개를 끝낸 주 양은 짧은 시간 내에 작가와 충분히 친해진 것 같다고 생각했다. 그러나 작가는 그녀의 말이 끝나자마자 "만나서 반가웠어요."라고 한 뒤 가버렸다. 주 양은 매우 실망했고 작가가 너무 거만하다고 생각했다.

그런데 막상 그녀 자신은 사람들이 이야기하고 있을 때 함부로 말을 자르고 자기소개를 한 것이 매너 없는 행동이라는 것을 전혀 모르고 있다. 첫 만남에서 이렇게 예의 없이 지나치게 행동하는 사람을 누가 좋아하겠는가? 사람들이 흥겹게 이야기를 나눌 때는 그들의 행복한 기분을 끊지 말아야 한다.

어떤 잔디밭에서 한 선생님이 학생들을 데리고 둥그렇게 둘러앉아 있었는데, 그 중앙에서 열네다섯 살 정도로 보이는 소년이 열심히 시를 낭송하고 있었다.

육지를 껴안은 바다여
영원히 푸른 꿈을 잃지 마라
마치 청춘의 동화처럼…….

그런데 시 낭송이 끝나기 전에 몇몇 학생들이 갑자기 소리쳤다.
"방금 너 잘못 읽었어. 청춘이 아니라 청순이잖아!"

아이들의 지적 때문에 낭송을 중단한 소년은 얼굴을 붉히더니 다시 처음부터 시를 낭송하기 시작했다. 하지만 조금 전만큼 격정적으로 읽지는 못했다. 마치 절정을 향해 달리던 소년의 감정이 순식간에 연약한 불꽃처럼 꺼져버린 것 같았다.

시 낭송이 끝난 뒤 선생님이 자리에서 일어나 평가를 시작했다.

"첫 번째 낭송은 참 좋았어. 비록 단어를 잘못 읽기는 했지만 90점을 주고 싶구나. 그런데 두 번째 낭송할 때는 틀리지 않고 잘 읽었지만 감정이 너무 부족했어. 그래서 60점밖에 줄 수 없단다."

그 말을 들은 학생들은 이해가 되지 않는다며 수군거렸다.

"그건 불공평해요! 아까는 단어도 잘못 읽었는데 어째서 더 높은 점수를 준단 말이에요?"

그러자 선생님이 말했다.

"모두들 조용히 해봐. 아직 내 평가는 끝나지 않았어. 너희들에게도 지적하고 싶은 것이 있거든."

선생님은 시 낭송을 했던 소년을 가리키며 말을 계속했다.

"사실 저 친구가 첫 번째로 시를 암송할 때 너희들이 갑자기 그렇게 중단시키면 안 되었단다."

그러자 학생들이 여기저기서 소리쳤다.

"왜요? 틀린 것이 있으면 당연히 지적해주어야죠!"

그러자 선생님은 고개를 끄덕이며 말했다.

"맞아. 잘못이 있으면 바로잡아야지. 하지만 낭송이 끝난 뒤 말해줄 수는 없었니? 너희가 그렇게 중단시킨 것은 그의 잘못을 지적하는 것이었지만, 저 친구의 노력과 열정을 부정한 것이기도 해. 그래서 시를 처음부터 다시 읽을 때는 그 열정이 완전히 사라져버렸렸던 거야. 아무 감정도 없이 어떻게 시를 멋지게 낭송할 수 있겠니?"

학생들은 모두 잠잠해졌다. 선생님이 이어서 말했다.

"우리는 다른 사람을 존중할 줄 알아야 해. 다른 사람이 말할 때 아무렇게나 말을 끊으면 안 된단다. 한번 입장을 바꿔 생각해보렴. 만약 누구든 너희가 하는 말을 함부로 끊으면 기분이 좋겠니?"

선생님의 말씀은 대단히 올바르다. 하지만 살다 보면 많은 사람들이 남의 말을 습관적으로 가로막는다. 거침없이 자르고, 심지어 그것이 예의 없는 행동임을 전혀 의식하지 못하는 사람도 많다.

다른 사람의 말을 함부로 중단시키지 마라. 특히 어떤 일을 상의하는 자리에 제멋대로 끼어든다면 당신 때문에 중요한 협상이 실패로 돌아갈 수도 있다.

지혜 한마디

친구가 당신이 잘 모르는 사람과 재미있게 이야기하고 있는 것을 보면 그 대화에 끼어들어 함께 이야기하고 싶을 때가 있을 것이다. 그 심정은 충분히 이해할 수 있지만, 만약 타인이 한창 말하고 있을 때 그의 기분이나 상황을 고려하지 않고 아무렇게나 끼어든다면 말하는 사람의 생각을 방해하고 모두를 불쾌하게 만들 것이다. 심지어 불필요한 오해까지 받을 수 있다.

만약 당신이 그들의 대화에 끼어들고 싶다면, 우선 옆에서 가만히 듣고 있다가 적절한 타이밍에 의견을 말하는 것이 가장 좋은 방법이다. 말하기 전에는 가급적 겸손하게 동의를 구하는 것이 좋다.

54

이해와 무관한 경쟁에서는
한 걸음 양보하라

장기 두는 것을 무척 좋아하는 사람이 있었다. 그는 늘 자신의 실력이 최고라고 허풍을 떨었다. 한번은 그가 동창회에서 한 친구와 장기를 두게 되었다. 뜻밖에도 그 동창은 처음부터 공격적인 수를 두었다. 쉽게만 생각했던 그는 상대방이 강적임을 깨닫고 정신을 집중하여 대국을 진행했다. 하지만 그의 노력에도 그는 동창의 적수가 되지 못하고 결국 금방 지고 말았다.

동창이 물었다.

"한 판 더 둘 거니?"

그는 말했다.

"왜 안 하겠어? 또 두자!"

그러나 두 번째 대국에서도 그는 지고 말았다. 결과가 불만스러웠던 그는 연속으로 두 판이나 더 도전했지만 모두 졌다.

동창이 크게 웃으며 물었다.

"또 둘 거야?"

원래 그는 평소에 정신 수양을 많이 해서 웬만한 일에 신경 쓰지 않을 만큼 마음이 넓었지만, 그날따라 무슨 이유인지 몰라도 동창의 자극에 좀처럼 참지 못하고 이렇게 말하고 말았다.

"한 판 더 해!"

그렇게 대국은 계속되었고, 그는 정신을 못 차릴 정도로 헤매며 식은땀까지 흘렸다.

초조한 기색이 역력한 그를 지켜보던 동창은 속으로 기뻐하며 일부러 빈틈을 보였다. 그러자 그는 마침내 승리할 기회가 왔다고 생각하며 즉시 공격했다. 그러나 동창은 기다렸다는 듯이 다음 수를 두고는 크게 웃으며 말했다.

"장군! 쯧쯧, 너 장기 잘 둔다고 하지 않았어? 이게 잘 두는 거야? 내가 보기에는 그냥 보통 수준인데."

결국 그는 더 이상 분을 참지 못하고 자리에서 일어나 밖으로 나가버렸다. 그런데도 동창은 자신의 문제를 깨닫지 못하고 오히려 다른 친구들에게 떠벌리듯 말했다.

"이봐. 어디가? 이건 그냥 장기일 뿐이잖아. 그럴 것까지 뭐 있어. 저 친구 참 비겁한 패자네!"

어떤 사람들은 무조건 남을 이기려고 하고 이치 따지기를 좋아하는데, 그런 사람은 남에게 별로 좋은 인상을 주지 못한다. 예를 들어 장기의 경우에 실력이 좋은 사람은 연속으로 열 판 이상 두어도 매번 이길 수 있는데, 상대방이 이미 고개를 들지 못할 정도로 패해서 얼굴을 붉히고 있을 때도 보란 듯이 큰 소리로 "장군!" 하고 외치는 사람이 있다. 사실 이처럼 재미를 위해 하는 게임은 정식 시합이 아니므로 이기고 지는 데 크게 연연할 필요가 없다. 그렇지 않으면 본연의 오락성은 사라지고 격렬한 충돌 분위기만 남게 된다.

또 남에게 속이 좁다느니 비겁한 패자라는 말도 쉽게 해서는 안 된다. 사실 세상에는 누군가에게 지고도 아무렇지 않을 수 있는 사람은 거의 없다. 그래도 사람들은 대부분 자신의 패배를 냉정하게 받아들일 수 있다. 하지만 거듭되는 패배에도 냉정할 수 있는 사람은 별로 없다. 첫 번째 패배는 인정할 것이다. 두 번째 패배는 참을 것이다. 서너 번째 패배는 스스로를 위로할 것이다.

"괜찮아. 실패는 성공의 어머니잖아. 분발하면 반드시 이길 거야."

그러나 그 뒤에도 패배를 거듭하면 당신은 고개를 들고 하늘을 향해 큰 소리로 원망할 것이다.

"왜 맨날 나만 지는 거야!"

만약 당신이 매번 이겨서 친구에게 패배만 안겨준다면, 상황은 분명히 갈수록 난감해질 것이다. 진 사람이 화를 낸다고 해서 속이 좁다고 말하지 마라. 사실 그렇게 생각하고 말한다면 당신의 마음도 그리 넓지는 않은 것이니. 당신이 넓은 마음을 가진 사람이라면 기꺼이 승리를 양보해야 한다. 그러지 않으면, 결국 상황을 난감하게 만든 책임은 바로 당신에게 있다.

이해득실과 무관한 경쟁에서는 한 걸음 양보할 줄도 알아야 한다. 적어도 상대방의 자존심을 다치게 하지 않으면 당신에게 유익한 결과가 더 많이 돌아올 것이다.

송나라 태종은 바둑을 좋아했고 실력도 괜찮았다. 그는 늘 궁에 사람들을 초대하여 바둑을 두었다. 한번은 가현賈玄이라는 바둑 기재를 궁에 불렀다. 가현은 궁에 들어가기 전에는 한 번도 바둑에서 진 적이 없지만 궁에 들어간 뒤부터 이긴 적이 별로 없었다.

가현은 권세 있는 사람들이 강한 승부욕을 갖고 있다는 사실을 너무나 잘 알고 있어서 바둑에서조차 지면 체면을 잃었다며 무척 화낼 거라고 생각했다.

가현은 상황을 적절히 봐가며 송 태종에게 져주었다. 그래서 송 태종은 그와 바둑을 두면 늘 기분이 좋았다. 하지만 시간이 지날수록 송 태종은 가현의 실력이 의심스러웠다.

"듣기로는 자네의 바둑 실력이 천하제일이라던데, 왜 번번이 나에게 지는 것인가?"

그러자 가현이 말했다.

"폐하의 실력이 뛰어나서 이기신 것이니 그리 이상할 것 없습니다. 그래도 미천한 제가 최선을 다해서 이겨보도록 하겠습니다."

이후 두 사람은 다시 바둑을 두었는데, 이번에는 가현이 지지 않고 무승부를 만들었다. 송 태종은 웃을 수도 울 수도 없는 상황에서 일부러 가현에게 화를 내며 말했다.

"만약 다음번에 자네가 나를 이긴다면 후한 상을 내릴 것이다. 그러나 진다면 자네를 해자垓子[13] 가운데로 던지겠다."

가현은 고개를 끄덕이며 알겠다고 했다. 그리고 바둑은 무승부로 끝났다. 송 태종은 허허 웃으며 이렇게 말했다.

"과연 자네는 국수國手[14]라 해도 손색이 없다. 이토록 놀라운 실력을 가졌다니."

가현은 늘 바둑에서 졌다. 표면적으로 보면 아첨하는 것으로 의심되지만, 사실 국수의 자부심도 그 속에 완곡하게 드러나고 있다. 그는 바둑을 자기 마음대로 둘 만큼 실력이 뛰어났던 것이다. 이처럼 바둑판을 완전히 장악하고 있으니 어찌 감탄하지 않을 수 있겠는가? 황제라고 해도 감탄할 수밖에 없다.

지혜 한마디

크게 중요하지 않은 감정 싸움에서는 마땅히 관용의 마음으로 뒤로 물러날 줄 알아야 한다. 예를 들면, 재미 삼아 하는 오락 게임에서 진지하게 승패를 따질 필요가 없다. 설령 상대방이 자기보다 하수라고 해도 승리를 양보할 수 있어야 한다. 상대방이 자신을 무시한다고 여기지 않도록 적절한 선에서 양보하면 상대방은 존중받는다고 느끼고 당신도 실력을 보여줄 수 있으니 일거양득이 아닌가.

---

13 성 주위를 둘러싸며 파놓은 호수
14 바둑 등의 기량이 국내 최고인 사람

55

사소한 이야기로
썰렁한 분위기를 깨라

많은 사람들이 상대방을 설득해야 할 때 어떻게 입을 열어야 할지 잘 모른다. 특히 이야기를 해야 할 대상이 낯설고 별로 친하지 않은 사람이거나 과묵한 사람일 때는 말을 해도 썰렁하고 분위기가 딱딱할 수 있다.

예를 들어 당신이 누군가에게 업무 지시를 할 때 단도직입적으로 "○○ 씨 있어요? 이 일 좀 부탁할게요."라고 말하면 매우 딱딱하게 들릴 뿐 아니라 상대방에게 거리감을 준다. 그러면 상대방은 당신이 원하는 대로 도와주지 않을 수도 있다.

대화 분위기를 자연스럽게 이끄는 가장 좋은 방법은, 날씨나 오늘의 뉴스, 개인적인 흥미나 취미 등 사소한 이야기를 하고 나서 본론을 이야기하는 것이다. 이 점은 방송 프로그램의 진행자들에게 배워두면 좋다. 그들은 언제 어디서든 충분히 분위기를 띄울 방법을 생각해내기 때문이다.

또 다른 예를 들면, 어떤 파티에 참석했는데 잘 모르는 사람들과 함께 있어서 분위기가 어색할 때, 만약 누군가가 나서서 이야기보따리를 풀어놓는다면 분위기가 활발해지고 파티 또한 재미있어질 것이다. 서먹했던 관계도 가까워지고, 그러다 보면 사업 이야기도 순조롭게 진행될 것이다. 많은 세일즈맨들이 이런 파티를 이용해서 친구를 사귀고 사업을 성사시킨다.

이야기 소재는 수없이 많다. 그중에서도 특히 날씨 이야기는 상대방을 전혀 모르는 상황에서 할 수 있는 안전한 소재다.

"요즘 왜 이렇게 비가 자주 내리죠?"

"날씨가 너무 더워서 힘드네요."

어린 아이와 동물 역시 싫어하는 사람이 별로 없으니 좋은 소재가 된다. 옆 사람에게 아이가 있는지 혹은 동물을 기르는지를 알아보고 곧바로 거기에 관한 이야기를 가볍게 시작하면 된다. 그 밖에 중국인의 '전통적인 대화 주제'도 도움이 될 것이다.

"당신의 고향은 어디입니까?"

"성함이 어떻게 되세요?"

이와 같은 질문은 기본적으로 실례라고 느껴지지 않는다.

자연스럽게 대화를 시작할 수 있는 가장 좋은 방법은 당연히 상대방이 잘 아는 주제를 꺼내는 것이다. 사전에 상대방의 직업, 지위, 인품에 대해 알 필요가 있으며, 어느 정도는 미리 조사해두는 것도 좋다. 그러면 아무리 초면이라 해도 상대방과의 대화에 어울리는 주제로 활용할 수 있다.

만약 당신이 어떤 사람의 집이나 사무실에 갈 기회가 있다면, 그곳에 있는 장식품을 주인으로부터 흥미진진한 이야기를 이끌어낼 수 있는 소재로 삼을 수 있다. 테이블 위에 놓아둔 사진 속 배경도 이야기를 시작할 수 있는 좋은 소재로, 주인에게 여행담을 물어보면 된다. 또 벽에 걸려 있는 그림에 대해서 관심을 보일 수도 있다.

개인적인 이야기를 하는 것도 낯선 사람과 거리를 좁힐 수 있는 좋은 방법이다.

"난 낚시를 좋아해. 넌 취미가 뭐야?"

이처럼 개인적인 일을 말한다는 것은 상대방에게 마음의 문을 활짝 여는 것이기 때문이다.

솔선해서 상대방에게 내 상황을 고백하면 상대방도 자신의 상황에 대해 기꺼이 말해줄 것이다. 자기 이야기는 전혀 하지 않고 "어디 사세요? 휴일에는 뭐하세요? 아이가 몇이세요?" 등의 질문을 던지면 상대방은 마치 심문당하는 느낌이 들어서 피곤해하며 당신을 피하고 싶어질 것이다.

쌍방의 공통 관심사가 있다면 이야기를 풀어나가기에 더없이 좋다. 예를 들어, 상대방이 낚시에 흥미가 있다는 것을 알았다면 한 수 가르쳐 달라고 부탁할 수도 있다.

"보통 어디에서 낚시를 하세요?"

"어떤 미끼가 가장 효과가 있나요?"

사람들이 자기 경험담을 이야기할 때는 보통 얼굴에 웃음이 가득해진다. 상대방이 신이 나서 이야기할 때 상대방에게 친근하게 다가가면 된다.

화제를 선택할 때 주의해야 할 점은 두 가지다.

첫째, 화제 내용이 신뢰할 만해야 한다. 만약 TV나 신문에서 보도한 내용에 관해 이야기하려면 신뢰도를 높이기 위해 정확한 날짜, 장소, 명칭, 수량, 전후 맥락 등을 알아두어야 한다. 어쩌다 들은 근거 없는 내용은 반드시 당시의 보도 내용을 직접 확인해야 한다. 그러기 전에는 대화의 주제로 쓰기에 부적당하다.

둘째, 대화 내용이 유익해야 한다. 사람들이 가장 흥미를 갖는 것은 자신에게 유용한 정보다. 예컨대 최신 기술, 새로운 기법, 새 상품에 대한 정보나 재테크 노하우, 특별한 경험담, 기술 전수, 인생에서 경계해야 할 일 등이 유익한 정보에 해당한다.

지혜 한마디

대화 도중 썰렁한 분위기에서 만약 주동적으로 좋은 화제를 찾을 수 없다면 무척 난감할 것이다. 특히 친하지 않은 남녀가 함께 있을 때 적극적으로 말을 걸고 화제를 찾는 사람이 없다면 썰렁해질 확률은 대단히 높다.

현명한 이야기꾼은 솔선해서 화제를 제시하여 어색함을 깰 줄 안다. 할 말이 없을 때 적극적으로 할 말을 찾는 모습은 사람들에게 열정적으로 비쳐질 것이고, 또한 그것이 예의다. 어쨌든 타인을 심심하게 내버려두는 것은 실례일 테니까.

56

실의에 빠진 사람 앞에서 성공을 자랑하지 마라

한번은 라오량이 친구 몇 명과 집에서 식사를 하기로 약속했는데, 그 친구들은 서로 잘 아는 사이였다. 라오량이 그들을 한자리에 불러 모은 이유는 시끌벅적한 분위기를 이용해 요즘 부쩍 우울해하는 친구 라오훙을 위로해주려는 것이었다.

얼마 전 라오훙은 경영 위기를 겪다가 파산했고, 그 스트레스를 견디지 못한 아내와 이혼한 상태였다. 안팎으로 한꺼번에 많은 어려움을 겪어 그는 몹시 힘들어했다.

친구들도 그런 라오훙의 처지를 잘 알고 있었기에, 모두 약속이나 한 듯 사업 관련 이야기는 하지 않았다. 그런데 술이 한두 잔 돌자 최근 큰돈을 번 라오샤오가 갑자기 자기 자랑을 늘어놓기 시작했다. 그는 자기 사업 수완에 대해 떠벌리며 몇 번이고 이렇게 말했다.

"라오훙, 그깟 돈이 무슨 대수야? 나만 믿어. 내가 반년도 안 돼서 그 돈 다시 벌게 해줄게!"

라오샤오가 가슴을 툭툭 치며 득의양양한 표정으로 장황하게 떠들어대자 모두 못마땅하게 여기며 입을 다물었다. 특히 라오훙는 아무 말도 못하고 내내 불편한 기색을 보이면서 괜히 화장실을 들락날락거리거나 휴대폰만 만지작거렸다.

결국 모임은 일찍 끝나버렸다. 친구들을 배웅하러 라오량이 문밖으로 나왔을 때 라오훙은 현관 앞에서 그제야 참았던 화를 냈다.

"돈 많이 번 게 뭐 그리 대단하다고? 그렇게 우쭐댈 건 또 뭐냐?"

어쩌면 라오샤오는 정말로 라오훙이 실의에서 벗어나는 것을 도와주고 싶었을지도 모른다. 그러나 실의에 빠진 사람 앞에서 자신의 성공담을 놓은 것은 적절하지 못했다. 어떤 일이든 동기가 얼마나 옳은가가 아니라, 방법이 얼마나 적절한가가 중요하다.

예를 들어, 어떤 사람이 사업에 실패해서 당신에게 속상한 마음을 털어놓았다고 하자. 그럴 때는 성공한 사람으로서 그 사람에게 충고를 해주기보다는 차라리 그 사람보다 더 처참하게 실패했던 자신의 경험과 그 실패를 조금씩 딛고 일어난 일에 대해 말하는 편이 낫다. 그러면서 그 사람에게 '실패는 성공의 어머니'라는 이치를 깨닫게 해주고, 다시 재기할 수 있도록 의욕을 북돋아주며, 언젠가 꼭 성공할 거라는 믿음을 주는 것이 좋다.

그럴 때는 당연히 진실만을 말하지 않아도 괜찮다. 누군가 당신에게 자신의 실패를 털어놓는 이유는 단지 위로를 듣고 싶은 것뿐이다. 그가 다시 용기를 내려고 의욕을 불태울 수만 있다면, 선의의 거짓말을 한들 좀 어떻겠는가?

당신이 어떤 일에서 성공을 거두고 모든 일이 순조롭다고 느껴질 때는 실의에 빠진 사람 앞에서 우쭐대며 자랑해서는 안 되며 그들의 심정을 헤아릴 줄 알아야 한다. 설령 당신이 별 뜻 없이 한 말이라도 그 사람의 자존심에 상처를 줄 수 있다.

성공한 사람에게 당신의 실패담을 이야기한다면 상대방은 당신을 진심으로 동정하지 않을 수도 있다. 오히려 당신이 그에게 도움을 청하려는 것으로 오해할 수도 있다. 또 실의에 빠진 사람에게 당신의 성공담을 이야기한다면, 그는 당신이 자신을 비웃고 조롱한다고 생각하며 당신에 대해 나쁜 인상을 갖게 될 것이다.

그러므로 만약 당신이 억울한 사정을 하소연하고 싶다면 비슷한 처지에 놓인 사람을 찾아가서 동병상련을 느끼는 데 그치는 것이 좋다. 또 성공을 자랑하고 싶다면 당신과 비슷하게 성공한 사람을 찾아가서 함께 축하를 나누는 것이 낫다.

지혜 한마디

당신이 사업에서 성공했다면 당연히 축하받아야 할 일이지만 실의에 빠진 사람 앞에서 성공담을 늘어놓아 난감한 상황을 만들면 안 된다. 왜냐하면 당신의 자랑이 그 사람의 평정심을 잃게 만들고, 당신의 성공이 그의 미움을 사기 때문이다. 그것이 친구 앞이라면 더욱더 자세를 낮춰야 한다. 그래야 친구라는 관계를 유지하면서 서로 상처 주지 않을 수 있다.

57

같은 말도 표현을 바꾸면
결과가 다르다

어떤 마을의 이발사가 나이가 들자, 마을 사람들을 위해 계속 이발을 해줄 제자를 받아들였다. 제자는 열심히 노력해서 석 달 만에 스승의 기술을 모두 전수받고 자신감 있게 실전에 돌입했다.

첫 번째 손님을 맞이해서 제자는 배운 대로 열심히 이발을 해주었다. 제자는 결과에 매우 만족했으나, 뜻밖에도 손님은 거울로 자신의 머리 모양을 비춰 보며 이렇게 말했다.

"머리가 좀 길지 않나요?"

그 말에 제자는 어찌할 바를 몰랐다. 이때 옆에 있던 이발사가 웃으면서 말했다.

"머리가 너무 짧으면 경박해 보입니다. 손님에게는 긴 머리가 훨씬 잘 어울려요."

그러자 손님은 금방 기분이 좋아져서 가게를 나갔다.

두 번째 손님을 맞이한 제자는 조금 긴장해서 이발을 끝냈다. 그런데 이번에는 손님이 이렇게 말했다.

"머리가 너무 짧은 것 같아요."

제자는 아무런 대꾸도 하지 못했고, 손님이 화라도 낼까봐 걱정했다. 그러자 이발사가 웃으면서 설명했다.

"짧은 머리가 훨씬 생기 있고 성실해 보여요. 사람들에게도 친근한 느낌을 줄 겁니다."

그 말을 들은 두 번째 손님이 고개를 끄덕이며 기분 좋게 가게를 떠났다.

제자가 세 번째 손님의 이발을 끝냈을 때, 이번에는 손님이 별다른 트집을 잡지 않았다. 하지만 웃으면서 이렇게 말했다.

"시간이 좀 많이 걸렸네요."

제자는 "그건 손님 머리를 더 잘 자르려고 그런 것이잖아요!"라고 말하고 싶었지만 차마 말이 입 밖으로 나오지 않았다. 그러자 이발사가 다시 한 번 나섰다.

"원래 성공한 사람들은 머리를 다듬는 일에 많은 시간을 투자하는 법이지요."

그 말을 들은 손님은 크게 웃으면서 가게를 나섰다.

네 번째 손님을 맞아 제자는 방금 전 손님의 불만을 참고해서 머리손질을 재빠르게 끝냈다. 그러나 손님은 또 이렇게 불평했다.

"달랑 20분 만에 다 깎다니, 참 재주도 좋으시네요."

그 말은 머리를 너무 대충 자른 것 같다는 뜻으로 들려 제자는 할 말을 잃어버렸다. 그러자 이발사가 웃으면서 말했다.

"시간이 금이라고 하지 않습니까? 요즘 같은 시대에는 '스피드'가 중요하죠. 우리 이발소도 손님의 금쪽같은 시간을 아껴드리려고 노력한답니다."

손님도 그 말에 동의하며 웃으며 가게를 떠났다.

밤이 되어 제자는 도무지 이해가 되지 않아 이발사에게 물었다.

"스승님, 제 기술이 아직 부족한 것입니까? 어째서 매번 손님들이 불만스러워할까요? 만약 스승님이 옆에 안 계셨다면 오늘 저는 손님들과 말다툼을 했을지도 몰라요."

그러자 이발사는 웃으며 말했다.

"어쨌든 우리 같은 일을 하는 사람에게 고객은 하늘이잖아. 트집 잡는 손님을 만나는 것은 지극히 정상이지. 그러니까 우리는 그런 문제를 수시로 해결할 줄 알아야 해. 그 열쇠는 바로 말이야. 손님이 좋아하는 말을 잘해야 하는 것이지. 사람은 누구나 기분 좋은 말을 듣고 싶어 해. 손님이 아무리 트집을 잡아도 말만 잘하면 얼마든지 순조롭게 대응할 수 있어. 네 이발 기술은 지금도 충분하니 이제부터는 말하기 기술을 배우는 것이 좋겠다. 알겠느냐?"

제자는 곰곰이 생각해본 뒤에 스승의 말 속에 담긴 이치를 깨달았다. 그때부터 제자는 더욱 열심히 노력했고, 말하기 기술도 이발 기술만큼 하루가 다르게 발전했다.

손님의 트집에 제자가 한 번도 제대로 해명하지 못한 것은 그가 손님의 요구를 확실히 만족시켰다고 생각했기 때문이다. 그럴 때마다 스승은 제자 대신 나서서 겨우 몇 마디의 말로 자연스럽게 손님의 불만을 말끔히 해소시켰고, 손님이 기분 좋게 가게를 나서도록 했다. 이것이 바로 말을 잘하는 사람과 못하는 사람의 차이다.

말하기 방식의 묘미는 바로 나쁜 일을 좋은 일로 바꾸는 생각의 전환에 있다. 우리는 일만 잘하려고 하지 말고 말도 잘해야 한다. 가만히 생각해 보면 일상 업무와 생활의 사소한 곳에서도 말의 수준이 다르면 얻는 효과와 보답도 다르다는 것을 어렵지 않게 알 수 있다. 말을 잘해서 듣는 사람을 기분 좋게 하면, 일도 더욱 효율적으로 할 수 있고 문제도 쉽게 해결되며 많은 보답을 얻는다.

만약 앞의 이야기에서 제자 옆에 말 잘하는 스승이 없었다면 아마도 제자는 끊임없이 손님과 티격태격했을 것이다. 어쩌면 손님의 불만을 풀어주느라 다시 머리를 손봐야 했을지도 모르고, 또 그 고생을 하고도 결국 좋은 소리 한 번 못 들었을지도 모른다. 그나마 머리가 길다고 한 경우는 좀 더 자르면 되지만, 머리가 너무 짧다고 한 경우 다시 길게 할 방법은 없지 않은가?

어떤 사람들은 문제를 잘 해결하려면 착실하게 일하는 것이 최고라고 생각하는데, 그것은 지극히 단순한 생각이다. 살면서 겪는 수많은 문제 가운데는 사실 말만 잘해도 쉽게 해결되는 것이 있다. 그래서 누군가는 이렇게 말했다.

"적절한 말 한마디는 중요한 난제를 해결하고 사람의 운명도 바꿀 수 있다. 반면 적절하지 못한 말 한마디는 중요한 기회를 놓치게 하고 사람의 인생도 무너뜨릴 수 있다."

이 말은 절대 과장이 아닌 진실이다. 특히 오늘날 당신은 직장에서 매일 동료, 상사, 고객과 이야기해야 하고 집에서 매일 배우자, 아이와 소통해야 한다. 말을 잘하면 당신은 동료나 친구들과 잘 지내고, 상사와 좋은 관계를 유지하며, 손님과의 협의도 잘 해낼 것이다. 또 말을 잘하면 배우자와 오해 없이 서로의 애정을 키워나가고, 아이와의 거리도 없앨 수 있다. 결론적으로, 말을 잘해서 사람을 기쁘게 하면 당신의 인생에 또 다른 문이 활짝 열릴 것이다.

지혜 한마디

똑같은 생각이라도 표현이 다르면 얻는 결과 또한 다르다. 살다 보면 만나는 이런저런 문제들이 단 한마디의 말로 쉽게 해결할 수 있는 경우도 많다. 말을 잘하면 상대방이 또 다른 시각으로 문제를 바라보도록 유도할 수 있고, 그것이 가능하다면 골치 아픈 많은 문제를 해결하는 데 도움이 될 것이다.

58

상대방의 이름이
기억나지 않을 때

하루는 진秦 사장이 사장실 문을 열고 몸을 내밀더니 샤오천에게
말했다.

"이봐, 거기!"

샤오천은 손가락으로 자기를 가리키며 얼른 대답했다.

"저요? 저는 샤오천입니다."

진 사장은 고개를 끄덕이며 말했다.

"그래, 샤오천! 이리 와서 이 서류를 여呂 팀장에게 전해주게."

샤오천은 재빨리 서류를 전해주었다.

잠시 뒤 진 사장은 또다시 그를 불렀다.

"이봐, 거기!"

샤오천이 말했다.

"네, 샤오천입니다."

"그래, 그렇지! 샤오천, 장 팀장에게 가서 여기 빠져 있는 고객 계

약서 두 개 좀 받아 오게."

샤오천은 고개를 끄덕이며 대답하고는 계약서를 받아다가 진 사장에게 갖다주었다. 샤오천이 사장실을 막 나가려는데 업무를 보던 진 사장이 고개를 들더니 그를 불렀다.

"이봐, 거기! 지금 말이야……."

그러자 샤오천은 사장 말을 가로채며 말했다.

"사장님, 제 이름은 샤오천입니다. 거기가 아니고요."

진 사장은 순간 몹시 당황했다.

"미안하네. 내가 너무 바빠서 잠시 자네 이름을 까먹었어. 자네 이름이 샤오천이지? 다음번에는 반드시 기억하겠네."

사람들이 내 이름을 잊어버리고 번번이 '거기'라고 부르면 어떨까? 분명 기분이 상할 것이다. 그러므로 다른 사람을 아무렇게나 부르지 말고, 특히 그 사람의 이름을 잊지 않도록 주의해야 한다. 그런데 불행히도 우리 기억력이 늘 좋은 것은 아니다. 만일 다른 사람의 이름이 잘 생각나지 않는다면 그때는 어떻게 하는 것이 좋을까?

노米씨는 그런 난감한 상황을 만나 속수무책인 적이 있었다.

어느 해 가을, 노씨가 고향 친구 집을 방문했는데 그곳 안주인이 한쪽 편에 앉아 있는 젊은 여성을 가리키며 물었다.

"혹시 저 아가씨가 누군지 기억나요?"

노씨는 참하고 아름다운 여성을 보는 순간 머릿속이 하얘졌다. 아무리 생각해도 그녀가 누구인지 떠오르지 않았기 때문이다. 그는 뭐라고 말해야 할지 몰라 멍하니 있었다.

"조급해하지 말고 천천히 생각해봐."

안주인이 기대에 가득 찬 시선을 그에게 노씨에게 보내며 말했다. 왠지 노씨가 그녀를 기억해내지 못하면 분명히 모두 서운해 할 것만 같았다. 그는 애써 기억을 더듬어보았지만 여전히 아무것도 떠오르지 않았다. 그는 고개를 내저으며 말했다.

"잘 기억나지 않네요."

그 말에 아가씨는 실망한 듯했다. 그러자 안주인이 그에게 넌지시 힌트를 주었다.

"샹산香山에서 봄놀이 할 때……."

그 순간 노씨의 기억이 불현듯 되살아났다.

지난봄에 노씨는 재경향우회에 참석한 적이 있었는데, 그 자리에 그녀가 왔다. 게다가 두 사람은 샹산에서 돌아오는 길에 꽤 많은 대화도 나누었다. 그런데 어째서 이렇게 기억이 안 났던 것일까?

사실 노씨의 탓만이 아니었다. 그동안 그녀의 외모에도 많은 변화가 있었던 것이다. 머리 모양이나 옷 스타일이 너무 변했고 몰라볼 정도로 예뻐졌다. 그때는 그녀의 외모가 평범해서 노씨에게 깊은 인상을 주지 못했던 것이다. 기억이 되살아나자 그는 그녀에게 더욱더 뭐라 말해야 할지 몰라 난감했다. 나중에 노씨는 그때를 회상하며 이렇게 자신을 원망했다.

"그땐 정말 내가 얼마나 바보 같던지."

사실 그 상황에서 노씨는 재치 있는 말로 잘 대처할 수도 있었다.

예를 들어, 평소에 잘 아는 사람인데 상대방의 이름이 떠오르지 않으면 지나간 일을 떠올리며 회포를 풀 듯 이야기하면 된다.

"매우 낯익은데 우리 예전에 분명 만난 적이 있죠? 아, 맞다! 당신 이군요. 바로 알아보지 못해서 정말 미안해요. 몇 달 사이에 몰라보게 예뻐졌네요!"

이렇게 말하면 좋은 분위기를 유지하면서 상대방에게 실례가 되지도 않을 것이다. 또한 이름을 까먹은 실수쯤은 가볍게 넘어갈 수 있었을 것이다. 그러나 안타깝게도 노씨는 그만한 요령이 없었고, 이성 앞에서 긴장한 나머지 그렇게 대처할 줄 몰랐다. 그 결과 난감한 상황이 되어버린 것이다.

살다 보면 누군가의 이름을 잊어버리는 일은 수없이 많다. 그래서 가끔 이런 난감한 상황에 처하기도 하는데, 그럴 때는 요령껏 상황을 풀어나갈 줄도 알아야 한다. 상대방의 헤어스타일이나 패션의 변화 등을 핑계로 삼으면서 상대방을 칭찬해 주는 것도 좋은 방법이다. 그러면서 상대방의 이름이 도저히 기억나지 않을 때는 상대방에게 솔직히 물어도 된다. 그러나 약간의 융통성은 필요하다. 예를 들면 이렇게 말이다.

"너 그거 아니? 이 세상에 내가 이름을 다시 물어볼 만큼 관심이 생기는 사람은 몇 없어. 그런데 넌 그중 한 사람이야. 네 이름이 뭐라고?"

그래서 상대방이 이름을 말해주면 이렇게 몇 마디 덧붙인다.

"그러게 내가 뭐랬어! 분명히 머릿속에 들어 있었는데 갑자기 생각이 안 나지 뭐야. 괜히 이름을 잘못 말했다가 더 실례를 할까 봐 말을 못한 거야."

그런 뒤 지난번 만났을 때의 일을 이야기하며 상대방과 즐거웠던 기억을 되살리면 된다.

만약 직접 상대방의 이름을 묻는 것이 부끄러우면 다른 방법을 써도 된다. 예를 들어 "혹시 명함 있니?"라고 물어본다. 만약 상대방이 없다고 하면 주소록을 상대방에게 건네면 된다.

"앞으로 우리 자주 연락하자. 네 주소 좀 여기에 적어줘."

그러면 그때 상대방이 이름도 함께 써줄 것이다.

물론 이런 방법들은 보완책일 뿐이다. 누가 뭐래도 첫 번째 만남에서 그 사람의 이름을 확실하게 기억해두는 것이 가장 좋다. 만약 제삼자가 당신에게 상대방의 이름을 말해준다면, 당신은 직접 상대방에게 한 자 한 자 정확하게 물어보거나 다시 확인해두도록 한다. 그렇게 하면 비교적 상대방의 이름을 외우기 쉽다.

지혜 한마디

사람들과 어울려 지내면서 이름을 잘 기억해주면 상대방이 무척 좋아할 것이다. 사교 모임에서 낯선 사람들과 처음 만나서 통성명을 하며 상투적인 인사말을 나누면 아무래도 분위기가 어색하고 딱딱해지기 쉽다. 그럴 때 약간의 유머로 분위기를 띄우면 상대방은 금방 마음의 여유를 갖게 될 것이다.

제9장

예의 있게
할 말 다하는
거절의 기술

너무 직설적인 거절은 사람의 기분을 상하게 할 수도 있다.

특히 예전에 당신을 도와준 적이 있는 상대라면

대놓고 거절하기가 더욱 곤란하다. 거절도 예의 있게.

효과적이고 부드럽게 하려면 어떻게 해야 할까?

59

거절의 말에
우아한 옷을 입혀라

살다 보면 다른 사람에게 거절을 해야 할 때가 있는데, 그건 전혀 이상한 일이 아니다. 그러나 거절하는 방식이 적절하지 않으면 때로 좋지 않은 결과를 초래하기도 한다.

라오장은 회사의 중간 간부다. 최근 회사에서는 그에게 권한 밖의 일을 맡겼다. 처음 맡은 업무이다 보니 라오장은 모르는 부분이 많았고, 업무 속도도 매우 느렸다. 그 와중에 상사가 또 그에게 지방에서 열리는 업무 세미나에 참석하라는 지시까지 내렸다.

마음이 더 조급해진 라오장은 결국 그동안 쌓여 온 감정이 폭발하고 말았다. 그는 자기도 모르게 격해진 말투로 거절하며 말했다.

"안 됩니다, 안 돼요! 다른 사람을 찾아보세요. 갑자기 이렇게 많은 업무를 주시다니, 저를 골탕이라도 먹이시려는 건가요? 지금은 그런 세미나에 참석할 시간이 없어요!"

부하직원이 화를 내자 상사의 마음도 별로 좋지는 않았다.

"그래, 좋아. 정 그렇다면 앞으로는 자네를 더 이상 귀찮게 하지 않겠네!"

라오장은 이미 너무 많은 업무 때문에 다급해진 상황에서 순간적으로 자기통제력을 잃어버렸고, 너무 단호한 거절로 상사와의 관계를 악화시키고 말았다.

사실 그는 얼마든지 완곡하게 거절의 뜻을 나타낼 수도 있었다. 그가 상사의 지시를 거절할 이유는 그 상황에서 충분했으니 말이다. 그러나 그는 노골적으로 거절을 했고, 말투도 주의하지 않은 탓에 결국 상사의 심기를 건드렸다.

"안 돼요!"라는 너무 직접적인 거절은 상대방을 당혹스럽게 만들고, 체면까지 잃고 만다. 그 뒤 쌍방의 관계에도 나쁜 영향을 줄 수 있다. 좀 더 완곡한 말로 거절의 뜻을 나타내려면 어떻게 해야 할까?

예를 들어 "나는 너의 그런 견해가 틀렸다고 생각한다."라는 말과 "나는 너의 이런 견해가 옳다고 여기지는 않는다."라는 말을 비교해보라. 또 "어째서 너는 그게 나쁘다고 생각하니?"와 "나는 그게 좋다고 생각한다."라는 말을 비교해보라. 이 두 가지 말은 결국은 의미는 똑같다. 그러나 확실히 후자가 더욱 완곡하게 들리며 상대방 입장에서 쉽게 받아들일 수 있다.

상사가 강압적으로 어떤 업무를 주면서 "오늘 이 일을 끝내도록 해. 문제없지?"라고 말했을 때, 부하직원인 당신이 산처럼 쌓인 서류들을 가리키면서 "일이 이렇게나 밀려 있는데 어떻게 오늘 그 일을 끝낼 수 있겠어요?"라고 대답한다면 합격점을 줄 수 없다.

아무리 일이 산더미처럼 쌓여 있어서 끝낼 수 없는 상황이라고 해도 "오늘은 절대 그 일을 끝낼 수 없습니다."라고 말한다면 상사는 속으로 '뭐? 이 정도 간단한 일도 해낼 수 없다고? 그럼 나더러 하라는 거야, 뭐야?'라고 생각할 것이다. 상황이 나빠질 것은 불 보듯 뻔하다.

그렇다면 어떻게 말해야 할까? 만약 "최선을 다해 보겠습니다."라고 대답하면 상황은 조금 달라질 것이다. 왜냐하면 당신은 '최선을 다해' 보겠다고 했을 뿐, 반드시 책임지고 끝내겠다고 약속한 것은 아니기 때문이다. 그래서 실제로 당신이 그 일을 다 하지 못했다고 해도 상사에게 변명할 필요는 없으며, 퇴근 무렵 상사를 찾아가 "열심히 했는데 아직 다 못했습니다."라고 말하면 된다.

그러면 상사는 그렇게 불만스러워하지는 않을 것이다. 왜냐하면 당신이 힘든 상황에서도 상사의 지시를 받아들여 그의 자존심을 지켜주었기 때문이다.

그럴 경우 당신은 상사에게 두 종류의 답변을 들을 뿐이다. "하긴 일이 좀 많았지. 내일 다시 하도록 하게." 혹은 "다른 사람에게 좀 도와주라고 해야겠군."이라고. 그러면 상하 직원 간의 갈등을 피할 수 있다.

완곡한 말로 거절하면 상황이 악화되지는 않는다. 그런데 안타깝게도 많은 사람들이 그렇게 하지 않아서 번번이 불필요한 문제를 일으키곤 한다.

완곡하게 거절하는 방법으로 다음의 몇 가지를 참고하라.

1. 먼저 동의를 구해본다.

이 말은 왠지 앞뒤가 맞지 않고 모순되게 들릴 수도 있으나 사실은 전혀 그렇지 않다. 이렇게 하면 거절 뒤의 난감함을 재빠르게 없앨 수 있어서 좋다. 어떤 사람이 주말 이틀 동안 교외에 놀러 나가자고 했는데 당신에게 이미 다른 약속이 있다면 어떻게 거절할까? 이렇게 말하면 된다.

"놀러 가자고? 정말 좋다! 진작부터 너와 놀러 가고 싶었는데, 그런데 말이지……."

당신이 그 제안에 응하지 못한 것을 몹시 유감스러워하면, 상대방은 비록 거절당했지만 어느 정도 당신을 이해해줄 것이다.

또 만약 누군가가 당신에게 너무 많은 일을 시킨다면, 이렇게 거절하는 것도 좋다.

"그 일을 하는 것은 문제가 없습니다. 하지만 지금 제가 하고 있는 일이 너무 많아요. 그러니 한 달 뒤에 다시 와주시면 안 되겠습니까?"

이런 대답은 결코 거절이 아니며 상대방에게 주도권을 넘겨주는 것처럼 보이지만 실제로는 이미 상대방을 거절한 것이다.

2. 형식적인 대답을 해준다.

상대방에게 나는 당신을 돕지 않으려는 것이 아니라 도울 수 없는 것이라는 사실을 일깨우며 거절의 이유를 다른 곳으로 돌리는 것이다. 예컨대 어떤 사람이 당신에게 일을 부탁했는데 그 자리에서 거절하기가 어렵다면 이렇게 말하라.

"아시다시피 우리 회사는 집단지도 체제이며, 제가 유일한 책임자는 아닙니다. 이런 일은 모두의 토론을 거쳐 결정할 필요가 있어요. 그러나 이번 일은 아마 통과되기 어려울 것입니다. 일단은 너무 큰 기대를 하지 않는 것이 좋겠어요."

그러면 상대방은 대개 어쩔 수 없다는 듯 이렇게 말할 것이다.

"알았어요. 상황이 그렇다면 더 이상 난처하게 하지 않을게요."

3. 동문서답을 한다.

만약 상대방이 "이 일 좀 도와주실 수 있어요?"라고 물어보면 이렇게 대답하는 것이다.

"전 잠시 뒤에 중요한 회의에 참석해야 해요."

이런 동문서답은 "안 됩니다."라는 직설적 거절보다 낫다. 상대방은 그 말을 듣고 당신의 도움을 받을 수 없겠다고 생각하며 다른 방법을 찾으러 나설 것이다.

4. 명언을 인용하여 거절한다.

글을 쓸 때 명언을 인용하면 문장이 더 빛난다. 마찬가지로 거절할 때도 명언을 이용하면 좋다. 이 방법은 말의 권위와 신뢰를 높여주고, 복잡한 해석과 설명을 피할 수 있으며, 호소력도 높인다.

5. 상의하듯 말한다.

상의하는 듯한 말투는 거절을 완곡하게 들리도록 한다. 가령 누군가 당신에게 어떤 활동을 함께하자고 청하는데 그 요청을 받아들일 수 없다면 이렇게 말하라.

"정말 미안해요. 오늘은 너무 바빠서 안 될 것 같아요. 다음 주 일요일은 어때요?"

이 말은 직접적인 거절보다 훨씬 낫다.

지혜 한마디

언어에도 포장이 필요하다. 그렇지 않으면 듣기에 거북하고 남의 감정을 다치게 할 수 있다. 우리가 아무것도 걸치지 않고 밖에 나갈 수 없듯이, 거절의 말에도 옷을 입힐 필요가 있다. 그 옷이 바로 '완곡함'이다. 직접적인 거절은 종종 거칠게 느껴지고 불필요한 말썽을 일으켜 인간관계에도 영향을 미친다.

60

때로는 침묵이 가장 효과적이다

어느 회사에 평소 묵묵히 일만 하는 여직원이 있었다. 그녀는 말수가 적었지만 사람들과 이야기할 때는 항상 미소를 지었다. 한편 호전적인 여직원도 있었는데, 많은 회사 동료들이 그녀의 공격을 견디다 못해 사직을 하거나 전근을 요청할 정도였다. 그러던 중 과묵한 여직원도 그 호전적인 여직원의 공격 대상이 되었다.

하루는 호전적인 여직원이 과묵한 여직원의 꼬투리를 하나 잡고 질책하기 시작했다. 그런데 뜻밖에도 과묵한 여직원은 미소만 지을 뿐 별다른 대꾸도 하지 않고 가끔 "네?"라고 되묻기만 했다.

결국 호전적인 여직원은 혼자서 열을 올리다가 지쳐서 결국 질책을 포기했다. 그리고 얼마 뒤에는 전근까지 자청했다.

이 이야기를 읽고 당신은 분명히 그 과묵한 여직원의 내공이 대단하다고 생각할 것이다. 하지만 사실은 전혀 그렇지 않다. 그 여직원은 단지 청력이 별로 좋지 않아서 남이 하는 말을 조금 늦게 이해

한 것뿐이었다. 그래서 그녀는 상대방의 말을 경청하고 말뜻을 열심히 생각하느라 정말 천진난만하고 아무것도 모르는 듯한 표정을 지었던 것이다. 그것도 모르고 호전적인 여직원은 자신의 질책이 솜방망이처럼 아무런 효과가 없자 제풀에 지쳐 공격을 그만두었다.

일상생활에서 사람들은 대부분 귀에 거슬리는 말을 들으면 곧바로 말대꾸를 한다. 그런데 그 한 번의 말대꾸 때문에 상대방의 계략에 빠지기 쉽다. 타인의 공격을 거절하는 가장 좋은 방법은, 말대꾸 대신 아무 반응도 보이지 않고 침묵함으로써 상대방이 자연스럽게 흥미를 잃게 만드는 것이다. 그런데도 만약 그가 다시 시비를 건다면 그건 호전적 성격과 이유 없이 소란을 피우는 나쁜 태도를 자기 스스로 입증하는 셈이 될 뿐이다.

침묵은 때로 효과적인 거절 방식이 된다. 연예 뉴스에서 이런 경우를 종종 본다. 어느 날 한 스타의 연애 사진이 폭로되어 순식간에 화제가 되면서 여러 매체에서 그 내막을 파헤치려고 달려든다. 하지만 각종 매체의 집요한 추궁에도 당사자는 오히려 아무렇지도 않은 듯 입을 다물고 있고, 소속사에서도 거기에 대해 아는 것이 없다고 발표한 뒤 함구한다. 그러고 나서 어느 정도 시간이 지나면 떠들썩했던 사건에 관심을 가지는 사람이 없어진다.

많은 사람들이 어떻게 거절을 표현해야할지 몰라 마음속으로 끊임없이 거절의 말을 연습한다. 그러나 막상 상대방의 얼굴을 대하면 미안해서 목구멍까지 올라온 말을 참게 된다. 그럴 때는 차라리 아무 말도 하지 않고 침묵하는 것이 낫다. 침묵은 당신이 많은 일을 자연스럽게 거절하도록 도울 수 있다.

예를 들어 회사에 들어간 지 얼마 되지 않았을 때, 누군가 당신을 모임에 초대했는데 당신이 가고 싶지 않다면 어떠한 회신도 하지 않으면 된다. 그러면 대부분 사람들은 당신의 의사를 짐작할 것이다. 이러한 침묵 방법은 상대방을 거절하려는 목적도 이루고, 동시에 직접적인 거절이 불러일으키는 부작용도 피할 수도 있다. 그렇다고 침묵이 모든 거절의 경우에 좋은 것은 아니다. 특별히 논쟁에 빠지기 쉬운 일을 거절할 때 더욱 적합하게 응용된다.

우리는 '안 돼요'라는 말이 사람을 얼마나 실망시키는지 잘 알고 있다. 왜냐하면 거절을 당하는 사람에게 그 말은 어떤 일을 달성할 희망이 줄어드는 것을 의미하기 때문이다. 만약 상대방이 극도로 자신의 목표를 실현시키길 갈망한다면, 어떠한 방법을 찾아서라도 당신이 거절 못 하도록 설득하려고 할 것이다. 그럴 때는 아무리 당신이 명확하게 거절의 이유를 밝히고 다른 방법을 제시하더라도 그는 끈질기게 고집을 부린다. 그러면 둘 사이에 반드시 격렬한 논쟁이 벌어질 것이다.

결과가 어떻든, 논쟁은 당신에게 이로운 점은 없고 해로운 점만 남는다. 왜냐하면 논쟁 끝에 최종적으로 얻은 결과가 거절이라고 해도 당신은 이미 그 일에 너무 많은 시간과 에너지를 써버렸기 때문이다. 그것은 이미 불필요한 말썽을 피하고 할 일만 하겠다는 당신의 원칙에서 완전히 벗어난 것이다.

　게다가 만약 당신이 조금이라도 마음이 약해지면 논쟁 끝에 결국 상대방의 부탁을 받아들이는 함정에 빠지고 마는데, 그렇게 되면 손해가 막심할 것이다.

　한 은행직원이 당신에게 신용카드 발급을 요구했을 때, 만약 당신이 "죄송합니다. 전 이미 신용카드를 여러 장 갖고 있어서 더 필요 없습니다."라고 거절했다고 하자.

　그러면 상대방은 당신의 대답에서 약점을 끌어내 다시 공격을 시작할 것이다.

　"그래요? 그러면 매일 여러 장의 신용카드를 들고 다니느라 상당히 불편하시겠네요."

　당신이 "그럭저럭 괜찮아요."라고 대답한다면 여기서 한 번 더 상대방에게 빌미를 주게 된다.

　"사실 그러다가 카드들을 몽땅 잃어버릴 수 있어요. 하지만 우리 은행에서 새로 나온 카드를 쓰시면 한 장으로 두루두루 쓸 수 있어요. 전국 800여 개의 도시에서 우대 서비스를 받으실 수도 있죠. 이번 달은 특별히 홍보 기간이라 선물도 드리고, 연회비도 면제예요."

　그러면 어떻게 할까? 원래는 상대방을 거절할 생각이었는데, 오히려 거절의 말 때문에 상대방에게 설득의 기회를 주고 말았다. 더욱 재미있는 것은, 자신의 거절 이유가 오히려 상대방이 상품을 추천할 만한 이유가 되어버렸다는 사실이다. 그러면 이제 결론이 어찌 되든 간에 상대방의 방해를 받을 수밖에 없다.

일상생활에서 이와 비슷한 경우를 만났을 때는, 아무리 상대방의 입담이 좋더라도 우리가 침묵하며 그들에게 관심을 두지 않으면 몇 분 뒤에 상대방이 스스로 무안해하고 풀이 죽어 가버릴 것이다. 자신에게 미리 기대한 반응을 얻지 못하면 그들은 곧 그 기세가 꺾이고 자신감이 떨어져서 그냥 포기하기 때문이다. 소통 중의 침묵과 무언은 끊임없이 상대방의 열정을 소모시키며, 계속 대화를 이어나가려는 상대방의 열정을 떨어뜨린다.

지혜 한마디

침묵은 가장 효과적인 거절 방법이다. 거절을 어떻게 표현해야 할지 모를 때는 차라리 침묵하라. 그러면 종종 침묵이 말을 이기는 효과를 거둘 수 있다. 그러나 침묵이 반드시 만병통치약은 아니다. 다른 사람이 불합리한 요구를 할 때도 우리가 침묵으로 대한다면, 상대방의 콧대만 높아질 뿐이다.

특히 누군가가 성희롱, 정신적 폭력, 이유 없는 압력 등으로 우리의 정당한 권익을 침범한다면, 이때는 절대 침묵하면 안 된다. 그럴 때 침묵은 효과 없는 거절에 속하기 때문이다. 그럴 때 올바른 거절 방법은 강하게 불만을 표시하는 것이다. 그리고 스스로를 보호할 수 있는 방법을 써서 단호하게 저항해야한다.

61

상대에게 다른 길을 제시하라

연말이 다가오자 어느 회사의 재무팀장은 대여섯 명의 부하직원과 함께 연말 재무보고서, 회계감사, 대외차관 업무를 처리하느라 눈코 뜰 새 없이 바빴다.

그런데 하루는 점심시간에 마케팅팀의 팀장이 생각지도 못하게 죽을상을 하며 지원 요청을 해왔다.

"재무팀장, 날 좀 도와줘. 최근에 우리 회사에서 대대적인 판촉활동을 하려고 하는데, 그 일로 우리 팀 인원들이 각자 열 사람 몫을 하고 있어. 게다가 사장이 지급한 업무경비가 넉넉지 않아서 외부 인력을 고용할 수도 없는 처지야. 그래서 말인데 자네 팀에서 두 명 정도 지원해줄 수는 없겠나? 지금이 모든 부서가 바쁜 시기라는 건 나도 잘 알아. 하지만 나도 도저히 방법이 없어서 이렇게 자네에게 부탁하는 거야."

마케팅팀장이 무척 난처해하는 모습을 보면서 재무팀장의 입장은 대단히 곤란했다. 재무팀장과 마케팅팀장은 평소에 개인적으로 친한 사이였다. 게다가 마케팅팀장은 예전부터 재무팀 업무에 적지 않은 도움을 주었다. 그래서 부서 간 단결이나 개인적인 친분을 보더라도 마케팅팀장의 일손을 거드는 것은 매우 당연한 일이었다.

그러나 현실적으로 지금 재무팀은 자체 업무만으로도 모든 팀원이 초과근무를 해야 할 지경이었다. 그럼에도 마케팅팀의 일까지 도와주라고 하면 보나마나 팀원들의 불만을 살 것이 뻔했다. 그보다 더 큰 문제는 만약 마케팅팀의 일을 돕느라 재무팀의 업무조차 기한 내에 끝내지 못한다면 사장에게 결과 보고를 할 수 없게 된다.

결국 재무팀장은 아무리 생각해봐도 솔직하게 말하는 편이 가장 낫겠다는 생각이 들었다.

"그래. 네 고충은 나도 잘 알아. 요즘 다들 바쁘지. 그런데 방금 네가 외부 인력을 쓰는 데 대해 언급했는데 말이야, 그 말을 들으니 갑자기 좋은 생각이 떠올랐어. 우선 외부 인력을 고용하는 데 얼마 정도 쓸 수 있는지 알고 싶네."

마케팅팀장은 고개를 숙이고 잠시 생각하더니 말했다.

"많아 봤자 1,000만 원 정도 쓸 수 있어. 그런데 우리 일에는 4일 동안 최소한 5명 정도는 필요하거든. 한 사람당 하루에 10만 원씩 주려면 예산이 1,600만 원이 필요한데 부족하지. 그렇다고 그 정도 일당을 주지 않으면 일하겠다는 사람이 없을 거야."

그러자 재무팀장이 말했다.

"그럼 이렇게 하면 되겠네. 잘 생각해봐. 마침 지금 대학생들이 방학 기간이잖아. 내 친구 중에 대학에서 학생들을 가르치는 사람이 있는데, 그 친구에게 단기 아르바이트를 할 대학생 몇 명만 구해달라고 하면 어떨까? 그럼 비용이 훨씬 줄어들 거야. 대학생들 입장에서도 실무 경험을 할 수 있는 좋은 기회니까 기꺼이 일하려고 할 테고 말이야. 어때?"

그런 뒤에 재무팀장은 자기 부서 사정에 대해서도 털어놓았다.

"솔직하게 말하면, 나도 자네 사정을 들어줄 처지가 아니야. 지금 우리 팀 사정은 자네도 잘 알잖아. 모두들 너무 바빠서 자리를 비우기 어려워. 사실 억지로 한두 사람 빼내어 너희 팀에 보낸다고 해서 크게 도움이 되는 것도 아닐 거야. 그러다가 괜히 우리 일까지 엉망이 될지도 모르지. 그러니 내가 말한 방법을 고려해보는 것이 어때? 만약 괜찮다면 내가 대신 전화해줄게."

마케팅팀장은 재무팀장의 진심 어린 제안이 괜찮은 방법이라고 생각했다. 비록 당장 문제를 해결하지는 못했지만 재무팀장에 대해 고마운 마음이 들었다.

위의 사례에서 재무팀장의 대처 방식은 우리가 배울 만하다. 왜냐하면 그는 거절로 인해 난감해질 수 있는 상황을 재치 있게 잘 피했기 때문이다.

우선 재무팀장은 진심을 표현했다. 그가 마케팅팀장의 힘든 상황을 파악한 뒤 제일 먼저 한 말은 '네 고충은 나도 잘 안다'였다. 그런 말은 사람 마음을 따뜻하게 위로해준다. 그리고 도움을 주든 못 주든 적어도 마케팅팀장은 마음속으로 재무팀장이 참으로 좋은 사람이라고 생각할 것이다. 그러면서 만약 재무팀장이 자신을 돕지 못한다면 그것은 분명 돕기 싫어서가 아니라 나름 이유가 있을 거라고 생각할 것이다.

그다음 재무팀장은 상대방을 위해 진심으로 생각하는 태도를 보였다. 재무팀장은 설령 자신이 마케팅팀장의 부탁을 거절해도 충분히 이해해줄 것임을 알았다. 그리고 자신이 객관적인 조건의 한계 때문에 마케팅팀장을 돕고 싶어도 결코 도울 수 없다는 사실도 잘 알았다. 그러나 업무 상황과 개인적인 친분을 생각해서 무턱대고 거절하지 않았고, 그 대신 적극적으로 상대방을 위한 대책을 모색했다. 그런 태도는 마케팅팀장이 재무팀장을 정말 좋은 동료이자 친구에게 애정을 보여주는 사람이라고 느끼게 해주었다.

그리고 재무팀장은 마지막에 비로소 거절의 말을 했다. 진심으로 남을 생각할 줄 아는 사람은 아무리 자신에게 큰 어려움이 있더라도 다른 사람의 부탁을 좀처럼 거절하지 않는다. 비록 재무팀장처럼 할 수는 없더라도 상대방의 문제를 중요하게 여기면서, 타인을 위해 실현 가능한 해결 방법을 모색한다. 그럴 때는 상대방의 상황을 상세하게 파악한 뒤 적절하게 관심을 표현하는 것이 좋다. 상대방의 상황을 알고 자신이 상대방을 도울 수 없는 이유를 정확히 알면, 좀 더 완곡하게 거절의 말을 할 수 있을 뿐 아니라 더욱 쉽게 상대방의 양해를 구할 수 있다.

결론적으로 말해서, 실제로 업무 중에 이와 비슷한 상황을 만났다면, 우리는 마땅히 자신의 능력을 헤아려서 최선을 다해 도와줘야 하고, 만약 직접적으로 도울 방법이 도저히 없다면 적절한 제안으로 상대방이 다른 좋은 방법을 생각할 수 있게 해야 한다.

지혜 한마디

조급한 마음으로 급하게 해결 방안을 찾는 사람은 한 가지 길만 생각하고 다른 길은 보지 못할 때가 있다. 가령 상대방이 당신에게 도움을 청하는 길밖에 모르고 그 길이 현실적으로 불가능하다면, 먼저 상대방에게 또 다른 길을 제시해보도록 한다.

예를 들어 "방금 네가 말한 그 일은 내가 도울 수 없을 것 같다. 하지만 한 가지 좋은 생각이 있으니 한번 시도해봐."라고 말하는 것이다. 만약 당신의 제안을 상대방이 받아들일 수 있으면 당연히 모두에게 유익하다. 또 만약 상대방이 받아들이지 않아도 그를 도울 수 없는 이유를 충분히 납득시킬 수 있다.

62

화제를 돌려
상대방의 말을 재치 있게 막는다

사무실의 홍일점인 예_芮 양은 성격이 활달하고 영리하다. 주위의 남자 동료들은 모두 그녀와 이야기하는 걸 좋아했다. 그 가운데 편_片 씨 성을 가진 남자 동료가 유난히 그녀 앞에서 저속한 이야기를 자주 했다. 예 양이 좋은 말로 그에게 주의를 주었지만 그건 그의 습관인 것 같았다.

하지만 예 양은 그런 일로 상대방과 얼굴을 붉히며 감정싸움을 할 가치는 없다고 생각하고 자신이 관심을 보이지 않으면 될 거라 여겼다. 한 회사에 다니면서 괜한 논쟁이라도 벌이면 오히려 다른 동료들의 웃음거리가 될 게 뻔했다.

그래서 예 양은 편씨가 저속한 이야기를 할 때마다 곧바로 말을 중단시키며 이렇게 말했다.

"이봐요, 편 선생! 그런 이야기는 그만두고요, 혹시 방금 그 자료는 잘 저장했어요? 당신 컴퓨터는 걸핏하면 다운되잖아요. 내가 말해주지 않았다고 나중에 괜히 탓하면 안 돼요."

"편 선생, 주임님이 부탁한 서류는 다 썼나요? 난 분명히 알려줬어요. 만약 제대로 해놓지 않으면 한 소리 들을 거예요!"

"편 선생, 아까 그 재무보고서는 언제 정리가 끝나요? 지금 부서에서 급하게 쓰려고 기다리고 있던데요."

그런 일이 몇 번 반복되자 편씨도 자연스럽게 자신의 나쁜 습관을 고치게 되었고, 사무실 분위기도 한결 좋아졌다.

만약 당신이 다른 사람의 말을 듣고 싶지 않은데 상대방에게 대놓고 거절하고 싶지 않다면, 상대방의 이야기를 중단시키면서 화제를 끊임없이 바꾸는 것이 가장 좋은 방법이다. 이런 방법은 자칫 예의 없어 보일지 몰라도, 사실은 별문제가 없다. 왜냐하면 상대방이 먼저 예의 없게 굴었기 때문이다.

어떤 여자는 이런 방법으로 남자의 사랑 고백을 거절했다. 두 사람은 한 회사에 일하는 동료였는데, 어느 순간 남자가 여자를 좋아하게 되었고 여자도 그 사실을 조금씩 눈치채기 시작했다. 그러다 남자는 용기를 내어 여자에게 고백을 하려 했다.

"한 가지 물어보고 싶은 것이 있어."

그때 여자가 서둘러 그의 말을 가로막았다.

"그래! 네가 좋아하는 그 책, 나도 두 번이나 봤어. 정말 좋더라."

남자는 여자가 자기 마음을 모른다고 생각하고 또다시 말하려고 했다.

"응. 그런데 넌 잘 모르겠지만 나는……."

그러나 여자가 또 말을 끊었다.

"나도 알아. 네가 공공관계학에 관심이 많다는 걸 말이야. 우리 나중에 서로 공부한 내용을 교환하는 것도 좋을 것 같아."

남자는 또 말하려고 했다.

"그래, 좋아. 우리……."

그러자 여자가 얼른 대답했다.

"그래! 우리 함께 공부하자. 난 진작부터 공부에 대한 좋은 아이디어가 있었어."

그제야 남자는 여자가 자신과 관계를 발전시킬 의사가 없다는 걸 깨달았다. 그래서 남자는 그냥 마음을 접고 여자와 함께 공공관계학에 대해 많은 이야기를 나누었다. 물론 마음속으로 아쉬워했지만, 한편으로는 다행이라고 생각했다. 만약 여자에게 마음을 고백했다가 거절이라도 당했으면 오히려 서로 어색한 사이가 되었을 것이기 때문이다.

상대방의 말을 가로막으면서 그 사람의 고백을 방해하는 방법은 고백에 대한 거절 때문에 생기는 곤란한 상황을 미리 피하기에 매우 좋다. 이럴 때 상대방은 당신이 예의가 없다고 생각하지 않을 것이다. 왜냐하면 그가 신경 쓰는 문제는 당신이 예의가 있는지 없는지가 아니라 그에 대한 당신의 태도이기 때문이다.

그는 당신의 그런 행동을 통해서 태도를 분명히 밝히면 아마 눈치 빠른 사람이라면 금방 알아챌 것이다. 상대방이 눈치채지 못하고 당신도 먼저 밝힐 수 없는 상황이라면 끊임없이 그의 말을 끊으면 된다. 그렇게 네다섯 차례 계속해서 말을 끊다 보면 그도 자연스럽게 생각해볼 것이다.

이처럼 화제를 딴 데로 돌리는 것은 좋은 거절 방법의 하나이다. 만약 향수 판매 사원이 당신을 끈질기게 설득하려고 한다면, 당신은 그의 말 가운데 어느 부분을 포착하여 자연스럽게 화제로 만들면 된다. 예를 들면 이렇게 말이다.

"밤에 잠자리에 들 때 이야기를 하시니까 갑자기 궁금하네요. 마릴린 먼로가 잠잘 때 뿌린 향수가 뭐였죠?"

그러면 판매원은 웃으며 대답할 것이다.

"샤넬 넘버 5입니다. 너무나 유명한 향수죠."

그때 당신은 자연스럽게 대화를 '향수'에서 다른 방향으로 이끌 수 있다.

"맞아요. 정말 좋은 향수죠. 케네디도 그 향수의 매력에 굴복했으니까요."

"네?"

"그거 몰라요? 케네디 미국 전 대통령과 먼로는 깊은 연인 사이였잖아요?"

그 순간 화제는 '향수'에서 '케네디'로 바뀐다. 그러면 이어서 다른 대통령도 대화에 끌어들일 수 있다.

"케네디 대통령은 향수를 좋아했지만, 포드 대통령은 깔끔한 향수를 좋아했죠?"

그러면 화제는 다시 자연스럽게 정치인에 대한 평가로 바뀐다. 이런 화제의 도약은 대단히 매끄러워서 상대방에게 위화감을 주지 않으며 조금도 갑작스럽지 않다. 화제가 연속해서 두세 번 바뀌고 나면 완전히 다른 화제로 변할 것이다. 이렇게 최초의 화제와 최후의 화제의 거리가 상당히 멀어지면 상대방은 계속 당신을 설득할 방법이 없어진다.

물론 설득하는 사람이 그렇게 쉽게 끌려오지 않을 수도 있다. '그렇지만, 그런데' 등의 말을 사용해서 화제를 원래대로 돌리려고 하면서 말이다. 그럴 때 당신은 개의치 말고 계속해서 상대방의 주의력을 분산시키면 된다. 그러면 상대방은 화제를 돌리는 데 신경을 쓰다가 정작 당신을 설득할 의지를 잃게 된다.

어떠한 대화든 시간의 제한을 받는다. 자유롭고 재빠르게 화제를 전환하다 보면, 주어진 시간이 어느새 다 지나가 버린다. 그러면 당신은 "안 돼요!"라고 말할 필요도 없이 거절의 효과를 거둘 수 있다.

그리고 마지막으로 이렇게 한마디만 하면 된다.

"어머나, 시간이 벌써 다 됐네! 정말 아쉽지만 다음에 얘기해요."

그런 뒤 상대방에게 손을 흔들며 작별을 고하는 것이다.

다음은 화제를 돌릴 때 몇 가지 주의할 사항이다.

1. 화제의 전환을 통해 말을 가로막을 때는 반드시 사전에 어느 정도 상대방의 마음을 알고 있어야 한다.

상대방이 이야기를 시작하자마자 그가 무슨 말을 하려고 하는지 알기는 어렵다. 하지만 그것을 알아야 제대로 화제를 돌릴 수 있다. 그것을 모르겠다면 타인의 말을 함부로 중단하지 마라.

2. 상대방의 화제에 맞게 생각을 정해야 한다.

말을 끊는 목적은 자신의 관점을 표명하기 위한 것이어야지, 오로지 거절만 해서 될 일이 아니다. 만약 근본적으로 상대방의 말을 이해하지 못하고 함부로 결론을 내린다면 상대방을 존중하지 않는다는 표현이 된다. 그래서 타인의 말을 끊을 때는 가능한 한 상대방이 말한 화제에 따라 자신의 말을 전개해나가야 한다. 만약 화제를 전환할 필요가 있다면 우선 상대방의 관점을 인정하고 동의해준 다음 '그렇지만' 혹은 '그러나' 하면서 방향을 바꾸어 넘어가면 된다. 그래야 상대방에게 오해와 반감을 사지 않는다.

3. 문맥에 맞는 말을 골라 화제를 돌려야 한다.

단어를 문맥에 맞게 적절히 골라 쓰는 것은 그 말의 효과에 직접적으로 영향을 줄 것이다. 적절하게 말을 골라 쓰면 상대방이 받아들이기 쉬울 뿐 아니라 대화를 계속 해나가는 데도 도움이 된다. 만약 부적절한 말을 쓰면 상대방의 반감을 불러일으키기 쉽고 대화를 순조롭게 이어나가기도 어렵다.

4. 진실하고 부드러운 태도로 화제를 돌려야 한다.

사람들과 이야기를 나눌 때도 이러한 태도가 중요한데, 거절할 목적으로 사람의 말을 끊을 때도 마찬가지다. 자신은 무조건 옳고 남보다 한 수 위라고 여기면서 자만심을 가지면 안 되며, 말이나 행동으로 사람들에게 지지를 얻으려는 태도를 보여서 상대방에게 극도의 반감을 사면 절대 안 된다.

지혜 한마디 _____

남의 말을 끊을 때는 반드시 때와 기교를 따져야 한다. 자신의 말을 적절하고 기교 있게 '화제' 속에 끼워 넣으면, 말을 하는 사람을 난감하지 않게 할 뿐 아니라 상대방의 흥미를 불러일으켜서 좀 더 화기애애하게 대화를 진행하는 데 도움이 된다. 상황이나 장소가 매번 다르므로, 남의 말에 끼어들 때도 그때마다 방법을 달리해야 한다.

63

모른 척하며
부드럽게 정곡을 찌른다

명나라의 청렴한 관리였던 해서海瑞는 저장浙江성 춘안淳安현의 지현을 맡고 있을 때 골치 아픈 일을 만난 적이 있다.

그날 해서는 현의 관아에서 공무를 보고 있다가 역참에서 어떤 사람이 소란을 피우고 있다는 보고를 받았다.

해서는 서둘러 사람들을 데리고 역참으로 갔다. 그런데 멀리서 보니 역참 문 앞 나무 위에 한 사람이 거꾸로 매달려 있었다. 바로 역참의 관리였다.

해서는 순간 화가 났다. 그렇게 소란을 벌인 남자는 누가 봐도 귀한 집 자제처럼 보일 만큼 화려한 옷을 입고 있었다. 남자 옆에는 그가 들고 온 크고 작은 수십 개의 궤짝이 놓여 있었는데, 그 위에는 총독 관아의 봉인 용지가 붙어 있었다.

그것을 본 해서는 그 남자가 누구인지 짐작할 수 있었다. 얼마 전에 총독 호종헌胡宗憲의 가족이 춘안을 지나갈 거라는 소식을 듣기도 한 터였다. 하지만 총독은 인품이 꽤 훌륭하다고 알려져 있어서 남자가 그의 아들이라고 생각하기는 어려웠다.

그때 갑자기 해서에게 좋은 수가 떠올랐다. 해서가 침착한 태도로 사람을 시켜 궤짝을 열어보게 했더니 그 안에는 수천 냥의 은자가 들어 있었다.

해서가 남자에게 물었다.

"그대는 누구인데 이렇게 많은 돈을 갖고 다니는가?"

남자는 눈도 깜짝하지 않고 당당하게 말했다.

"내 아버지가 바로 호 총독이다!"

그 말을 듣고 해서는 호통을 쳤다.

"이놈 참 가증스럽구나. 감히 호 총독의 가족을 사칭하다니! 지난번에 총독께서 지방 관리의 사치와 낭비를 절대 금한다고 강조하셨거늘, 이렇게 많은 은자를 갖고 다니는 자가 어찌 호 총독의 아들이겠는가. 필시 사기꾼이 분명하니 네놈을 엄중히 처벌하겠다!"

그러고는 남자가 갖고 있던 은자를 모두 국고로 몰수했다. 그러고는 공공연히 총독의 아들을 사칭하는 자가 사기를 치고 다니고 있다는 편지를 적어 호 총독에게 보냈다. 호 총독은 속으로 몹시 부끄러워하며 해서가 문제를 더 크게 부풀릴까 봐 그 일에 대해 아는 척하지 않았다.

당신이 어떤 일을 거절하고 싶은데 특별한 이유가 없다면 해서처럼 고의로 모른 척하면 된다. 해서는 규정에 따라 소란을 피운 남자를 처벌하면 자기가 총독의 눈 밖에 날지도 모른다는 생각을 하고 있었다. 하지만 일부러 모른 척하며 소란을 피운 사람을 과감하게 처벌했다.

그뿐 아니라 호 총독에게 편지를 보내 표면적으로는 윗사람의 체면을 지켜주는 듯했지만, 사실은 "권세를 이용해 이러면 안 됩니다."라고 용기 있게 경고했다. 그의 행동에는 가히 부드러움 속에 강함이 있고, 강함 속에 부드러움이 들어 있다.

살아가면서 이 같은 상황을 만나면 우리도 일부러 모른 척하는 방법으로 현명하게 거절할 수 있다. 그러면 난감한 상황도 피하고 단호한 뜻도 보여줄 수 있다.

한 회사의 아트디자인 파트의 부장은 사람 됨됨이가 좋고 일을 잘하지만, 사람들 앞에서 저속한 이야기를 하는 나쁜 버릇이 있었다. 부장은 매번 그런 이야기를 하고 나서 부하직원인 심沈 양에게 이렇게 묻곤 했다.

"내 말이 맞지, 안 그래?"

처음에 심 양은 부장의 이야기가 끝날 때까지 얼굴을 붉히며 가만히 듣기만 했다. 하지만 나중에는 부장 본인도 자신의 이야기가 적절하지 않다고 여겨서 억지로 다른 사람의 인정을 받고 자신을 위한 퇴로를 만들어두려고 그런 질문을 한다는 사실을 깨달았다. 그래서 심 양은 그런 부장의 심리를 이용해 한번 본때를 보여주기로 결심했다.

그러던 어느 날, 부장은 사람들 앞에서 또 저속한 이야기를 하기 시작했다. 그러자 심 양은 이어폰을 귀에 꽂고 한편으로는 음악을 들으면서 한편으로는 손가락으로 건반을 두드리듯 박자를 맞췄다. 잠시 뒤 부장은 이야기를 끝내고 심 양 앞으로 다가가 물었다.

"내 말이 맞지, 심 양? 안 그래?"

심 양은 이어폰을 황급히 빼며 당황한 표정으로 말했다.

"죄송해요. 부장님. 방금 뭐라고 하셨어요? 제대로 못 들었어요."

부장은 그 모습을 보고 웃으며 손을 내저었다.

"아무것도 아니야. 그냥 농담이야."

만약 심 양이 부장에게 "제발 그런 이야기는 하지 마세요!"라고 직설적으로 말했다면 부장은 분명 언짢아했을 것이다. 하지만 그녀의 '어수룩한' 말 한마디는 마치 부드러운 칼처럼 한순간 부장의 정곡을 찔렀다. 부장은 이런 이야기를 하면 아랫사람에게 무시당할 수 있으니 앞으로 주의해야겠다고 생각했을 것이다.

지혜 한마디

때로 자신의 실력이나 총명함을 감추고 어수룩하게 행동하는 것은 관계를 원만하게 유지하는 좋은 방법이 된다. 특히 직장 내 상하 관계에서는 더욱 그렇다. 직장생활을 하다 보면 이런저런 규칙의 제약을 받고, 그런 규칙이 결코 인간적이지 못할 때도 있다. 그러므로 상사의 부적절한 요구에 대해 거절하는 방법도 배워둘 필요가 있다.

64

항상 설득하기 좋은
거절의 이유 몇 가지

서로가 모두 좋은 결과를 얻는 거절 방법은 없을까? 어려운 청탁이나 요구를 효과적으로 거절할 수 있고, 체면이나 자존심을 건드리지 않으면서도 우정을 지킬 수 있는 거절 방법 말이다.

그 방법을 찾으려면 당신은 자신을 위한 적절하고 충분한 이유를 찾아야 한다. 만약 당신에게 거절할 만한 이유가 충분히 있다면 상대방은 어찌할 도리가 없을 것이다. 반대로 이유가 충분하지 않거나 부적절하다면 설득력이 떨어지고 상대방은 몹시 언짢아할지도 모른다.

출판사의 편집자는 항상 작가들이 투고한 원고를 거절하느라 곤란을 겪는다. 모든 원고는 좋고 나쁘고를 떠나서 작가가 심혈을 기울여 쓴 것이기 때문에 편집자는 거절할 때 어떻게든 작가에게 상처를 주지 않으려고 애쓴다. 만약 대놓고 "수준이 낮아요." "출판할 가치가 없습니다."라고 말한다면 그 말을 듣는 작가는 몹시 화가 날 것이다.

그럴 때 편집자는 이렇게 말할 수 있다.

"당신의 글은 저희 출판사의 독자들에게 맞지 않습니다. 만약 저희 독자들에게 맞는 글을 주신다면 작가님의 원고를 가장 먼저 고려하겠습니다."

"이 원고는 ○○출판사에서 좋아할 것 같습니다."

즉 원고의 가치를 부정하는 것이 아니라, 그에게 다른 선택을 권해보는 것이다. 그러면 거절 이후 상황이 난감해지는 것도 자연스럽게 피할 수 있다. 이처럼 충분하고 적절한 이유는 거절에 있어서 매우 중요하다.

거절 이유를 선택할 때는 가능한 한 객관적인 상황을 이용해야 하며, 주관적인 견해를 근거로 거절해서는 안 된다. 예를 들어 일이 너무 바빠서 시간이 허락되지 않는다거나, 신체적 여건이 따라주지 않는다는 등의 객관적인 상황을 상대방에게 명확하게 알리면 된다.

"내일 제출해야 하는 보고서를 꼭 써야 해서 지금 너를 도와줄 시간이 없어."

"지금 지방 출장을 가야 해서 너를 도울 수 없어."

이런 식의 거절 이유는 진지하고 진실해서 상대방이 당신에 대한 기대를 버리게 할 수 있다. 그러나 주관적인 견해, 예컨대 겉모습에 대한 개인적 평가 혹은 아무 이유 없이 돕기 싫다는 감정 등을 이유로 대면 상대방을 설득하기 힘들 뿐 아니라 서로의 우정도 깨질 수 있다. 심지어 상대방의 원망과 불만을 일으켜 인간관계도 무너지는 결과를 초래할 것이다.

거절할 때 상대방을 설득하기 좋은 이유 몇 가지를 들어보겠다.

1. '요즘 너무 바쁘다'는 말은 좋은 이유가 된다.

하지만 이 말을 사용할 때는 반드시 구체적으로 설명해야 하며 실제와 달라서는 안 된다.

"지금 내가 눈앞이 캄캄할 정도로 바빠서 도저히 시간을 뺄 수 없어. 내일 지방 출장을 가야 하거든. 아무래도 너를 도울 수 없겠어."

"오늘 ○○와 업무에 관해 회의하기로 약속이 되어 있어. 그 뒤에는 함께 공사 현장을 둘러봐야 하니까 아마 늦게 돌아올 것 같다."

이처럼 이유가 구체적이면 진심이 느껴지고 더욱 믿음이 간다. 또 가끔은 자신의 바쁜 업무 상태를 적절히 과장해도 좋다.

"너무 바빠서 진짜 쓰러지기 일보 직전이야!"

"일을 다 끝냈을 때 내가 미라가 되어 있지 않길 바랄 뿐이야!"

이것은 상당히 과장된 말이지만 설득력이 강하다.

흔히 들을 수 있는 위의 두 가지 이유를 제외하고, 몸이 아프거나 차가 막혔다는 등의 이유도 똑같은 설득력을 갖는다. 단지 어떤 곳에 어떻게 쓰느냐가 중요하다.

2. '규정'도 좋은 이유가 된다.

"네 생각과 요구는 분명 일리가 있어. 하지만 회사 규정 때문에 할 수 없어."

"나도 널 돕고 싶지만 나로서는 방법이 없어. 규정을 위반할 수 없거든."

이처럼 규정도 언제나 좋은 거절 이유가 될 수 있다.

윤ㅋ씨는 가전제품 매장에서 근무한다. 하루는 그의 친구가 노트북을 사러 왔는데, 매장을 다 둘러보고도 만족스러운 상품을 찾지 못했다. 결국 그는 윤씨에게 자기를 창고로 데리고 가서 더 많은 상품을 보여달라고 요구했다. 윤씨는 친구의 요구를 직접적으로 거절하지 못하고, 단지 웃으면서 말했다.

"회사 규정상 직원 외의 사람은 창고에 들어갈 수 없어. 정말 미안하다."

3. '책임질 사람'을 이유로 대도 좋다.

"저는 이곳 주인이 아닙니다."

"이 일은 제 책임이 아닙니다. 제 권한 밖이에요."

"우리 사장은 뭐든지 본인이 직접 확인합니다. 죄송해요. 저는 사장을 대신할 수 없습니다."

이처럼 다른 사람이 책임자라는 사실을 이유로 들어 거절할 수 있다. 이것은 자신에게 권한이 없어서 도저히 어쩔 수 없을 때 쓰는 방법이다. 그러나 책임지고 결정할 수 있는 일에 대해서는 반드시 정확히 거절해야 한다. 이때는 자신의 원칙을 강조해서 말할 필요가 있다.

"나는 내 선택에 책임을 져야 한다. 그래서 그런 요구를 거절할 권한이 있다. 부디 내 선택을 존중해주길 바란다."

4. '급히 처리해야 할 일이 있다'는 말도 좋은 이유가 된다.

사람은 누구나 개인적으로 해야 할 일이 있다. 다른 사람이 당신에게 도움을 요청하면 그 개인적인 일을 언급하며 급하다는 것을 상대방에게 알리고, 그로 인해 도울 수 없음을 유감스러워 해라. 이렇게 말하면 된다.

"이번에는 정말 미안하게 됐어. 다음번에 또 이런 일이 생기면 미리 연락을 줘. 그땐 내가 반드시 힘껏 도울게."

이처럼 진솔하게 거절하면, 대화를 잘 끝낼 수 있을 뿐 아니라 서로의 우정도 깨지지 않을 것이다.

5. '건강상의 이유'를 들어도 좋다.

이것은 아마 사람들이 가장 많이 사용하는 거절 이유일 것이다. 건강상의 문제 때문에 거절하면 대부분 어찌할 도리가 없다고 받아들인다. 또한 아프다는 사람에게 끝까지 부탁할 사람도 없을 것이다. 아무리 큰일이라고 해도 건강보다 중요한 것은 없다는 것이 인지상정이다.

단, 주의해야 할 점이 있다. 이런 이유를 남용하면 효과가 점점 떨어진다는 것이다. 또 신체적인 문제를 자주 거론하면 그만큼 당신의 건강이 좋지 않다는 오해를 받을 수도 있다. 어느 회사의 사장이 골골하는 직원을 좋아하겠는가. 매번 당신이 그런 이유를 대면 사장은 분명히 좀 더 건강한 직원 채용을 고려해볼 것이다.

6. '회의'도 좋은 이유가 된다.

"나 지금 회의 중이거든……."

당신은 이미 이런 이유에 매우 익숙할지도 모른다. 아무리 배우자 또는 애인이라도 회사에서 회의에 참석해야 한다고 말하면 대부분 이해해줄 수밖에 없기 때문이다. 그만큼 회의는 좋은 거절 이유가 된다.

그러나 이 말 역시 너무 자주 사용하면 안 된다. 그러면 서로의 감정이 식을지도 모른다. 그 사람과의 좋은 감정이 빨리 끝나기를 희망하는 것이 아니라면 이런 이유는 가능한 한 적게 써라.

지혜 한마디

우리가 가장 많이 사용하는 거절의 이유는 너무 바빠서 시간이 없다는 것이다. 다른 사람은 당신의 업무 상황을 알지 못하기 때문에 그런 이유를 들어도 뭐라고 반박할 수 없다. 그러나 핑계를 너무 자주 사용하면 상대방은 짜증을 낼 것이다. 상대방이 보다 잘 받아들이게 하려면 좀 더 구체적인 이유를 대는 것이 좋다.

표현하라 당당하게

지은이 | 리진
옮긴이 | 김진아

펴낸이 | 박경준
펴낸곳 | 미래타임즈

출판등록 | 2001년 7월 2일 / 제01-00321호

초판 1쇄 인쇄 | 2017년 09월 25일
초판 1쇄 발행 | 2017년 09월 30일

편집주간 | 황반장
마 케 팅 | 최문섭
경영지원 | 정서윤
물류지원 | 오경수

우편번호 | 04029
주소 | 서울특별시 마포구 동교로 12길 12
전화번호 | (02) 332-4337(代)
팩시밀리 | (02) 3141-4347
E-mail | itembooks@nate.com

ISBN 978-89-6578-128-8 (03320)

값 · 14,000원

ⓒ MIRAETIMES, 2017, Printed in Korea

이 도서의 국립중앙도서관 출판예정도서목록(CIP)은
서지정보유통지원시스템 홈페이지(seoji.nl.go.kr)와
국가자료공동목록시스템(www.nl.go.kr/kolisnet)에서
이용하실 수 있습니다.
(CIP 제어번호: CIP2017024006)